BOULDER TRAINING

mehr Kraft | bessere Technik | starker Kopf

Bouldern erlebt dieser Tage einen Boom wie kaum ein anderer Sport in den letzten Jahren. In allen Großstädten der Republik wurden Hallen eröffnet, die sich auf diese Spielart des Kletterns spezialisiert haben und den Sport damit mehr Menschen zugänglich machen, als noch vor einem Jahrzehnt denkbar gewesen wäre. Im Zuge dessen ist eine Gemeinschaft von Neukletterern herangewachsen, die es dank der hervorragenden Trainingsmöglichkeiten in kurzer Zeit zu beachtlicher Leistungsfähigkeit bringen konnte. Was Ende des letzten Jahrhunderts in Sachen Schwierigkeit noch als Weltklasse galt, wird heute von versierten Freizeitathleten geklettert. Wer bei seiner persönlichen Entwicklung allerdings erstmals an Grenzen stößt und deshalb nach Informationen sucht, wie das Bouldertraining gestaltet werden kann, um weitere Erfolge zu ermöglichen, findet zum Zeitpunkt der Veröffentlichung dieses Buches eine nicht völlig zufriedenstellende Auswahl an Informationen. Zwar ist die Zahl der Kletterpublikationen zuletzt merklich gestiegen, der Schwerpunkt der meisten Autoren lag jedoch zum einen auf dem Sportklettern und blieb zum anderen thematisch häufig auf das physische Training beschränkt. Damit sind diese Veröffentlichungen für Sportler, die ihren Fokus auf das Bouldern legen, nur bedingt geeignet. Die Trainingsmethoden im Sportklettern unterscheiden sich aufgrund der unterschiedlichen Anforderungen der beiden Spielarten zum Teil deutlich vom Bouldern. Gleichzeitig ist die reine körperliche Fähigkeit, einen Boulder zu klettern, noch lange kein Garant dafür, dass dies auch tatsächlich gelingt. Um von unserer Kraft in vollem Maß zu profitieren, müssen wir unsere technischen und mentalen Fähigkeiten ebenso entwickeln.

Diesem Umstand trägt das vorliegende Buch Rechnung. Neben einer großen Auswahl an auf das Bouldern zugeschnittenen Übungen zum Aufbau der Physis finden sich auf den folgenden Seiten auch Methoden, mit denen du deinen Fokus beim Klettern schärfst und dein technisches Können in kürzerer Zeit verbessern kannst. Um deren effizienten Einsatz zu gewährleisten, wird außerdem das notwendige Wissen um die Erstellung von Trainingsplänen vermittelt. Damit diese zum jeweiligen Leser passen, stellt das Buch verschiedene Wege vor, mit denen du deinen Schwächen auf die Spur kommst, was es dir wiederum erlaubt, dein Programm auf deine Bedürfnisse abzustimmen. Dadurch ist 'Bouldertraining' geeignet, dir immer wieder als Trainingsratgeber zur Seite zu stehen - unabhängig davon, von welchem Aspekt dein Vorankommen als Boulderer gerade ausgebremst wird. Das bedeutet auch, dass 'Bouldertraining' nicht als Einmal-lesen-und-weglegen-Lektüre gedacht ist. Vielmehr kann und soll mit dem Buch von Trainingszyklus zu Trainingszyklus gearbeitet werden.

Was du nicht erwarten solltest, ist eine Einführung ins Bouldern. Es werden weder Grundlagen zur Ausrüstung, Sicherheit oder dem Verhalten in Halle und Natur noch zur Klettertechnik vermittelt. Obwohl das Techniktraining behandelt wird, sollten dir Begriffe wie der lange Arm, das Eindrehen, der Ägypter oder die offene Tür vertraut sein. Für absolute Anfänger ist 'Bouldertraining' deshalb nur bedingt geeignet.

Zählst du dich dazu, möchte ich auf mein Buch 'Grundkurs Bouldern' hinweisen, das sich mit eben diesen Themen beschäftigt und dir einen erfolgreichen Start in deine Kletterkarriere ermöglicht.

Bleibt nur zu sagen, dass ich dir stets starke Finger, einen ruhigen Kopf und Motivation wünsche, um an deinem Kletterkönnen zu arbeiten und deine Ziele zu erreichen.

Ralf Winkler

Inhalt

Warum wir alle faul sind und wie wir trotzdem besser werden können 6
Liebe das, was du hasst! 8
Wie man Schwächen erkennt 11
Leistungsstand und allgemeine Trainingsschwerpunkte 17

Grundlagen der Trainingsplanung 20
Periodisierung: Planung des Klettertrainings in der Praxis 22
Einzelne Trainingstage gestalten 28
Schritt für Schritt zum Trainingsplan - ein Praxisbeispiel 32
Selbstkontrolle per Trainingstagebuch 36
Trainingsplanung auf einen Blick 38

Mentale Stärke – besser klettern ist auch Kopfsache 39
Wie eine optimale mentale Haltung beim Klettern aussieht 41
Vor dem Klettern: ein positives Umfeld schaffen 43
Vor dem Klettern: der Einstieg als Ritual 44
Vor dem Klettern: der Durchstieg im Kopf 45
Vor und während des Kletterns: Kontrolle des inneren Dialogs 47
Vor und während des Kletterns: Kontrolle der Atmung 50
Vor und während des Kletterns: progressive Muskelentspannung 51
Während des Kletterns: Mentale Grenzen verschieben 53
Vor, während und nach dem Klettern: Niemals den Spaß verlieren 55
Mentaltraining auf einen Blick 56

Techniktraining – weil Kraft nicht alles ist 57
Techniktraining aus Sicht der Wissenschaft 58
  Die Schema-Theorie: das Hirn als programmierbarer Computer 59
  Theorie des differenziellen Lernens: variieren statt einschleifen 61
Der schnelle Weg zur neuen Klettertechnik 65
  Möglichkeiten der Bewegungsvariation 66
Übungen für das Techniktraining 67
Projektieren als Techniktraining? 75
Ziele des Techniktrainings 76
Techniktraining auf einen Blick 78

Der physische Aspekt - fit für den nächsten Grad 79
Wie unser Körper stärker wird 81
Kraftarten und wie man sie trainiert 84
Die Praxis des Krafttrainings 91
  Bevor es losgeht: die richtige Erwärmung 92
  Kletterspezifisches Training 93
    Übungen an der Boulderwand 94
    Übungen an der Klimmzugstange 101
    Übungen am Griffbrett 114
    Übungen am Campusboard 119

Ergänzungstraining 129
Übungen an der Klimmzugstange 130
Übungen auf dem Boden 136
Übungen am Schlingentrainer 155
Beweglichkeitstraining - mehr als nur dehnen 165
Der Faktor Ernährung 169

Warum wir alle faul sind und wie wir trotzdem besser werden können

Wer nicht gerade von der ersten Minute an völlig vom Klettern besessen ist und schon nach kurzer Zeit einen Leistungsgedanken entwickelt, wird sich in den ersten Jahren der Kletterkarriere keine großen Gedanken um gezieltes Training machen. Typischer ist, dass man ein paar Mal in der Woche in die Halle geht und gelegentlich einen Wochenendausflug zum Fels plant. Als einziges Training für eine bessere Kletterperformance dient also das Klettern selbst. Bis zu einem gewissen Grad genügt das völlig. Da für den Körper die Bewegung in der Vertikalen eine ungewohnte Herausforderung ist, passt er sich schnell an diese neue Aufgabe an. Die sportspezifische Kraft steigt, die Mobilität nimmt zu und das Gefühl für effiziente Bewegungen verbessert sich. Gleichzeitig sorgt die wachsende Erfahrung für ein größeres Vertrauen in das eigene Können, sodass Ängste abgebaut werden, die am Anfang möglicherweise auch bei leichten Routen ein Hemmnis waren. Alle Aspekte führen gemeinsam zu einer stetig wachsenden Leistungsfähigkeit und immer neuen Erfolgen.

Dabei handelt es sich jedoch um keinen endlosen Prozess, wie dir als Leser dieses Buchs vermutlich bereits bewusst geworden ist. Je länger man klettert oder bouldert, desto geringer fallen die Fortschritte im Vergleich zur Anfangszeit aus. Während der Weg von den ersten Problemen im zweiten oder dritten Grad zum ersten Vierer- oder Fünfer-Boulder vermutlich nur wenige Monate gekostet hat, ist der Wechsel in den Fb 6-Bereich schon ein deutlich größerer Schritt. Bis der erste Boulder im siebten Grad fällt, vergehen oftmals Jahre – wenn es ohne gezieltes Training überhaupt so weit kommt. In meinem persönlichen Umfeld gibt es einige Vertikalsportler, die trotz derart langer Klettererfahrung weit davon entfernt sind, in diese Schwierigkeitsgrade vorzudringen, weil selbst regelmäßiges Bouldern nicht mehr für die notwendige Verbesserung sorgt.

Es mag erst einmal hart klingen, doch der simple Grund für diesen sportlichen Stillstand ist oft genug Faulheit. Viele mögen sich aufgrund eines solchen Vorwurfs auf den Schlips getreten fühlen, an der Richtigkeit der Aussage ändert das jedoch nichts – selbst dann nicht, wenn die Betroffenen drei Mal wöchentlich in der Halle erscheinen und ihre Projekte beackern. Natürlich würden sich diese Sportler zu Recht ungern als Couch-Potatos bezeichnen lassen. Faul sind in diesem Fall aber auch nicht sie, sondern ihre Körper.

Unser Organismus ist das Produkt eines Milliarden Jahre langen Prozesses, bei dem Effizienz und Adaptionsfähigkeit darüber entschieden haben, welche Lebensform den Tag übersteht und ihre Gene weitergeben darf und wer im Wettlauf des Lebens aussortiert wird. Deshalb sind wir grundsätzlich in der Lage, uns schnell an neue

Bedingungen anzupassen, werden das aber nur so weit tun, wie es die Situation verlangt. Das ist aus evolutionärer Sicht sinnvoll, da in einem natürlichen Umfeld diejenigen die besten Karten haben, die flexibel auf ihre Umweltbedingungen reagieren können, ohne dabei über das Ziel hinauszuschießen. Jeder Aufwand, der zur Sicherung des Überlebens nicht notwendig ist, kostet wertvolle Energie, mit der es sparsam zu haushalten gilt. Auch wenn der Mensch sich mittlerweile von seiner natürlichen Umgebung verabschiedet hat, auf physischer Ebene tragen wir dieses Erbe weiterhin in uns und bekommen es zu spüren, wenn wir unsere sportliche Leistungsfähigkeit auf immer neue Höhen bringen wollen.

Illustrieren lässt sich das am Beispiel eines angehenden Gewichthebers. Sobald dieser zum ersten Mal versucht, eine schwere Hantel zu bewegen, erleidet sein Körper einen Schock. Der Organismus wird mit einer Situation konfrontiert, auf die er nicht vorbereitet ist, und reagiert mit der Anpassung der Leistungsfähigkeit darauf. In diesem Fall werden zur müheloseren Bewältigung der neuen Aufgabe die benötigten Muskeln besser koordiniert und - falls erforderlich - auch verstärkt. Folglich nimmt die Kraft des Trainierenden zu, sodass es ihm nach einigen Trainingstagen immer leichter fällt, die Hantel zu bewegen. Ab einem gewissen Punkt ist es eine noch immer fordernde, aber dennoch zu schaffende Herausforderung. Trainiert er dann mit dem gleichen Gewicht weiter, stellt sich keine zusätzliche Verbesserung ein. Für seinen Organismus fehlt der Grund, das Niveau anzuheben, da die gestellte Aufgabe ohne größere Probleme gelöst werden kann. Mehr Energie auf den Umbau der Muskulatur zu verwenden, würde keine Vorteile bringen. Ergo tritt der interne Energiesparmechanismus in Kraft und verhindert darüber hinausgehende Fortschritte. Dieser Umstand wird als Gewöhnung oder Akkommodation bezeichnet.

Ist der Punkt erreicht, an dem ein bisher bewährtes Trainingssystem keine weitere Leistungssteigerung erzielt, spricht man von einem Plateau. Dieser Zustand tritt bei allen körperlichen Aktivitäten auf und gehört folglich zu den Dingen, mit denen sich jeder leistungsorientierte Sportler beschäftigen muss. Beim Klettern dauert es aufgrund der Vielfältigkeit der Anforderungen für gewöhnlich Jahre, bis man auf dem ersten Plateau strandet. Vorher gibt es reichlich Verbesserungspotenzial bei Kraft, Bewegungsqualität und mentalen Aspekten, die ein mehr oder minder stetiges Vorankommen erlauben. Um ein strukturiertes Training müssen wir uns deshalb erst relativ spät Gedanken machen. Anders als beispielsweise unser Kraftsportler: Er wird aufgrund der geringeren Komplexität der an seinen Körper gestellten Aufgabe schon nach einigen Wochen dazu gezwungen sein, den Anpassungsreiz in Form von zusätzlichen Gewichten zu erneuern.

Setzt der Stillstand beim Bouldern ein, bleiben zwei Möglichkeiten: Zum einen kann man sich mit dieser Situation arrangieren, versuchen das eigene Niveau zu halten und auf langfristige Verbesserungen spekulieren, die sich mit wachsender

Erfahrung tatsächlich zumindest in geringem Maße einstellen dürften. Solange man die Begeisterung für das Klettern auch auf diesem Weg aufrechterhalten kann, ist das nicht verwerflich, schließlich profitiert man so weiterhin von den physischen und psychischen Vorteilen regelmäßiger Bewegung. Zum anderen ist es möglich, dem Plateau aktiv zu begegnen und zu versuchen, den Körper mit neuen Reizen herauszufordern, gezielt an vernachlässigten physischen oder technischen Schwächen zu arbeiten und mentale Probleme auszuräumen, die einer besseren Kletterleistung möglicherweise im Weg gestanden haben.

Da du dich für den Kauf dieses Buchs entschieden hast, dürfte dir eher an Letzterem gelegen sein. Dann habe ich gleich eine gute Nachricht für dich: Veränderungen an den eigenen Gewohnheiten sind auf diesem Weg zu Beginn nur in geringem Maße nötig. Man kann wie zuvor mit Freunden klettern gehen und eine gute Zeit haben, weil schon vergleichsweise kleine Anpassungen der Routine neue Fortschritte möglich machen können. Du musst also nicht plötzlich deine gesamte Zeit am Campusboard verbringen und unzählige Klimmzüge absolvieren, wichtig ist jedoch, dass du dich von der Ziellosigkeit verabschiedest, die bis dahin womöglich deinen Kletteralltag beherrscht hat. Unstrukturiertes Training ist bei fortgeschrittenen Kletterern die am weitesten verbreitete Bremse für die Weiterentwicklung in sportlicher Hinsicht. Das zu erkennen, zu akzeptieren und entsprechende Konsequenzen zu ziehen, ist deshalb der wichtigste Schritt in Richtung neuer Erfolge.

Liebe das, was du hasst!

Zeit ist heutzutage ein kostbares Gut. Wer das Klettern nicht zur Hauptbeschäftigung gemacht hat, wird mit Arbeit oder Schule, Familie und Freunden genügend andere Verpflichtungen haben, die die Ausübung dieses Sports einschränken. Deshalb dürfte es wohl im Interesse jedes Trainierenden sein, dass das Training bei wenig Zeitaufwand einen optimalen Nutzen erzielt. Der einfachste Weg, dies zu erreichen, ist die Konzentration auf Aspekte der eigenen Kletterfähigkeiten, die schlechter entwickelt sind als die übrigen. Das mag nicht unbedingt angenehm sein, ist aber die logische Konsequenz aus dem oben beschriebenen Mechanismus der Adaption und Gewöhnung an Reize. Je geringer die Fähigkeiten auf einem Feld sind, umso größer wird der Leistungszuwachs sein, wenn du diesem Bereich zum ersten Mal Aufmerksamkeit zukommen lässt, weil der Organismus von Unbekanntem stärker gefordert wird als von Bekanntem.

Das klingt einfach, ist es aber aus mehreren Gründen nicht immer. Zuerst einmal fällt es vielen Menschen schwer, Schwächen einzugestehen. Stattdessen zeigt man sich ideenreich bei der Suche nach Gründen, warum etwas nicht gehen kann und wohl auch in Zukunft nicht klappen wird. Ein typischer Fall aus dem Kletteralltag wäre ein weiter Zug, bei dem ein Griff auf Brusthöhe blockiert werden müsste, damit der nächste Griff in einer statischen Bewegung in Reichweite gelangt. Den meisten Kletterern wird das auch nach Jahren schwerfallen, weshalb diejenigen, die einen statischen Kletterstil bevorzugen, auf die Idee kommen könnten, dass die Bewegung überhaupt nur sehr starken oder sehr großen Athleten möglich ist. Man selbst habe nicht die nötige Spannweite oder Kraft. Subjektiv betrachtet mag das stimmen, objektiv ist es natürlich Unsinn, weil der statische Ansatz nicht die einzige Lösung für solche Probleme ist. Genauso gut könnte man versuchen, das Problem mit einer dynamischen Herangehensweise zu knacken, was bei weiten Zügen nahezu immer die Erfolg versprechendere Variante ist – es sei denn, es fehlen die notwendigen Fähigkeiten, um eine solche Bewegung kontrolliert zu absolvieren.

„Kontrolle" ist an diesem Punkt ein wichtiges Stichwort. Ein weiterer Grund, warum es schwierig sein kann, die eigenen Schwächen anzugreifen, ist der Umstand, dass damit unangenehme Situationen verbunden sind. Wenn wir etwas tun, was wir nicht sonderlich gut beherrschen, kann das frustrierend und beängstigend sein. Beängstigend, weil du dich in Situationen begeben musst, in denen du dir des Ausgangs nicht sicher sein kannst. Frustrierend, weil du möglicherweise an Problemen scheiterst, die nach ihrer objektiven Schwierigkeit unter dem liegen, was dir möglich ist, wenn du im eigenen Revier unterwegs bist. Dazu kommt unter Umständen noch die Furcht, sich vor anderen zu blamieren, weil man sich bei einer vermeintlich einfachen Aufgabe anstellt wie ein blutiger Anfänger. Diese Kombination aus negativen Faktoren sorgt bei vielen dafür, dass man der unangenehmen Aufgabe aus dem Weg geht und stattdessen ein Problem sucht, das eher dem eigenen Geschmack entspricht. Mancher Statiker würde den dynamischen Boulder deshalb vermutlich als „Mist" aburteilen und weiterziehen. Warum das auf Dauer in die Sackgasse führt, dürfte inzwischen klar sein.

Andere, die die Herausforderung nicht scheuen, das Problem aber auf ihre Art knacken wollen, obwohl diese nicht die beste Lösung ist, sind kaum besser dran. Sie zeigen zwar den Biss, den es zur Verbesserung der eigenen Fähigkeiten braucht, tun sich ansonsten aber keinen großen Gefallen. Wenn unser Freund der langsamen Kletterei am oben beschriebenen Zug so lange herumprobiert, bis er eine für ihn passable Lösung findet oder genügend Kraft hat, den Griff vor der Brust zu blockieren, ist der Boulder zwar geschafft, die Dynamikschwäche bleibt aber weiter bestehen. Stattdessen wurde viel Zeit auf die weitere Optimierung einer Fertigkeit verwendet, die man ohnehin beherrscht. Als effizient ist eine solche Herangehensweise kaum zu bezeichnen.

Wer das Verhältnis zwischen Nutzen und Aufwand des Trainings ideal halten will, muss sich aus diesen Gründen immer wieder Herausforderungen suchen, die außerhalb des eigenen Komfortbereichs liegen, auch wenn damit das Risiko zu scheitern verbunden ist. Sich trotzdem darauf einzulassen, ist der einzige

Warum wir alle faul sind und wie wir trotzdem besser werden können

Weg, Schwächen effektiv zu bekämpfen und zu einem besseren, vielseitigeren Boulderer zu werden. Da diese Herangehensweise physisch und psychisch sehr fordernd sein kann, hilft es, im Hinterkopf zu behalten, dass sich die investierte Energie schon nach kurzer Zeit auszahlt. Dinge, die man nicht mochte, weil man sie schlicht nicht konnte, verlieren ihre abschreckende Wirkung und eröffnen bisher unbekannte Möglichkeiten. Das wiederum bringt neue Erfolgserlebnisse und gibt frische Motivation. In diesem Sinne sollte Scheitern auch nicht als Niederlage, sondern als hilfreiche Lektion verstanden werden. Misserfolge sind einer der besten Indikatoren dafür, wo du in deinem Repertoire an Fähigkeiten noch Nachholbedarf hast.

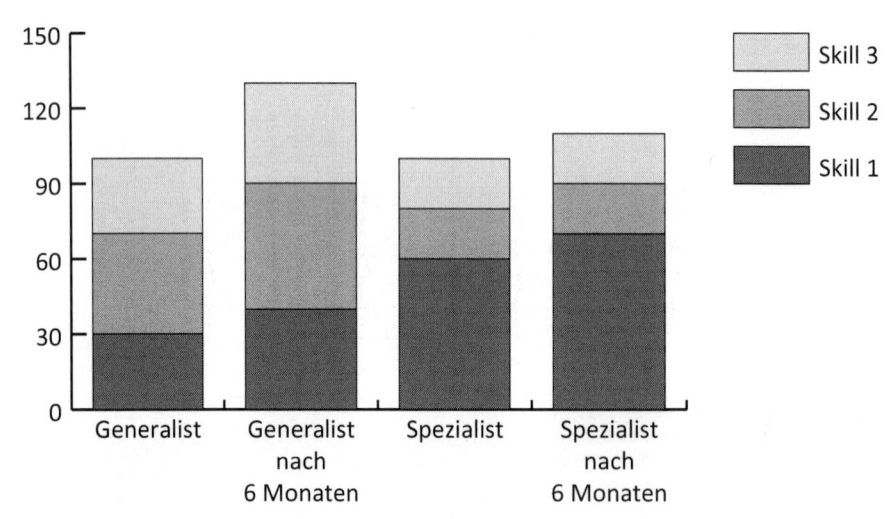

Diese Grafik zeigt die unterschiedliche Leistungsentwicklung eines Sportlers, der mehrere Skills gleichberechtigt trainiert (Generalist) und eines solchen, der sich über den Zeitraum von sechs Monaten auf seine Stärke konzentriert hat (Spezialist). Zu Trainingsbeginn haben beide einen Ausgangswert von 100 Leistungspunkten vorzuweisen. Der Generalist konnte aufgrund der mittelmäßigen Ausgangswerte in jedem Feld 10 Leistungspunkte gewinnen, während der Spezialist die gleiche Zeit aufwenden musste, um seinen ohnehin gut entwickelten Skill 1 um 10 Punkte zu verbessern. Seine Gesamtkletterleistung wurde dadurch minimal von 100 auf 110 Punkte gesteigert, womit er dem Generalisten klar unterlegen ist, der sich von 100 auf 130 Punkte verbessern konnte. Diesem fällt es zudem leichter, sich auf verschiedene Kletterprobleme einzustellen, während der Spezialist nur bei Bouldern glänzen kann, in denen Skill 1 gefragt ist. Die effektivere Trainingsstrategie für den Spezialisten wäre es folglich, den Fokus auf seine schwächeren Skills 2 und 3 zu legen, um so schnellere und größere Erfolge zu erzielen und ein vielseitigerer Athlet zu werden.

Wie man Schwächen erkennt

Willst du dein Training effizienter gestalten, stellt sich also zuerst einmal die Frage nach den Schwächen. Diese sind naturgemäß eine sehr individuelle Sache und fallen genauso vielfältig aus, wie der Klettersport komplex ist. Nichtsdestotrotz lassen sie sich grob in drei Kategorien einordnen. Wenn wir an einem Boulder scheitern, hat das entweder mit mentalen Schwierigkeiten, nicht ausreichend entwickelter Technik oder physischen Unzulänglichkeiten wie mangelnder Kraft oder geringer Beweglichkeit zu tun. In der Praxis wird man längst nicht immer sagen können, dass die Ursache für einen misslungenen Zug nur in einem der Bereiche zu finden ist. Meist spielen mehrere Aspekte zusammen. Unsicherheit kann beispielsweise im Kopf beginnen (Mentales), durch das Gefühl verstärkt werden, einen essenziellen Griff nicht gut halten zu können (Physisches), und am Ende dazu führen, dass die Bewegung zögerlich oder verkrampft ausgeführt wird (Technisches). Ansetzen könnte man dann an allen drei Punkten. Mentales Training würde helfen, in unsicheren Situationen ruhig zu bleiben, während mehr Kraft das Gefühl gibt, diese besser kontrollieren zu können. Eine bessere Technik hingegen hilft, Züge mit weniger Krafteinsatz zu absolvieren. Wir müssen allerdings herausfinden, welcher Aspekt uns zum jeweiligen Zeitpunkt die größten Probleme macht.

Um dem auf die Schliche zu kommen, braucht es einen analytischen Blick auf die eigene Kletterleistung. Ideal ist es deshalb, sich zuerst einmal Rat von erfahrenen Kletterern zu holen, die etwaige Baustellen beim Zuschauen erkennen können. Hat man diese Gelegenheit nicht, bleibt der Trainingspartner als Ideengeber, selbst wenn diesem die Erfahrung fehlen sollte, Probleme sicher zu identifizieren. Zumindest dürfte er aber in der Lage sein, den Kletterstil mit Adjektiven zu charakterisieren. Das mag im ersten Moment wenig hilfreich klingen, kann jedoch Hinweise auf Schwachstellen geben. Damit diese Beschreibung tatsächlich aussagekräftig wird, sollten Boulder mit unterschiedlichem Charakter als Referenz genutzt werden, die am eigenen Limit liegen und auch nach einem erfolgreichen Durchstieg noch als Herausforderung gelten können. Tauchen dann Eigenschaften auf, die stark vom Ideal eines guten Kletterstils abweichen, bieten diese Anhaltspunkte, wo nachgebessert werden muss. Positiv wäre natürlich, wenn Charakteristika wie kontrolliert, aber zügig, präzise und planvoll genannt werden. Sie beschreiben einen eleganten, leichten Stil, wie er aufgrund seiner Effizienz erstrebenswert ist. Sie können allerdings auch ein Anzeichen dafür sein, dass man weder technisch noch physisch oder mental herausgefordert wurde und deshalb etwas schwerere Boulder als Referenz wählen sollte.

In der folgenden Tabelle sind einige Adjektive gesammelt, die suboptimale Kletterstile charakterisieren. Sie können dem Beobachter als Stütze zur Beschreibung dienen und helfen, die dahinterliegenden Probleme zu verstehen.

Beschreibung	Mögliche Ursache
armlastig	Kletterer, die sich vorwiegend auf die Kraft ihrer Arme verlassen, offenbaren Defizite in Sachen Fußtechnik. Tritte werden nicht belastet, weil man sie nicht optimal zu nutzen weiß oder kein Vertrauen in die Füße hat.
abgehackt	Abgehackte Bewegungen stehen im Gegensatz zu der Leichtigkeit, die einen guten Kletterstil auszeichnet. Sie sind das Ergebnis des Versuchs, jede Bewegung unter Krafteinsatz zu kontrollieren. Schwung wird zwar eingesetzt, aber sofort wieder herausgenommen, sobald der Zug abgeschlossen ist – eine Baustelle im Bereich Technik.
hektisch	Obwohl dynamisches Klettern wünschenswert ist, fehlt beim hektischen Kletterstil die notwendige Kontrolle, was auf technische Probleme zurückzuführen ist. Ungünstig ist, dass ein hektischer Stil besonders am Anfang Erfolge bringen kann, deshalb für gut befunden und die damit verbundene Unsicherheit als gegeben genommen wird.
langsam	Ein langsamer Kletterstil zeigt, dass der Kletterer bei jeder Bewegung die volle Kontrolle behalten will. Dynamik wird gemieden. Das kann in unteren und mittleren Schwierigkeitsgraden erfolgreich sein, braucht aber sehr viel Kraft und ist deshalb unökonomisch. Gezieltes Techniktraining der Dynamik und der koordinativen Fähigkeiten verspricht Besserung.
nervös	Nervosität ist in der Regel ein Zeichen mentaler Defizite. Es fehlt an Fokus und Entspanntheit, die für eine flüssige Umsetzung der Bewegung notwendig sind.
spannungslos	Mit diesem Adjektiv können Kletterer beschrieben werden, denen es an Kraft in der Körpermitte fehlt. Vor allem im überhängenden Gelände fällt es ihnen schwer, die notwendige Stabilität in der Hüfte aufrechtzuerhalten. Sichtbar wird das anhand von kaum kontrollierten Bewegungen in diesem Bereich, die oft in einem Zusammenbruch der Körperspannung enden.
statisch	Statisch kann quasi synonym zu „langsam" verwendet werden.
steif	Der Eindruck mangelnder Beweglichkeit kann aus zwei Gründen zustande kommen. In Positionen, in denen ein großer Teil der Rumpfmuskulatur aktiviert ist, weil schlechte Griffe gehalten werden müssen, kann das die Beweglichkeit

Wie man Schwächen erkennt

	einschränken und für steife Bewegungen sorgen. Ebenso kann der Eindruck durch tatsächliche Unbeweglichkeit vermittelt werden. Zusätzliche Fingerkraft und Arbeit an der aktiven und passiven Beweglichkeit sind empfehlenswert.
unsicher	Unsicherheit resultiert in der Regel aus mentalen und technischen Defiziten, die sich in Kombination verstärken können.
unüberlegt	Unüberlegtes Klettern beschreibt weniger einen Stil als eine Herangehensweise. Boulder werden übereilt in Angriff genommen, was dazu führt, dass der Kletterer übermäßig komplizierte Lösungen improvisieren, zurückklettern oder aufgeben muss.
verkrampft	Ein verkrampfter Kletterstil ist ein Zeichen für mentale und technische Schwächen. Ursache können beispielsweise Angst zu fallen und mangelndes Vertrauen in die eigenen Fähigkeiten sein. Die Bewegungen werden mit einem Übermaß an Krafteinsatz und deshalb ineffizient ausgeführt.
zögernd	Zögernde Kletterer glauben zumeist, die Situation nicht beherrschen zu können. Grundsätzlich handelt es sich dabei um ein mentales Problem, das zum Teil auch durch gezieltes Technik- und Krafttraining angegangen werden kann. Wer um sein Können weiß, klettert sicherer.
zittrig	Ähnlich wie beim zögernden Kletterstil fehlt hier das Vertrauen in die eigenen Fähigkeiten. Diese auszubauen und gleichzeitig die geistige Fokussierung zu verbessern, hilft.

Erhellend kann in dieser Hinsicht außerdem sein, sich selbst beim Bouldern zu filmen. Naturgemäß unterscheidet sich die innere Wahrnehmung von der äußeren. Bewegungen, die man dem Gefühl nach gut absolviert hat, erweisen sich beim Blick auf das Videomaterial unter Umständen als verbesserungswürdig. Möglicherweise werden auch schlechte Angewohnheiten sichtbar, die sich wie ein roter Faden durch den eigenen Stil ziehen. Eine solche Selbstanalyse kann natürlich nur gelingen, wenn du bereits eine Vorstellung dafür entwickelt hast, wie ein guter Kletterstil eigentlich aussehen sollte. Als Vorbild können starke Kletterer aus der lokalen Szene dienen, von denen man sich, sollte man in Kontakt kommen, auch praktische Tipps holen kann. Alternativ bieten sich Videos von Profis auf Youtube oder Bücher wie mein Grundkurs Bouldern als Lehrmaterial an. In der Kombination erhält man das theoretische Wissen darüber, auf was es grundsätzlich beim Klettern ankommt und kann gleichzeitig sehen, wie gute Technik in der Praxis aussehen sollte.

Warum wir alle faul sind und wie wir trotzdem besser werden können

Eine dritte Möglichkeit, deinen Schwächen auf die Spur zu kommen, ist ein einfacher Selbsteinschätzungstest, wie er unten zu finden ist. Im Folgenden werden dir einige Szenarien vorgestellt, bei denen du entscheiden musst, wie sehr sie auf deine Erfahrungen beim Klettern passen. Aus deinen Antworten ergibt sich eine Punktebewertung, anhand derer sich erkennen lässt, ob die Schwachstellen eher psychischer, physischer oder technischer Natur sind. Um zu einem möglichst aussagekräftigen Ergebnis zu kommen, ist es wichtig, dass du dir eine oder mehrere Bouldersessions vor Augen hältst, die nur kurze Zeit zurückliegen. Außerdem solltest du möglichst intuitiv antworten, ohne über die mögliche Bedeutung der vorgegebenen Situation nachzudenken. So wird verhindert, dass du das Resultat durch die eigene Erwartungshaltung beeinflusst. Da man den Test im Laufe der Zeit wiederholen kann, um den aktuellen Stand der eigenen Leistung einzuschätzen, ist es außerdem empfehlenswert, die Antworten auf ein gesondertes Blatt Papier zu schreiben. Hebst du dieses auf, kann es gleichzeitig einschätzen helfen, ob die Trainingsmaßnahmen erfolgreich waren.

		Fast immer	Oft	Regel- mäßig	Manch- mal	Selten	Nie
1	Beim Einstieg in anscheinend schwere Boulder kann ich mir nicht vorstellen, diese zu schaffen.	5	4	3	2	1	0
2	Meine Füße rutschen unerwartet von Tritten ab.	5	4	3	2	1	0
3	Bei kleinen Leisten muss ich die Finger aufstellen, um sie sicher zu halten.	5	4	3	2	1	0
4	Es fällt mir schwerer, mich zu konzentrieren, wenn mir andere zuschauen.	5	4	3	2	1	0
5	Meine Oberarme haben keine Kraft mehr, bevor ich den Ausstieg/Top- Griff eines Boulders erreiche.	5	4	3	2	1	0

Wie man Schwächen erkennt

6	Bei Bouldern in starken Überhängen oder Dächern verliere ich die Tritte.	5	4	3	2	1	0
7	Bevor ich losklettere, fallen mir Gründe ein, warum der Versuch scheitern könnte.	5	4	3	2	1	0
8	Selbst in für mich einfachen Bouldern mit großen Griffen habe ich mit gepumpten Unterarmen zu kämpfen.	5	4	3	2	1	0
9	Es fällt mir schwer, mich an abschüssige Griffe zu hängen.	5	4	3	2	1	0
10	Wenn ich die Schlüsselstelle eines Boulders erreiche, werde ich nervös.	5	4	3	2	1	0
11	Ich habe Schwierigkeiten, bei neuen Bouldern die richtige Bewegungsabfolge zu erkennen.	5	4	3	2	1	0
12	Bei dynamischen Zügen erreiche ich den Griff, kann ihn aber nicht festhalten.	5	4	3	2	1	0
13	Ich habe mit der „Nähmaschine" zu kämpfen. (Zittern in Waden und Füßen beim Belasten von Tritten)	5	4	3	2	1	0
14	Selbst weite Züge löse ich statisch.	5	4	3	2	1	0

Warum wir alle faul sind und wie wir trotzdem besser werden können

15	Wenn ich mich an schweren Bouldern versuche, habe ich mit Schmerzen in den Schultern und Ellenbogen zu kämpfen.	5	4	3	2	1	0
16	Wenn ich glaube, dass ein Sturz droht, springe ich ab, bevor es passiert.	5	4	3	2	1	0
17	Bei vielen Zügen habe ich das Gefühl, mein ganzer Körper würde an meinen Armen hängen.	5	4	3	2	1	0
18	Wenn die Griffe klein sind, habe ich Probleme, hohe oder weiter entfernte Tritte zu erreichen.	5	4	3	2	1	0
19	Bei Misserfolgen bin ich schnell frustriert.	5	4	3	2	1	0
20	Wenn meine erdachte Lösung scheitert, fällt es mir schwer, eine Alternative zu finden.	5	4	3	2	1	0
21	Wenn ich aus angewinkelten Armen weiterziehe, schaffe ich es nicht, den Haltearm zu blockieren.	5	4	3	2	1	0

*Fragen in Anlehnung an Eric Hörst „Training for Climbing" und Guido Köstermeyer „Peak Performance"

Die folgende Tabelle dient zur Auswertung. Die Ergebnisse werden in der jeweiligen Spalte notiert und am Ende summiert. Die Kategorie, in der du die höchste Punktzahl erreicht hast, ist aktuell dein größtes Problemfeld. Ergo macht es Sinn, das Training in den kommenden Wochen auf diesen Bereich auszurichten.

Mentales	Technisches	Physisches
Frage 1 4	Frage 2	Frage 3 3
Frage 4 2	Frage 5	Frage 6 4
Frage 7 1	Frage 8	Frage 9 4
Frage 10 0	Frage 11 5	Frage 12 2
Frage 13 1	Frage 14 2	Frage 15 0
Frage 16 0	Frage 17 2	Frage 18 4
Frage 19 3	Frage 20 3	Frage 21 3
Gesamtpunkte: 11	Gesamtpunkte: 15	Gesamtpunkte: 20

Ein besonderes Augenmerk solltest du auf die Punkte legen, die im am höchsten bewerteten Bereich den größten Beitrag zum Ergebnis liefern. Fragen, die drei, vier oder gar fünf Zähler gebracht haben, sind echte Hindernisse für die eigene Kletterleistung. Allein diese Probleme zu beseitigen, kann bereits einen beachtlichen Leistungsschub mit sich bringen. Um regelmäßige Fortschritte sicherzustellen, sollte der Test frühestens nach Abschluss eines Trainingszyklus, mindestens aber alle paar Monate wiederholt werden. Ideal ist die Kombination mit erneutem Feedback durch Kletterkollegen und der Selbstkontrolle über Videoaufnahmen. So kann das Training immer wieder an die Erfordernisse der aktuellen Kletterleistung angepasst werden.

Leistungsstand und allgemeine Trainingsschwerpunkte

Die oben beschriebenen Möglichkeiten zur Analyse des eigenen Kletterstils können dir verraten, wo deine Schwächen liegen, und damit zeigen, worauf du dich in den kommenden Trainingswochen konzentrieren musst. Dabei handelt es sich gewissermaßen um das Feintuning. Die Frage, welchen Punkten du generell größere Aufmerksamkeit widmen solltest, ist jedoch vom Erfahrungsstand abhängig, den du als Kletterer vorweisen kannst. Obwohl Pauschalaussagen schwerfallen, dürfte es niemanden überraschen, dass Anfänger Kletterveteranen beispielsweise in puncto Technik klar unterlegen sind. Fragt man Neulinge, warum ein bestimmter Boulder ihnen nicht gelingen will, werden sie dennoch häufig über zu wenig Kraft klagen, obwohl objektiv eher Probleme bei der Körperpositionierung oder der Fußarbeit dafür sorgen, dass sie ihre physischen Ressourcen überstrapazieren.

Ein gutes Beispiel dafür ist das Wissen um die Effizienz der Ägypter-Position beziehungsweise deren Fehlen im Technikrepertoire des jeweiligen Kletterers. Kletterstellen mit weiten Zügen sind oftmals einfacher zu lösen, wenn man sich seitlich zur Wand positioniert und zwischen den Griffen und Tritten verkeilt. Möglich wird das über den Ägypter, bei dem man ein Bein nach innen und unten rotiert, was der Technik im Englischen den Namen Dropknee eingebracht hat. Diese

Warum wir alle faul sind und wie wir trotzdem besser werden können

Position bietet zwei wesentliche Vorteile: Zum einen kommt der Körper nah an die Wand, zum anderen ist das Verspannen zwischen den Tritten sehr stabil und entlastet die Hände. Selbst schlechte Griffe können so sicher gehalten werden, was das Weiterziehen im Vergleich zu einer frontalen Position deutlich erleichtert.

Beherrscht man die Technik nicht, kann sich ein eigentlich einfacher Zug unmöglich schwer anfühlen, was wiederum den Eindruck hinterlässt, es fehle an Fingerkraft oder Körperspannung. Baut man dann darauf, stärker zu werden, wird die Kletterstelle möglicherweise irgendwann ebenfalls machbar, das Grundproblem bleibt aber bestehen. Deshalb ist es vor allem für Klettereinsteiger wichtig, sich auf das Techniktraining zu konzentrieren. Kraftdefizite können über die Technik besser ausgeglichen werden, als es umgekehrt der Fall wäre. Folglich macht es Sinn, anfangs auf die Entwicklung effizienter Bewegungsmuster zu setzen und das Training nahezu vollständig an der Boulderwand stattfinden zu lassen. Um die Kraftentwicklung brauchst du dir in dieser Phase keine Gedanken zu machen, da sie durch das reine Klettern ausreichend ermöglicht wird. Ergänzendes Training zum Aufbau der Grundlagenfitness und der beim Klettern weniger beanspruchten Muskulatur ist hingegen schon zu diesem Zeitpunkt sinnvoll.

Mit wachsender Erfahrung verschiebt sich der Schwerpunkt naturgemäß in Richtung des Trainings der körperlichen Leistungsfähigkeit. In höheren Schwierigkeitsgraden werden Aspekte wie Fingerkraft und Körperspannung immer bedeutender. Findet das keine Berücksichtigung, wird es schwer, weitere Fortschritte zu erzielen. Geübte Kletterer müssen deshalb mehr Zeit in die Verbesserung ihrer Kraft investieren, was das Training am Griffbrett und Campusboard mit einschließt, während aber der Großteil des Trainings noch immer beim Bouldern an der Wand verbracht wird. Ab einem gewissen Punkt reicht selbst das nicht mehr aus. Wollen erfahrene Boulderer beständig schwerer klettern, kann es nötig werden, gut die Hälfte der Trainingseinheiten abseits der Boulderwand zu absolvieren.

Leistungsstand und allgemeine Trainingsschwerpunkte

An welchem Punkt du dich aktuell in der Kletterkarriere befindest, lässt sich nicht allein an der Schwierigkeit, die du zu klettern in der Lage bist, oder der Dauer, die du den Sport bereits ausübst, festmachen. Diese können allerdings eine grobe Orientierung bieten. Boulderst du weniger als ein Jahr und unterhalb des sechsten Fontainebleau-Grads, ist es wahrscheinlich, dass du mit einem technischen Trainingsfokus noch immer gute Ergebnisse erzielen kannst. Bist du mindestens zwei Jahre dabei und näherst dich dem siebten Grad an, macht es Sinn, dem kletterspezifischen Krafttraining mehr Platz einzuräumen, der Verbesserung der Bewegungsqualität aber noch immer einen hohen Stellenwert beizumessen. Zentral wird das Körperliche, wenn du dich sicher im mittleren und oberen siebten Grad bewegst. Technisch solltest du dann über ein solides Fundament verfügen und diesen Bereich nur noch dann zum Schwerpunkt deines Trainings machen müssen, wenn sich bei einem bestimmten Typ von Bouldern Schwächen zeigen, etwa bei koordinativen Bewegungen oder griffarmen Platten. Da mentale Faktoren stets darüber mitentscheiden, ob wir in schwierigen Situationen kämpfen oder uns zurückziehen, können sie jederzeit zu einem Hemmschuh werden und sollten immer dann Aufmerksamkeit erhalten, wenn sich dies abzeichnet - sei es beim Anfänger oder beim Profi.

Anfänger

75% Bouldern mit Fokus auf Technik	25 % Grundlagen und Ergänzungstraining

Geübter Boulderer

75% Bouldern mit Fokus auf Kraft und Technik	25 % kletterspezifisches und Ergänzungstraining

Erfahrener Boulderer

60% Bouldern mit Fokus auf Kraft und Technik	40 % kletterspezifisches und Ergänzungstraining

Dunkelgraue Abschnitte stellen das Training kletterspezifischer Kraft dar, hellgraue der Technik. Die Länge der Spalten symbolisiert die Trainingszeit an (links) und abseits der Wand (rechts).

Wie bereits erwähnt, sind das keine festen Richtwerte. Je nach Talent und Physis schaffen es manche Boulderer auch ohne gezieltes Training in den siebten Grad, während anderen auf diesem Weg möglicherweise der Aufstieg in die Riege der Fb 6-Boulderer dauerhaft verwehrt bleibt. Zu sehr solltest du dich auf diese Angaben also nicht versteifen, die Einführung harter physischer Trainingsmethoden aber so lange herauszögern, wie du auf anderem Weg Erfolge verbuchen kannst.

Grundlagen der Trainingsplanung

Nachdem geklärt ist, wo es beim Vorankommen aktuell klemmt, geht es an die Trainingsplanung. Wie bereits erwähnt, ist es wichtig, nicht einfach drauflos zu trainieren und zu hoffen, dass sich dadurch die vermissten Fortschritte einstellen. Bevor in den kommenden Kapiteln also Übungen für die einzelnen Problemfelder vorgestellt werden, soll dieses dir die notwendigen Werkzeuge an die Hand geben, um dein Training richtig zu strukturieren. Dabei spielt es keine Rolle, ob der Fokus eher auf dem mentalen, technischen oder physischen Bereich liegt, die hier im Folgenden vorgestellten Prinzipien sind auf alle Aspekte übertragbar. Geht es um die Verbesserung der körperlichen Leistungsfähigkeit, kommen noch einige weitere Faktoren zum Tragen, die du zusätzlich berücksichtigen musst. Diese werden im zugehörigen Kapitel näher erklärt.

Das Training muss spezifisch sein!
„Übung macht den Meister" ist ein bekanntes Sprichwort, das gerade für Sportler eine wichtige Wahrheit enthält. Wenn ich in etwas gut werden möchte, dann muss ich mich mit dieser Sache intensiv beschäftigen. Auf das Klettern übertragen bedeutet dies natürlich, dass ich mein Training auf die Schwäche ausrichte, die beseitigt werden muss, und dafür Übungen wähle, die möglichst eng mit dem Klettern verwandt sind. Soll beispielsweise die Fußtechnik verbessert werden, macht es wenig Sinn, eine Slackline hoch- und runterzurennen oder einen Boulder nach dem anderen zu hangeln. Wer besser stehen möchte, sollte seine Füße stattdessen auf so vielen Trittarten wie möglich platzieren, um die notwendige Erfahrung zu sammeln. Das Prinzip der Spezifizität verdeutlicht darüber hinaus, warum es kaum Nutzen bringt, endlos klassische Klimmzüge zu trainieren, sofern man bereits eine solide Anzahl absolvieren kann. Beim Bouldern kommt es eher selten vor, dass man sich an Griffen hochziehen muss, die auf einer Ebene liegen, wie es beim Klimmzug an der Stange der Fall ist. Um sportspezifisch zu trainieren, würden deshalb Klimmzüge, bei denen die Hände auf verschiedenen Ebenen positioniert sind, mehr Sinn machen.

Das Training muss individuell sein!
Jeder Mensch hat individuelle Stärken und Schwächen und reagiert unterschiedlich auf Belastungen. Das solltest du bei der Gestaltung deines Trainings berücksichtigen. Achte darauf, welche Auswirkungen deine Übungsauswahl auf dich hat, anstatt dich daran zu orientieren, was für andere funktioniert. Nur weil ein Freund durch stundenlanges Campustraining in Topform ist, heißt das noch lange nicht, dass es bei dir genauso sein wird. Im schlechtesten Fall ist sein Training für dich nicht nur wenig effektiv, sondern wirft dich beispielsweise durch Überlastung zurück. Besondere Vorsicht gilt bei Trainingsplänen von Profis, die man im Internet findet. Diese sind auf Leistungssportler abgestimmt, die ihren gesamten Alltag auf das Klettern auslegen, durch jahrelanges Training abgehärtet sind und mit großer Wahrscheinlichkeit auch genetisch die besseren Voraussetzungen mitbringen. Folgt man derartigen Plänen als Freizeitsportler, sind Verletzungen quasi vorprogrammiert.

Das Training muss eine steigende Herausforderung darstellen!
Ein ebenfalls bekanntes Sprichwort besagt, dass der Mensch an seinen Herausforderungen wächst – und auch das ist aus sportlicher Sicht richtig. Wie bereits auf den ersten Seiten dieses Buchs erklärt, müssen wir unseren Körper mit anspruchsvollen Aufgaben fordern, um ihn zur Anpassung zu bringen. Damit dieser Prozess nicht endet, ist es nötig, die Reize immer wieder zu steigern. Das kann im Kraftbereich beispielsweise durch die Erhöhung des Trainingsvolumens, kürzere Pausen oder schwerere Übungen geschehen und macht auch bei mentalen und technischen Problemen Sinn. Kämpfst du mit Ängsten, sorgt eine wiederkehrende Auseinandersetzung mit diesen für eine Desensibilisierung, während immer neue technisch herausfordernde Bewegungsaufgaben dir ein besseres Bewegungsvermögen verschaffen.

Das Training muss abwechslungsreich sein!
Eine stetige Steigerung der Intensität genügt ab einem gewissen Punkt allerdings auch nicht mehr für eine Verbesserung. Der Organismus gewöhnt sich dann an die bis dahin eingesetzten Methoden und wird sich trotzdem nicht mehr weiter anpassen. Um diesen Effekt zu umgehen, solltest du dein Training alle paar Wochen umstrukturieren, etwa in dem du neue Übungen einführst oder den Schwerpunkt veränderst. Besonders wichtig ist das beim Krafttraining, Abwechslung spielt aber auch beim Erwerb einer besseren Technik eine Rolle. Warum das so ist, werde ich im zugehörigen Kapitel noch einmal genauer erklären. Weiterer Vorteil abwechslungsreicher Trainingspläne: Es kommt keine Langeweile auf, die die Motivation in den Keller treiben könnte.

Das Training muss Raum für Regeneration lassen!
Neulinge, die gerade erst vom Boulderfieber gepackt wurden, sind oft hoch motiviert und würden am liebsten jeden Tag trainieren, um ihre Ziele möglichst schnell zu erreichen. Man folgt dem Motto: „Viel hilft viel." Hierbei handelt es sich allerdings um eine Einstellung, die in Hinsicht auf sportlichen Erfolg mit Vorsicht zu genießen ist. Unser Körper braucht Gelegenheit, um sich an neue Belastungen anzupassen und diese bekommt er nur, wenn er eine angemessene Zeit zur Regeneration erhält. Deshalb sollten beispielsweise zwischen zwei harten Krafteinheiten mindestens ein, besser sogar zwei Tage Pause liegen. Dass Profis dennoch locker fünf oder sechs Trainingstage in einer Woche unterbringen, liegt unter anderem an clever gesetzten Schwerpunkten. So spricht wenig dagegen, auf eine Campusboardsession eine Einheit Ausgleichstraining oder Technikschule folgen zu lassen, bei der die am Tag zuvor trainierten Muskeln gar nicht oder nur gering belastet werden.

Das Training muss kontinuierlich sein!
Bleibt das Training eine Eintagsfliege, bringen alle guten Vorsätze nichts. Wer seine Kletterleistung verbessern und ein Plateau hinter sich lassen will, muss seinen Plan regelmäßig durchziehen. Veränderungen stellen sich normalerweise nach ein paar Tagen ein, gehen aber leider ähnlich schnell wieder verloren. Zu lange Pausen darfst du dir deshalb nicht gönnen. Zwei Trainingseinheiten pro Woche sollten es mindestens sein.

Grundlagen der Trainingsplanung

Deine Trainingsziele sollten realistisch sein!
Dieser Punkt wird häufig unterschätzt, ist für die eigene Motivation aber enorm wichtig. Ein klares Ziel vor Augen zu haben, macht es wesentlich leichter, beim Training noch einmal etwas mehr Gas zu geben und kann helfen, den Trainingserfolg besser einzuschätzen. Dabei genügt der Wunsch, ganz allgemein ein stärkerer Kletterer zu sein, oftmals nicht aus. Besser ist es, konkret zu werden und beispielsweise auf ein Projekt am Fels, einen Wettkampf oder den nächsten Kletterurlaub hinzutrainieren. Und auch dann sollte man keine überzogenen Erwartungen aufbauen. Wer bisher nur Fb 6a gebouldert hat, wird es binnen weniger Wochen kaum in den 7. Grad schaffen. Eine Fb 6b kann man sich in dieser Zeit aber durchaus erarbeiten und so recht schnell die Früchte der Arbeit genießen.

Periodisierung: Planung des Klettertrainings in der Praxis

Als brauchbare Methode, all diesen Prinzipien Rechnung zu tragen, hat sich die Periodisierung entpuppt. Ihren Ursprung hat das System im Kraftsport und sollte den Athleten zur optimalen Wettkampfvorbereitung dienen. Weil Untersuchungen zeigten, dass die Sportler erfolgreicher sind, wenn man beim Training verschiedene Schwerpunkte setzt, anstatt es immer gleich zu gestalten, wurden die Pläne in Phasen unterteilt. Dabei umfasst ein mehrmonatiger Makrozyklus die gesamte Wettkampfvorbereitung. Dieser wird in Mesozyklen aufgespaltet, die einige Wochen dauern und wiederum in Mikrozyklen gesplittet werden, welche eine oder mehrere Trainingseinheiten beinhalten können. Innerhalb eines der mehrwöchigen Mesozyklen wird im klassischen Modell nur ein Schwerpunkt trainiert, während im nachfolgenden Mesozyklus ein anderer Schwerpunkt in den Mittelpunkt rückt, der auf dem vorhergehenden aufbaut. Am Ende steht dann ein kurzes Leistungshoch, welches im Idealfall genau in den Zeitraum des Wettkampfes fällt. Dass diese Methode nicht nur in der Theorie funktioniert, zeigte sich in den 1960er Jahren. Das ursprünglich in Russland entwickelte Modell verschaffte den sowjetischen Sportlern derart große Vorteile, dass die Trainingsmethodik binnen weniger Jahre quasi weltweit an die neuen Erkenntnisse angepasst wurde und bis heute den Grundideen der Periodisierung folgt.

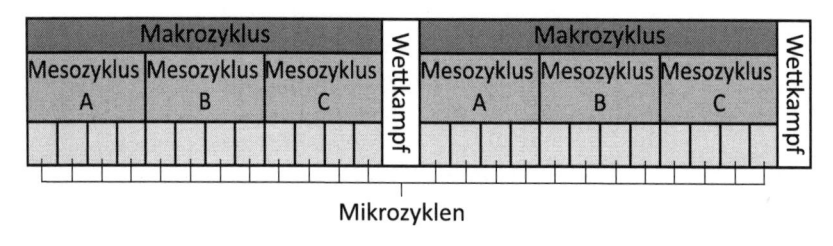

Trainingsjahr klassische Perisodisierung

Makrozyklus			Wettkampf	Makrozyklus			Wettkampf
Mesozyklus A	Mesozyklus B	Mesozyklus C		Mesozyklus A	Mesozyklus B	Mesozyklus C	

Mikrozyklen

Allerdings ist das klassische Modell nicht auf jede Sportart eins zu eins übertragbar, weil die wochenlange Konzentration auf nur einen Schwerpunkt offensichtliche Nachteile mit sich bringt: Genauso wie unser Körper auf eine erhöhte Belastung reagiert, passt er sich auch darauf an, wenn diese nicht mehr erfolgt - dann in umgekehrter Richtung. Das Leistungsniveau in den nun nicht mehr trainierten Bereichen sinkt ab. Im Kraftsport, wo nur relativ wenige Aspekte leistungsbestimmend sind, ist das kein großes Problem, für Sportarten, bei denen das Zusammenspiel vieler Punkte entscheidend ist, hingegen schon. Auch die für die klassische Periodisierung typische Konzentration auf nur eine oder zwei Leistungsphasen im Jahr passt nicht zum Profil vieler Wettkampfsportarten. Die Grundidee wurde deshalb in der nicht-linearen Periodisierung (NLP) weiterentwickelt, die aufgrund ihrer größeren Variabilität auch für Boulderer interessant ist.

NLP ist darauf ausgelegt, mehrere Leistungshochs im Jahr zu erzielen, bereits erlangte Stärken zu erhalten und gleichzeitig ausreichend Raum für Regeneration zu bieten. Um das zu erreichen, rückt man bei dieser Form der Periodisierung von mehrmonatigen Makrozyklen ab und konzentriert sich stattdessen auf das Training in mehrwöchigen Mesozyklen, an die sich dann eine Leistungsphase anschließt. Im Unterschied zum klassischen Modell gibt es zwar auch hier Schwerpunkte, diese werden aber nicht allein, sondern parallel zu anderen Aspekten des Sports trainiert. Dadurch sollen in früheren Zyklen erarbeitete Fortschritte erhalten bleiben. Üblich ist, die Hälfte der Zeit in das Hauptziel zu investieren und das übrige Trainingspensum anderen Fertigkeiten zu widmen.

Trainingsjahr nichtlineare Perisodisierung

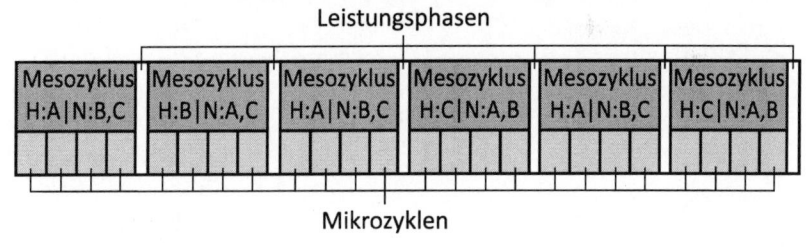

Leistungsphasen

| Mesozyklus H:A\|N:B,C | Mesozyklus H:B\|N:A,C | Mesozyklus H:A\|N:B,C | Mesozyklus H:C\|N:A,B | Mesozyklus H:A\|N:B,C | Mesozyklus H:C\|N:A,B |

Mikrozyklen

H: *Hauptschwerpunkt*
N: *Nebenschwerpunkt*

Benötigt man also beispielsweise mehr Fingerkraft, könnte ein Mesozyklus wie folgt aussehen: Bei vier Trainingstagen in der Woche entfallen zwei Einheiten auf Übungen am Griffbrett oder Campusboard, während die restlichen zwei für Technik, Psyche oder Ergänzungstraining reserviert sind. Dabei muss es natürlich ausreichende Erholungszeiten geben. Werden montags die Finger in die Mangel genommen, macht es aufgrund der muskulären

Grundlagen der Trainingsplanung

Beispielwoche im Fingerkraft-Mesozyklus

Mo	Di	Mi	Do	Fr	Sa	So
Fingerkraft	Ausgleichstraining	Pause	Fingerkraft	Pause	Technik- oder Mentaltraining	Pause
hohe Intensität	hohe Intensität, aber andere Muskeln beansprucht	aktive Regeneration (optional)	hohe Intensität	aktive Regeneration (optional)	mittlere Intensität	aktive Regeneration (optional)

Regenerationszeit von etwa 48 bis 72 Stunden wenig Sinn, bereits am darauffolgenden Tag die nächste harte Trainingseinheit einzuplanen. Kein Problem wäre es hingegen, den Dienstag für Ausgleichstraining zu nutzen, weil hier andere Muskeln angesprochen werden als beim Klettern. Am Donnerstag spräche dann nichts gegen eine weitere Session am Griffbrett oder Campusboard, während in der letzten Einheit der Woche noch einmal moderates Bouldern auf dem Programm stehen könnte. Möglich wäre, sich dabei eher auf Probleme zu konzentrieren, die eine mentale Herausforderung darstellen, um Techniken zur Entspannung und Angstkontrolle zu üben.

Ganz allgemein lässt sich sagen, dass auf körperlich anspruchsvolle Trainingseinheiten niemals weitere harte Einheiten folgen sollten, sofern diese die gleiche Muskulatur beanspruchen würden und nicht mehrere Tage vergangen sind. Andernfalls riskierst du, deinen Körper zu überfordern, was auf direktem Weg in die Verletzungspause führt. Nach moderat belastenden Einheiten ist zumindest ein Pausentag sinnvoll, wobei dieser nicht zwangsweise auf der Couch verbracht werden muss. Ausgleichsübungen zu absolvieren oder an der eigenen Beweglichkeit zu arbeiten, ist dann kein Problem.

Die Frage nach der Länge eines Mesozyklus hängt ein wenig von der Zielstellung ab. Wer beispielsweise weiß, dass in zwei Wochen ein Wettkampf wartet, bei dem ein sehr moderner, dynamiklastiger Stil abverlangt wird, kann diese Zeit durchaus sinnvoll nutzen, um die entsprechenden Techniken auf Vordermann zu bringen und die zum Fangen der Griffe notwendige Kontaktkraft zu verbessern. Üblich ist es allerdings, einen Mesozyklus nicht kürzer als zehn

Tage zu halten, weil etwaige Vorteile durch das Training dann gering ausfallen und es möglicherweise sogar sinnvoller ist, erholt in den Wettkampf zu gehen als beispielsweise zu versuchen, auf den letzten Drücker am Campusboard noch ein Quäntchen mehr Kraft aus den Fingern zu pressen. Etwas mehr Zeit darf es also durchaus sein, wobei es auch nach oben Grenzen gibt. Weil der Körper dank der Gewöhnung an einen Trainingsreiz irgendwann keine Anpassung mehr vornimmt, macht es kaum Sinn, ein und den selben Plan mehr als vier bis sechs Wochen am Stück zu verfolgen. Liegt das Trainingsziel weiter in der Zukunft, bietet es sich also an, mehrere Schwerpunkte zu setzen und diese in verschiedenen Mesozyklen in Angriff zu nehmen. Genügt ein Zyklus nicht, um eine Schwachstelle zu beseitigen, kann diese natürlich auch in den darauffolgenden Wochen noch einmal in den Fokus genommen werden, sofern sich die Übungsauswahl ändert.

Ein Vorteil der NLP zeigt sich auch bei der Variabilität innerhalb eines Mesozyklus. Weil neben dem Hauptschwerpunkt auch andere Aspekte integriert sind, ist es durchaus möglich, den Plan an die eigene Tagesform anzupassen. Fühlt man sich vor Trainingsbeginn beispielsweise nicht fit genug für eine Session am Campusboard, kann diese mit einer weniger anstrengenden Einheit getauscht werden. Genauso wäre es möglich, das Mentaltraining zu verlegen, wenn die Nerven nach einem stressigen Arbeitstag ohnehin schon blank liegen. Das sollte natürlich kein Mittel sein, der Herausforderung aus dem Weg zu gehen. Aufgeschoben ist also auch in diesem Fall keinesfalls aufgehoben.

Zur Veranschaulichung folgt nun ein Beispielplan mit Hauptschwerpunkt Kraftausdauer der Finger und Nebenschwerpunkt Technik, der so auch von Trainingseinsteigern mit entsprechenden Schwächen absolviert werden könnte. Dunkelgraue Tage markieren körperlich anspruchsvolle Einheiten, während hellgraue Tage eher auf Technik und Mentales abzielen. Die weißen Abschnitte dienen der aktiven und passiven Erholung sowie dem Ergänzungstraining. Ziel ist es, die notwendige Fitness für einen Urlaub in einem bekannten Sandsteinbouldergebiet zu erlangen. Die Erklärung zu den Übungen findet sich in den jeweiligen Kapiteln.

Grundlagen der Trainingsplanung

	Montag	Dienstag	Mittwoch	Donnerstag	Freitag	Samstag	Sonntag
1	Leistenhängen am Griffbrett (7/3-Schema, 5 Durchgänge)	Ergänzungstraining, Mobilität	Elimination an der Platte spielen, Reibungstritte bevorzugen		Boulder im Überhang projektieren	Traversen mit und ohne Fußwechsel klettern	
Ziel	Fingerkraft		Fußtechnik, Mentales		Fingerkraft, Körperspanung	Fußtechnik, Körperschwerpunkt, Ausdauer	
2	Leistenhängen am Griffbrett (7/3-Schema, 5 Durchgänge)		Fuß zur Hand an der geraden Wand	Ergänzungstraining, Mobilität	Schwere Boulder mit Slopern projektieren	Beta brechen bei Bouldern bis zum mittleren Schwierigkeitsgrad	
Ziel	Fingerkraft		Fußtechnik, Bewegungskreativität		Fingerkraft	Bewegungskreativität	
3	Leistenhängen am Griffbrett (7/3-Schema, 5 Durchgänge)		Einarmiges Bouldern an der Platte		Boulder knapp unter der Leistungsgrenze im Stop-and-Go-Modus klettern	Ergänzungstraining, Mobilität	Boulder mit Ausstieg klettern oder definieren
Ziel	Fingerkraft		Mentales, Fußtechnik, Körperschwerpunkt		Fingerkraft, Körperspannung		Mentales, Ausstiegstechnik
4	Leistenhängen am Griffbrett (7/3-Schema, 5 Durchgänge)	Ergänzungstraining, Mobilität	Fuß zur Hand an der geraden Wand		Griffe skippen bei Bouldern unterhalb der Leistungsgrenze		Traversen mit und ohne Fußwechsel klettern
Ziel	Fingerkraft		Fußtechnik, Bewegungskreativität		Kontaktkraft, Fingerkraft		Fußtechnik, Körperschwerpunkt, Ausdauer
5	Hangeln am Campusboard		Boulder mit Ausstieg klettern oder definieren	Ergänzungstraining, Mobilität	Mittlere bis schwere Boulder möglichst dynamisch lösen	Wandtreten statt Tritte zu nutzen	
Ziel	Kontaktkraft, Fingerkraft		Mentales, Ausstiegstechnik		Kontaktkraft, Fingerkraft	Fußtechnik, Körperschwerpunkt	
6	Zeit,	im	Urlaub	alles	weg-	zu-	reißen
7	Pause	vor	dem	nächsten	Meso-	zyklus	

Periodisierung: Planung des Klettertrainings in der Praxis

Die Gestaltung des Plans folgt den schon zuvor beschriebenen Regeln. Die Hälfte der Einheiten legt den Fokus auf den Schwerpunkt Kraft, während die übrigen Raum für das Training von Technik und Mentalem bieten. In diesem Fall herrscht eine leichte Tendenz in Richtung Technik vor, weil die im Urlaub zu erwartende Kletterei zu großen Teilen von guter Fußarbeit, Körperpositionierung und griffarmen Ausstiegen lebt. Berücksichtigt ist außerdem, dass auf harte Trainingstage eine Pause oder eine Einheit folgen sollte, die körperlich eine andere Herausforderung darstellt. Woche 3 und 4 zeigen, dass im Zweifelsfall Einheiten auch verschoben werden können, sofern man sich nicht ausgeruht genug fühlt. In allen Wochen wird außerdem ein Ergänzungstraining absolviert, mit dem Muskeln fit gehalten werden, die beim Klettern zu kurz kommen. Im Anschluss folgt ein Dehn- und Mobilisierungsprogramm. Dadurch werden alle Aspekte berücksichtigt, die für eine gute Leistung beim Bouldern wichtig sind.

Während Woche 6, also die Urlaubswoche, in diesem Beispiel die Leistungsphase darstellt, nimmt sich unser Kletterer in der siebten Woche eine Auszeit vom Bouldern, bevor der nächste Mesozyklus startet. Diese Pause ist sowohl für die Verletzungsprävention als auch für die Motivation wichtig. Da sich während der Trainingsphase unbemerkt kleinere Wehwehchen anhäufen können, verhindert die Auszeit, dass aus Kleinigkeiten ausgewachsene Verletzungen werden. Ein paar trainingsfreie Tage erlauben eine vollständige Regeneration des Körpers. Das ist auch für den Willen, weiterzutrainieren, förderlich. Während der Kletterabstinenz steigt die Lust, wieder an die Wand zu kommen und sich von Neuem zu schinden, während ununterbrochenes hartes Training mit der Zeit als reine Quälerei empfunden werden könnte. Das ist die denkbar ungünstigste Voraussetzung, um den nötigen vollen Einsatz zu zeigen. Meine Empfehlung wäre, nach jedem Mesozyklus etwa eine halbe Woche Abstand vom Klettertraining und zusätzlich zwei Mal im Jahr einen ein- bis zweiwöchigen Trainingsurlaub zu nehmen.

Vom Pensum dieses Beispielplans solltest du dich übrigens nicht abschrecken lassen. Es ist genauso gut möglich, nur zwei oder drei Einheiten in der Woche zu trainieren und die Übungsauswahl beizubehalten. Außerdem muss ein Trainingsplan nicht zwingend schon vor Beginn von Anfang bis Ende feststehen. Ich persönlich bevorzuge es beispielsweise, mir nur einige Tage im Voraus zu überlegen, was wann trainiert werden soll, weil ich so am einfachsten auf Änderungen in meinem Zeitplan reagieren kann, ohne gleich das komplette Training umschreiben zu müssen. Manche Athleten entscheiden in Abhängigkeit ihrer Form auch erst am Trainingstag über das Ziel der Einheit und die Übungsauswahl. Bei Trainingsneulingen birgt das natürlich die Gefahr, dass man die selbst gesetzten Schwerpunkte aus den Augen verliert und stattdessen ins unstrukturierte Herumprobieren zurückfällt.

Grundlagen der Trainingsplanung

Einzelne Trainingstage gestalten

Nach der Theorie um die Grobausrichtung des Trainings stellt sich nun die Frage, was man an den einzelnen Trainingstagen mit seiner Zeit anfängt. Auch hier hängt vieles von den individuellen Voraussetzungen ab, gleichzeitig gibt es aber ein paar allgemeine Regeln, die bei der Planung beachtet werden sollten. Der vielleicht wichtigste Punkt ist, dass du es bei der Auswahl der Übungen nicht übertreiben darfst. Naturgemäß ist man zu Beginn des Trainings äußerst motiviert und will alles tun, um die gesteckten Ziele zu erreichen. Das Problem ist, dass man dabei gern etwas zu hoch greift und sich am Ende mehr abfordert, als nötig und sinnvoll ist. Bei der Planung kann also durchaus erst einmal etwas zu tiefgestapelt werden. Schließlich ist es kein Problem, das Pensum zu erhöhen, sollte das Training nicht fordernd genug sein, während zu großer Ehrgeiz einen schon mal vom Gegenteil abhält - insbesondere, wenn man die eigene Inspiration aus den zum Teil viral verbreiteten Trainingsvideos der Kletterstars zieht. Lässt Magnus Midtbø beim einfingrigen Klimmzug die Muskeln spielen und legt anschließend meterweite Abwärtssprünge am Campusboard hin, hat das weder etwas mit seiner noch mit der Trainingsrealität eines Otto-Normal-Sportlers zu tun. Man sollte stets im Hinterkopf behalten, dass es bei diesen Clips in erster Linie um Aufmerksamkeit geht und nicht dem Glauben verfallen, extreme Mittel würden überdurchschnittlich gute Ergebnisse liefern.

Besonders wichtig ist das natürlich beim körperlichen Training, bei dem die falsche Planung im ungünstigsten Fall zur Überlastung und Verletzungen führt. Dieses Risiko besteht bei der Arbeit an mentalen und technischen Aspekten kaum, aber auch hier ist es eher kontraproduktiv, die Ziele zu hoch zu stecken. Andernfalls könnte das Training langweilig oder eine zu große Belastung für die lieben Nerven werden. Wer beispielsweise stundenlang nur traversiert, um seine Fußtechnik auf Vordermann zu bringen, seine Motivation aber auch aus der Bewältigung schwerer Boulder zieht, wird auf Dauer ebenso wenig Spaß haben wie jemand, der sich permanent an die psychischen Grenzen bringen will. Die Arbeit an den eigenen Schwächen sollte Teil eines Klettertags sein, muss aber nicht die gesamte Zeit füllen. Um beim Beispiel Fußtechnik zu bleiben: Widmet man dem Traversentraining etwa eine Stunde einer zweistündigen Klettersession, ist das durchaus in Ordnung. Hat man Spaß und Ideen für neue Herausforderungen, kann man natürlich immer noch eine weitere Querung anhängen. Zur Qual sollte es aber nicht werden. Andernfalls sind die guten Vorsätze ebenso schnell beerdigt, wie sie gefasst wurden.

Beim Krafttraining lassen sich diesbezüglich noch konkretere Vorgaben machen. Wer gerade damit beginnt und keinerlei Vorerfahrung hat, sollte es ruhig angehen und erst einmal eine Basis aufbauen. Das Training kommt dann mit einer kleinen Auswahl leichter Übungen und einem niedrigen Volumen aus. Mehrere Übungen zu trainieren, die auf die gleichen Muskeln abzielen, ist für Trainingseinsteiger nicht nötig. Will man etwa die Muskulatur des Rumpfes stärken, genügt es zwei bis drei Sätze Superman-Planks oder Scheibenwischer zu trainieren. Es müssen nicht beide Übungen kombiniert werden. Bietet ein Kraftprogramm nicht mehr die gewünschte Herausforderung, kann entweder das Volumen erhöht oder die Übungsauswahl anspruchsvoller gestaltet werden. Der Scheibenwischer könnte dann durch das Training der Hangwaage, der Superman-Plank durch den Handläufer ersetzt werden. Die Kombination mehrerer Übungen mit gleichem Schwerpunkt macht erst ab einem hohen Leistungsstand Sinn - sieht man von Erwärmungsübungen oder -sätzen ab. Dann bietet es sich beispielsweise an, eine leichte mit einer schweren Übung zu kombinieren, um die Muskeln vorzuermüden oder abschließend auszupowern. Nötig ist das aber wirklich erst, wenn selbst die anspruchsvollsten Übungen allein keine Herausforderung mehr darstellen. Hast du diesen Punkt noch nicht erreicht, ist es auch deshalb empfehlenswert, eine harte statt zweier leichterer Übungen zu trainieren, weil du so ein zeitsparendes, aber intensives Training umsetzen kannst.

Der Faktor Zeit spielt ohnehin eine wichtige Rolle: Zum einen muss das Programm natürlich so gestaltet werden, dass man es während der Session schafft, zum anderen sind lange Trainingseinheiten gerade beim Krafttraining kontraproduktiv. Brauchst du deutlich mehr als eine Stunde für eine Kerneinheit (ohne Auf- und Abwärmen), ist die Zahl der Übungen mit großer Wahrscheinlichkeit zu hoch gewählt. Man sollte bedenken, dass ein Trainingstag nicht alles abdecken muss. Es ist kein Fehler, sich an Tag 1 auf Fingerkraft zu konzentrieren und das Training von Rumpf, Schultern oder Beinen auf Tag 2 zu legen. Es spricht auch nichts dagegen, dieses Ergänzungstraining weiter aufzusplitten, wenn es die Zeit nicht anders zulässt.

Plant man, an einem Trainingstag mehrere Übungen zu absolvieren, stellt sich außerdem die Frage nach der Reihenfolge. Grundsätzlich sollten hier diejenigen vorgezogen werden, die komplexer und koordinativ anspruchsvoller sind, während solche Übungen, die auch bei relativer Erschöpfung noch sicher ausgeführt werden können, später an die Reihe kommen. Wer am Campusboard hangeln und klimmziehen möchte, beginnt demzufolge mit dem Training am Board, bevor es an die Stange geht. Die Prioritäten in dieser Form zu setzen, dient der Verletzungsprävention. Damit anspruchsvolle Übungen sicher ausgeführt werden können, bedarf es ausreichender Konzentration, die im Laufe des Trainings naturgemäß nachlässt. Würde man sich das Campusboarden beispielsweise für das Ende des Trainingstages aufheben, wäre das Risiko größer, Fehler zu machen. Teil der Vorbeugung sollte aber auch ein ausgiebiges Aufwärmprogramm sein, mit dem der Körper auf die anstehenden Belastungen vorbereitet wird. Näheres zu diesem Thema findest du im Abschnitt zur Praxis des Krafttrainings. Auch wenn die Physis aktuell vielleicht nicht deine wichtigste Baustelle ist, empfehle ich dir, dieses Kapitel anzuschauen, da die Erwärmung selbst für das Training der Technik und der Psyche wichtig ist.

Wie Trainingspläne in der Praxis aussehen können, zeigen dir die folgenden Beispiele:

Grundlagen der Trainingsplanung

Training mit Fokus auf Schnell- und Kontaktkraft			
allgemeine Erwärmung	spezifische Erwärmung	Schnellkraft- und Kontaktkrafttraining	leichtes Bouldern
~15 Minuten	~10 Minuten	~20 Minuten	keine Vorgabe
allgemeine Erwärmungsübungen und leichtes Bouldern	Hängen und statisches Hangeln am Campusboard an kleiner werdenden Leisten	einarmige Dynos hängend / 5 Sätze	Bouldern nach Lust, Laune und Erschöpfungszustand - sehr harte Boulder meiden

Techniktraining mit Fokus auf Platten			
allgemeine Erwärmung	Plattentraining	freies Bouldern	Abwärmen
~15 Minuten	~1 Stunde oder mehr	keine Vorgabe	~15 Minuten
allgemeine Erwärmungsübungen und leichtes Bouldern, Platten zur mentalen Vorbereitung bevorzugen	Kombination verschiedener Technikübungen an der Platte: Griffe/Tritte skippen, einarmiges Bouldern und Freihandklettern	Bouldern nach Lust, Laune und Erschöpfungszustand, solange es die Füße und Hände noch hergeben	Beweglichkeitstraining mit Fokus auf Hüftmobilität

Ergänzungstraining				
allgemeine Erwärmung	Beintraining	Rumpfmuskulatur	Brust, Schultern, Rumpf	Rücken, Schultern, Arme
~15 Minuten	~10 Minuten	~10 Minuten	~10 Minuten	~10 Minuten
allgemeine Erwärmungsübungen	3 Sätze einbeinige Kniebeuge je 6 Wdh. pro Bein	3 Sätze Superman am Schlingentrainer je 10 Wdh.	3 Sätze Butterfly am Schlingentrainer je 10 Wdh.	3 Sätze Rudern am Schlingentrainer je 10 Wdh.

Wdh.: Abkürzung für Wiederholung

Beim Beispiel „Ergänzungstraining" ist die Reihenfolge der Übungen größtenteils variabel. Ob zuerst Beine, Brust oder Rücken trainiert werden, fällt kaum ins Gewicht. Sinnvoll wäre allenfalls, die schwächste Partie in den Fokus zu nehmen. Mangelt es beispielsweise an Sprungkraft, kann das Beintraining wie im obigen Beispiel an den Anfang gestellt werden.

Grundbegriffe des Trainings

Bestimmte Begrifflichkeiten werden in diesem Buch und Trainingsliteratur generell immer wieder auftauchen. Damit es keine Missverständnisse gibt, hier die Erklärung zu den Grundbegriffen:

Wiederholung
Von Wiederholungen ist die Rede, wenn gezählt werden soll, wie oft eine bestimmte Bewegung ausgeführt wurde. Absolviert man während des Trainings beispielsweise acht Klimmzüge, sind dies acht Wiederholungen.

Sätze/Serie
Sätze sind Blöcke, in die sich das Training unterteilt. Ein Satz besteht aus einer bestimmten Anzahl von Wiederholungen. Ist diese erreicht, folgt eine längere Pause, bevor der nächste Satz absolviert wird. Macht man acht Klimmzüge in Folge, ist das ein Satz. Folgt nach kurzer Erholungszeit eine weitere Serie von acht Klimmzügen, ist das der zweite Satz. Serie wird als synonymer Begriff verwendet.

Volumen
Unter dem Begriff Volumen wird die Anzahl der Sätze zusammengefasst. Umfasst das eigene Programm drei Übungen, die mit jeweils einem Satz trainiert werden, ist das im Vergleich zu einem Programm mit drei Übungen und jeweils drei Sätzen ein geringeres Volumen. Ein geringes Volumen empfiehlt sich, wenn man gerade erst mit dem Training beginnt oder eine neue Übung aufnimmt, die einen höheren Anspruch als die vorhergehende hat.

Intensität
Intensität wird in der Literatur mit verschiedenen Bedeutungen verwendet. Hier ist von Intensität die Rede, wenn es um den Anspruch einer Übung oder eines Programms geht. Im ersten Fall meint Intensität, dass die Übung abhängig von der Zahl der beteiligten Muskeln und dem Belastungsgrad der trainierten Strukturen mehr oder weniger fordernd ist. Geht es um die Intensität des Trainings, ist derweil die gesamte Herausforderung gemeint. Sie wird von Faktoren wie dem Volumen, der Übungsauswahl und den Pausenzeiten bestimmt und kann über diese verändert werden.

Grundlagen der Trainingsplanung

Schritt für Schritt zum Trainingsplan - ein Praxisbeispiel

Falls du dich ob der Fülle der Informationen ein wenig überfordert fühlst, soll dir dieser Abschnitt noch einmal ganz konkret zeigen, wie du zum eigenen Trainingsplan kommst. Die hier vorgestellte Schrittfolge kann dir immer als Vorlage dienen. Weil im Folgenden ein Beispielplan mit Erklärung entwickelt wird, macht es für ein besseres Verständnis Sinn, einen Blick auf die genannten Übungen zu werfen, die du in den Abschnitten „Übungen an der Boulderwand" (Tritte angeln), „Übungen an der Klimmzugstange II" (Scheibenwischer), „Übungen am Boden" (Handläufer, einbeinige Kniebeuge), „Übungen am Schlingentrainer" (TIY) sowie im Kapitel „Übungen für das Techniktraining" findest. Du kannst natürlich auch erst einmal weiterlesen und später zu diesem Kapitel zurückkehren, wenn bei dir die Erstellung des Plans ansteht.

1. Zielstellung festlegen:
Zuerst einmal musst du klären, was du mit deinem Plan erreichen willst. Dazu kannst du den Selbsteinschätzungstest absolvieren und Freunde um Feedback bitten. Außerdem ist es sinnvoll, auf ein konkretes Ziel oder Ereignis hinzutrainieren. In unserem Beispiel hat sich beim Selbsteinschätzungstest gezeigt, dass deine Körperspannung noch nicht optimal ausgebaut ist. Weil in sechs Wochen ein Wettkampf ansteht, bei dem nicht nur körperliche Fitness, sondern auch Bewegungskreativität gefragt ist, möchtest du dich außerdem auf das Techniktraining konzentrieren. Deshalb erklärst du die Körperspannung zum Haupt- und die Verbesserung der Bewegungskreativität zum Nebenschwerpunkt.

2. Zeitpensum bestimmen:
Bis zum Wettkampf hast du anderthalb Monate Vorbereitungszeit, von denen du allerdings nur fünf Wochen nutzen möchtest, um deinem Körper in den letzten Tagen Zeit zur vollständigen Regeneration zu geben. Der Plan umfasst also einen Mesozyklus von fünf Wochen. Weil es noch andere Verpflichtungen gibt, bringst du es pro Woche auf maximal drei Trainingseinheiten. Insgesamt wirst du demnach bis zum Wettkampf 15 Mal trainieren. Da etwa die Hälfte der Einheiten auf den Hauptschwerpunkt Körperspannung verwendet werden muss, planst du diesen acht Mal ein. Der Nebenschwerpunkt Bewegungskreativität sollte ebenfalls in jeder Woche vertreten sein, wird also fünf Mal trainiert. So bleiben zwei Tage, an denen du die freie Wahl hast, dich auf andere Probleme zu konzentrieren. Weil ein Wettkampf ansteht, entscheidest du dich, diese Tage in der zweiten und vierten Woche unterzubringen, um in den jeweiligen Einheiten die Wettkampfsituation zu simulieren. Was fehlt, ist das Ergänzungstraining. Da dieses keinen eigenen Platz mehr hat, werden die notwendigen Übungen an das Ende der anderen Einheiten angehangen und aufgesplittet. So bleibt auch dieser Punkt bei minimalem Zeitaufwand erhalten.

Am Ende sieht dein Mesozyklus wie folgt aus:

Woche	Mo	Di	Mi	Do	Fr	Sa	So
1	HS | ET			NS | ET		HS | ET	
2	NS | ET			HS | ET		Wettkampfsimulation	
3	HS | ET			NS | ET		HS | ET	
4	NS | ET			HS | ET		Wettkampfsimulation	
5	HS | ET			NS | ET		HS | ET	

HS: Hauptschwerpunkt
NS: Nebenschwerpunkt
ET: Ergänzungstraining

Natürlich ist diese Abfolge von Einheiten nicht in Stein gemeißelt. Fühlst du dich an einem Tag nicht fit genug, können Trainingseinheiten auch verschoben oder getauscht werden. Weil zwischen den Trainingstagen jeweils mindestens ein Pausentag ist, wären selbst zwei HS-Einheiten in Folge kein Problem.

3. Die Übungsauswahl treffen
Steht der Ablauf, wird es Zeit, die einzelnen Trainingstage mit Inhalt zu füllen, sprich Übungen zu wählen. Beginnen wir mit dem Hauptschwerpunkt Körperspannung:

Zuerst gehst du durch die einzelnen Übungskapitel und suchst nach Übungen, die deinem Leistungsstand entsprechen könnten und eine besondere Herausforderung für die Rumpfmuskulatur darstellen. Infrage kommen das Tritteangeln an der Boulderwand, Scheibenwischer an der Klimmzugstange und der Handläufer oder Superman-Planks auf dem Boden. Alle Übungen in dein Programm aufzunehmen, würde den Rahmen sprengen, weshalb du nun mit dem Aussortieren beginnst.

Weil du möglichst spezifisch trainieren möchtest, entscheidest du dich dafür, in jedem Fall an der Boulderwand Tritte zu angeln. Das bedeutet das Aus für Scheibenwischer. Als hängend ausgeführte Übung ist diese dem Tritteangeln sehr ähnlich, was es wenig sinnvoll macht, beide in das Programm aufzunehmen. Beim Handläufer und Superman-Plank zeigt sich eine vergleichbare Problematik. Beide werden am Boden trainiert und sind Stützübungen, besitzen also einen ähnlichen Charakter. Auch hier wäre ein gemeinsames Training wenig sinnvoll. Da die Plank-Variation die weniger anspruchsvolle Übung ist und du in der Lage sein solltest, den Handläufer zu trainieren, fällt die Wahl auf diesen. Es bleiben Handläufer und Tritteangeln, die zwar grundsätzlich ähnliche Muskeln ansprechen, aufgrund ihres unterschiedlichen Charakters (Tritteangeln ist eine Zugübung, während beim Handläufer gestützt wird) in diesem Fall aber durchaus zusammen trainiert werden können. Wäre die Körperspannung anders als in unserem Beispiel nur ein Nebenschwerpunkt, würde es genügen, eine von beiden zu wählen.

Grundlagen der Trainingsplanung

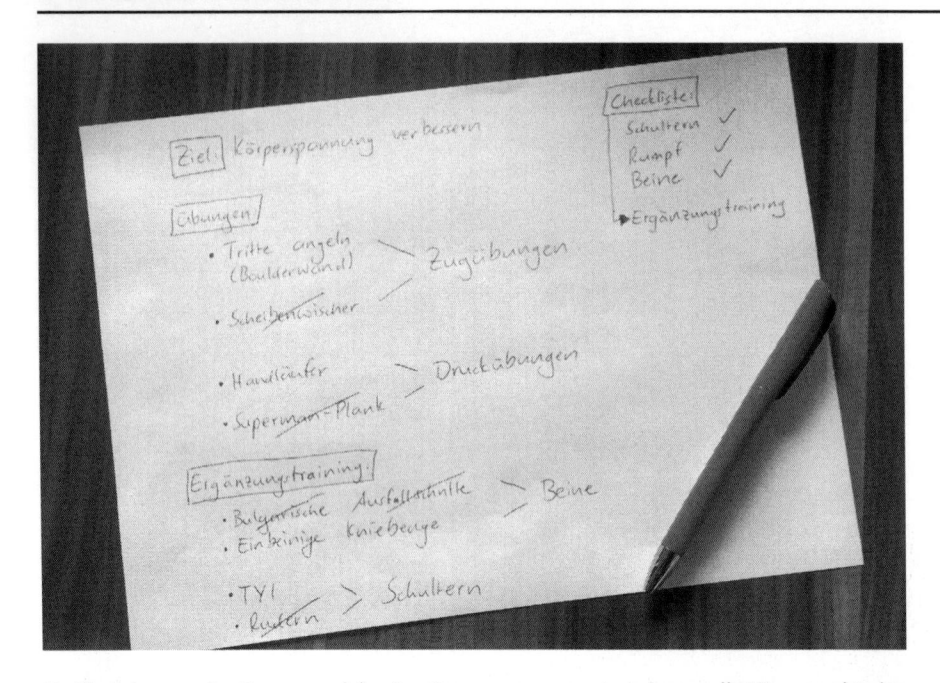

Stellt sich nun die Frage, welche im Programm zuerst stehen soll. Hier macht der Handläufer das Rennen, weil bei der Ausführung das Risiko besteht, in der Hüfte einzubrechen, was Rückenprobleme nach sich ziehen kann, weshalb etwas mehr Konzentration und körperliche Frische gefragt ist. Beim Tritteangeln hingegen ist das größte Risiko, die Beine nicht mehr zum Tritt zu bringen. Ergo wird nach der Erwärmung erst der Handläufer und dann das Tritteangeln trainiert. In Kombination sind beide Übungen völlig ausreichend, um deine Rumpfmuskulatur an ihre Grenzen zu bringen. Ein größerer Umfang ist beim Hauptschwerpunkt folglich nicht notwendig. Hast du an den einzelnen HS-Tagen nach dem Training noch Zeit und Kraft, kannst du stattdessen nach Gutdünken bouldern, bevor du die Einheit mit ein wenig Ergänzungstraining abschließt.

Im Nebenschwerpunkt geht es dir darum, dein Bewegungsrepertoire zu verbessern. Beim Techniktraining bist du weniger eingeschränkt und kannst von Einheit zu Einheit andere Übungen wählen, sofern sie zum Trainingsziel passen. In diesem Fall wären das zum Beispiel das Klettern neuer Boulder, das Eliminations- oder Farbenspiel und Beta-Brechen. Um keine Langeweile aufkommen zu lassen, ist es sogar sinnvoll, jedes Mal eine andere Methode zu wählen.

Was nun noch fehlt, ist die Integration des Ergänzungstrainings und der Probewettkampftage. Weil mit dem Handläufer und Tritteangeln der Schultergürtel und Rumpf bereits vielseitig belastet werden, würde es eigentlich genügen, die Beine mit einbeinigen Kniebeugen zu kräftigen. Da du dich allerdings entschieden

Schritt für Schritt zum Trainingsplan - ein Praxisbeispiel

hast, sowohl an HS- als auch an NS-Tagen ergänzend zu trainieren, nimmst du für die Schulterstabilität zusätzlich TYIs am Schlingentrainer ins Programm auf und hast so zwei Übungen, die du von Einheit zu Einheit abwechseln kannst.

Die einzelnen Einheiten sehen also wie folgt aus:

Hauptschwerpunkt Körperspannung				
allgemeine und spezifische Erwärmung	Körperspannungstraining		Bouldern	Ergänzungstraining
~25 Minuten	~15 Minuten	~15 Minuten	keine Vorgabe	~15 Minuten
erst 10 Minuten allgemeine Erwärmungsübungen, dann 15 Minuten Warmbouldern im vertikalen und überhängenden Gelände	Handläufer a 3 Sätze	Tritteangeln a 3 Sätze	Bouldern nach Lust, Laune und Erschöpfungszustand	einbeinige Kniebeuge a 3 Sätze

Nebenschwerpunkt Bewegungskreativität			
allgemeine und spezifische Erwärmung	Bewegungskreativität	Bouldern	Ergänzungstraining
~25 Minuten	keine Vorgabe	keine Vorgabe	~15 Minuten
10 Minuten allgemeine Erwärmungsübungen, dann 15 Minuten Warmbouldern im vertikalen und überhängenden Gelände	frei gewählte Methode zum Training der Bewegungskreativität trainieren, bis es keinen Spaß mehr macht	Bouldern nach Lust, Laune und Erschöpfungszustand	TYI a 3 Sätze

Was die Probewettkämpfe anbelangt, simulierst du den Modus des anstehenden Wettkampfes. Das kann beispielsweise bedeuten, dass du in zwei Stunden versuchst, möglichst viele schwere Boulder zu knacken oder dass du dir eine

Grundlagen der Trainingsplanung

Handvoll unbekannte Probleme vornimmst, für die du jeweils nur wenige Minuten Zeit hast und die möglichst im Flash-Versuch geklettert werden. In jedem Fall sollten diese Probeläufe der körperlichen Herausforderung des tatsächlichen Wettkampfs ähneln.

Übrigens: Während die Methoden des Techniktrainings problemlos von Einheit zu Einheit verändert werden können, ist das beim Krafttraining wenig sinnvoll. Zum einen ist es leichter, Fortschritte zu messen, wenn man über Wochen bei den gleichen Übungen bleibt, zum anderen muss man sich sehr genau kennen, um bei ständig variierenden Übungen die richtige Trainingsintensität zu treffen. Hast du die Erfahrung nicht, ist das Risiko groß, zu leichte oder zu schwere Übungen zu wählen oder die Satz- und Wiederholungszahlen für den eigenen Leistungsstand zu gering oder zu hoch anzusetzen und so die eigenen Fortschritte zu behindern. Fünf Wochen die gleichen Übungen zu machen, ist also durchaus sinnvoll, zumal in so kurzen Zeiträumen noch keine Gewöhnungsgefahr herrscht, also ein Wechsel der Auswahl unnötig ist.

Selbstkontrolle per Trainingstagebuch

Ist der Plan gemacht, geht es an die Umsetzung - und die Dokumentation. Aus Erfahrung kann ich sagen, dass ein Trainingstagebuch ein enorm wichtiger Helfer auf dem Weg zu einem effizienteren Training sein kann. Die darin festgehaltenen Informationen ermöglichen es dir, Schlüsse für die Zukunft zu ziehen - vorausgesetzt, du erlaubst dir in den Aufzeichnungen keine Fehler. Deshalb macht es Sinn, die Einträge zum jeweiligen Tag kurz nach Ende oder schon während des Trainings zu verfassen. Sich nur auf das Gedächtnis zu verlassen, ist kaum empfehlenswert. Oft genug hat man die Ergebnisse schon wenige Stunden später nicht mehr vollständig im Kopf und bis zum nächsten Trainingstag wichtige Details mit Sicherheit vergessen. Das macht es schwer, ohne Trainingstagebuch nahtlos an vorhergehende Sessions anzuknüpfen und das Training richtig zu steuern.

Ob du deine Notizen in einem kleinen Heftchen, auf deinem Smartphone oder am PC sicherst, ist dir überlassen. Unabhängig davon sollte im Trainingstagebuch zu finden sein, welche Übungen du absolviert hast und wie leicht oder schwer dir das gefallen ist. Außerdem macht es Sinn, selbst Kleinigkeiten aufzuschreiben, weil diese oft den Unterschied machen. Steht zum Beispiel Leistenhängen am Griffbrett auf deinem Plan, solltest du auch notieren, an welchen Leisten und mit wie vielen Fingern du die Übung trainiert, wie viele Wiederholungen du geschafft und auf wie viele Sätze du es insgesamt gebracht hast. In Kombination mit den Informationen zur gefühlten Herausforderung wird so ersichtlich, ob du bei der nächsten Einheit den Anspruch etwas nach oben schrauben musst, etwa indem du eine kleinere Leiste wählst, oder ob es vielleicht sinnvoll ist, das Training einfacher zu gestalten. Selbst Wochen oder Monate später sind diese Informationen wertvoll. Nimmst du das Leistenhängen nach längerer Abstinenz vom Griffbrett wieder ins Programm auf, können die alten Aufzeichnungen als Orientierung dienen.

Wert	Anstrengung
0	keine
1	sehr leicht
2	leicht
3	leicht
4	spürbar
5	hoch
6	hoch
7	sehr hoch
8	sehr hoch
9	extrem
10	zu hoch

Einen zentralen Bestandteil des Trainingstagebuchs bilden, wie bereits erwähnt, die Notizen zur empfundenen Anstrengung. Um diese festzuhalten und auch später noch nachvollziehen zu können, musst du dir kein eigenes System ausdenken, sondern kannst auf die sogenannte Borg-Skala zurückgreifen. Diese veranschaulicht die Belastung in einer Zahlenfolge von 0 bis 10, wobei 0 für keine Anstrengung und 10 für nicht mehr schaffbar steht. In der angefügten Abbildung findest du die Aufteilung im Detail. Für die bestmögliche Dokumentation deines Trainings ist es sinnvoll, die einzelnen Übungen und die gesamte Einheit mit einer eigenen Bewertung zu versehen. So wird klar, ob deine Übungsauswahl im Einzelnen (jeweilige Übung zu leicht oder zu schwer) und in der Gesamtheit (die gesamte Einheit zu leicht oder zu schwer) zu deinen Zielen passt.

Eine pauschale Aussage zum optimalen Belastungsgrad lässt sich nicht treffen. Dieser hängt in erster Linie davon ab, was du erreichen möchtest. Steht beispielsweise die Verbesserung der Maximalkraft auf dem Programm, wäre eine gefühlte Anstrengung von 9 durchaus in Ordnung, während eine (für Boulderer weniger wichtige) Ausdauereinheit eher im Bereich zwischen 2 bis 4 angesiedelt sein sollte. Angaben dazu, wo das Optimum für das jeweilige Trainingsziel in etwa liegt, findest du im zugehörigen Abschnitt des Kapitels „Die Praxis des Klettertrainings".

Etwas anders sieht es aus, wenn es um das Mental- und Techniktraining geht. Die Borg-Skala wurde zwar entwickelt, um körperliche Anstrengung einheitlich abzubilden, das Prinzip lässt sich aber auch auf diesen Bereich übertragen. Dann ist natürlich nicht nur entscheidend, wie schwer dir die Übung oder das Training physisch gefallen ist, sondern auch interessant, wie hoch der mentale oder technische Anspruch war. Empfehlenswert ist hier, eine empfundene Belastung zwischen 4 und 7 anzustreben. Das liegt in der Natur der Sache. Will ich meine mentalen und technischen Grenzen verschieben, muss ich Übungen wählen, die mich weder psychisch noch physisch überfordern. Immer wieder an einer Aufgabe zu scheitern, wird weder meinen Kopf noch mein technisches Können stärken.

Übrigens: Ein nicht zu unterschätzender Vorteil eines Trainingstagebuchs ist seine Funktion als Motivator. Wenn die Wiederholungszahlen steigen und die Herausforderung sinkt, wirst du deine Fortschritte dank deines Trainingstagebuchs nicht mehr übersehen und daraus immer wieder Energie für das nächste Training schöpfen können. Darüber hinaus sichert der kluge Einsatz dieser Daten auch den langfristigen Erfolg ab. Hast du bereits mehrere Mesozyklen dokumentiert, offenbart das Tagebuch, welche Übungen bei dir besonders gute Ergebnisse gebracht haben, und was weniger gut funktioniert hat. Du erfährst so, wie dein Körper tickt und kannst das beim Erstellen künftiger Trainingspläne berücksichtigen.

Trainingsplanung auf einen Blick

1. **Setze dir Ziele, für die sich der Einsatz lohnt!** Bleib dabei aber realistisch. Anstatt ein Traumprojekt anzugehen, von dem du noch meilenweit entfernt bist, nimm dir etwas vor, das kurz- oder mittelfristig in greifbare Nähe rückt. Andernfalls wird es schwer, die Motivation aufrechtzuerhalten.
2. **Berücksichtige stets die allgemeinen Prinzipien der Trainingslehre!** Schneide dein Training auf deine Bedürfnisse zu und wähle Übungen, die dich fordern, variiere diese aber nach Ende eines Mesozyklus, um der Gewöhnung zuvorzukommen. Gib deinem Körper genügend Pausen, sich zu erholen, ohne es an Kontinuität mangeln zu lassen.
3. **Kalkuliere dein Zeitpensum realistisch!** Auch ein grandios ausgeklügeltes Programm bringt dir wenig, wenn du nicht die Möglichkeit hast, es vollständig zu absolvieren.
4. **Nutze die Vorteile der nichtlinearen Periodisierung für dich!** Unterteile dein Training in mehrwöchige Etappen und setze während dieser einen Hauptschwerpunkt und einen oder mehrere Nebenschwerpunkte.
5. **Gestalte deine Trainingseinheiten so lang wie nötig und so kurz wie möglich!** Fortschritte erlangst du nicht durch die Trainingszeit, sondern die Qualität. Ersetze also lieber zwei leichte Übungen für die gleichen Muskeln durch eine harte.
6. **Dokumentiere deine Ergebnisse in einem Tagebuch!** Das erlaubt es dir, deinen Leistungsstand realistischer einzuschätzen, deine Fortschritte nachzuvollziehen und deine kommenden Mikro- und Mesozyklen genauer an diese anzupassen.
7. **Verliere den Spaß nicht aus den Augen!** Zwing dir kein Programm auf, das dir die Freude am Bouldern nimmt. Motiviert bleibst du nur, wenn dein Trainingsalltag auch Dinge beinhaltet, die deine Begeisterung für diesen Sport am Leben erhalten. Auch wenn strukturiertes Training manchmal kein purer Spaß ist, darf es nicht zur reinen Schinderei verkommen.

Mentale Stärke – besser klettern ist auch Kopfsache

Was trainiert werden kann		
Fertigkeit	Fragen im Test	besonders interessante Abschnitte
Emotions-kontrolle	13, 16, 19	• Vor und während des Kletterns: Kontrolle des inneren Dialogs • Vor und während des Kletterns: Kontrolle der Atmung • Vor und während des Kletterns: progressive Muskelentspannung • Während des Kletterns: Mentale Grenzen verschieben • Vor, während und nach dem Klettern: Niemals den Spaß verlieren
Angriffs-bereitschaft	1, 7, 16	• Vor dem Klettern: ein positives Umfeld schaffen • Vor dem Klettern: der Einstieg als Ritual • Vor dem Klettern: der Durchstieg im Kopf • Vor und während des Kletterns: progressive Muskelentspannung • Vor, während und nach dem Klettern: Niemals den Spaß verlieren
Fokussierung	4, 10, 16	• Vor dem Klettern: der Einstieg als Ritual • Vor dem Klettern: der Durchstieg im Kopf • Vor und während des Kletterns: Kontrolle des inneren Dialogs • Vor und während des Kletterns: Kontrolle der Atmung • Vor und während des Kletterns: progressive Muskelentspannung • Vor, während und nach dem Klettern: Niemals den Spaß verlieren

Bouldern wirkt auf den ersten Blick wie eine Sportart, die vor allem körperliche Fitness abverlangt. Wer nicht die notwendige Fingerkraft hat, sich an winzigen Griffen festzuhalten, kaum einen Klimmzug schafft oder zu wenig Kraftausdauer mitbringt, um nach ein paar harten Zügen noch einen Mantle zu absolvieren, hat oftmals schlechte Karten. Nichtsdestotrotz greift es zu kurz, die eigene Kletterleistung nur darauf zu reduzieren, weil es die mentale Komponente völlig ausblendet. Dabei ist diese mindestens ebenso wichtig wie das Körperliche: Bewegt man sich in zwei, fünf oder zehn Metern Höhe, dürfen die Nerven nicht flattern,

Mentale Stärke – besser klettern ist auch Kopfsache

obwohl ein Sturz unschöne Konsequenzen haben könnte. Andernfalls ist es selbst dann mit der soliden Leistung vorbei, wenn man dem Boulderproblem körperlich eigentlich gewachsen wäre.

Wie sich Unsicherheit und Angst auf die eigene Kletterleistung auswirken, dürfte jeder schon einmal erlebt haben. In kribbeligen Situationen beschleunigt sich unsere Atmung, die Rumpfmuskulatur kontrahiert und wir neigen dazu, Griffe deutlich stärker zuzupressen, als es eigentlich nötig wäre. Anstatt den nächsten Zug zu planen, ist der Kopf mit einem permanenten „Bloß nicht abrutschen!" beschäftigt. In der Folge leidet die Bewegungsqualität massiv, sodass Züge, die wir in einer anderen Situation problemlos beherrschen, zu einem Kraftakt werden oder gar nicht mehr klappen, weil wir zögern und im Kopf schon auf der Matte liegen. Oft genug gibt man dann nur 90 Prozent, wo es 100 bräuchte, und tritt anschließend in einem kontrollierten Sturz den Rückzug an, da das bequemer ist, als es trotz der negativen Gefühle mit aller Kraft zu versuchen.

Es ist jedoch nicht nur an der Wand aufkeimende Unsicherheit, die unser Klettervermögen buchstäblich lähmen kann. Ähnliches lässt sich auch beobachten, wenn wir nervös sind und uns selbst unter Druck setzen, etwa in einer Wettkampfsituation. Weil es für eine gute Platzierung wichtig ist, so viele Boulder wie möglich zu flashen, kann aus einem „Ich kann es schaffen" ein „Ich MUSS es schaffen" werden. Dieser selbst aufgebaute Stress wirkt sich in vergleichbarer Art auf den Kletterstil aus wie Furcht. Die Griffe werden mit aller Kraft gehalten und jeder Muskel unter Spannung gebracht, weil man sich keinen Fehler leisten will und jeder Millimeter der Bewegung unter Kontrolle bleiben soll. Von Bewegungsökonomie kann dann keine Rede mehr sein. Manche Kletterer wirken deshalb regelrecht entspannt, wenn der erste Versuch an einem Boulder auf der Matte statt am Top-Griff endet. Die Angst zu scheitern lässt dann nach und man kann freier in den nächsten Versuch starten. Voraussetzung dafür ist natürlich, dass man den möglicherweise aufkeimenden Frust über den verschenkten Flash unter Kontrolle hält. Dieser ist nämlich ein ebenso großes Gift für die eigene Kletterleistung wie Unsicherheit und Anspannung.

Wie sehr schlecht verdaute Fehlschläge in Kombination mit hohen Ansprüchen den gesamten Tag ruinieren können, weiß ich dank eines alles andere als ideal verlaufenen Wettkampfs aus erster Hand. Bei dem vor einigen Jahren abgehaltenen Event wurde im Zuge einer Halleneinweihung ein Jedermanns-Cup veranstaltet, auf den ich hintrainiert hatte, um meine bis dahin beste Leistung abliefern zu können. Mit diesem Ziel vor Augen war die Anspannung vor dem Einstieg in den ersten Boulder hoch. Der war zwar zum Aufwärmen gedacht und physisch kaum fordernd, hatte aber eine technische Komponente, die eine gewisse Lockerheit erforderte. Damit konnte ich in diesem Moment allerdings nicht dienen. Nachdem der erste und zweite Versuch scheiterten, mischte sich zum ohnehin vorhandenen Druck

Frust über Fehler, die ich unter anderen Umständen sicher nicht gemacht hätte. Die so gewachsene Anspannung zeigte auch an Boulder 2 und 3 dieses Tages ihre Wirkung. Beide waren ebenfalls Aufwärmprobleme mit technischem Charakter und endeten für mich jeweils mit der vorzeitigen Rückkehr auf die Matte. Die Stimmung erreichte im Anschluss den Tiefpunkt, weshalb an erfolgreiches Bouldern nicht mehr zu denken war.

Erst nachdem ich eine längere Pause hinter mir hatte und mir für den zweiten Start in den Wettkampf Probleme suchte, die meinem Stil entsprachen, lief es besser. Ein paar erfolgreiche Begehungen später war das Vertrauen in das eigene Können weitestgehend wiederhergestellt, sodass ich im Anschluss meine tatsächlichen Fähigkeiten abrufen konnte. Die anfangs noch gehegten hohen Erwartungen hatte ich schon in der Pause in den Wind geschrieben. Schlechter schnitt ich deshalb aber nicht ab. Im Gegenteil - ohne den Druck, wirklich stark sein zu müssen, konnte ich am Ende des Tages trotz des vermasselten Starts eine für meine Verhältnisse zumindest akzeptable Platzierung erreichen. Hätte ich bereits zu Beginn des Wettkampfs meinen Kopf unter Kontrolle gehabt, wäre aber in jedem Fall noch mehr drin gewesen. Dass eine schlechte - weil zu ambitionierte - Einstellung die Kletterqualität derart stark beeinflussen kann, war mir bis zu diesem Zeitpunkt aber ebenso wenig bewusst, wie ich Techniken kannte, die es ermöglichen, genau dagegen anzugehen.

Wie eine optimale mentale Haltung beim Klettern aussieht

Negative Gedanken und Gefühle sind offensichtlich keine gute Voraussetzung, um die bestmögliche Kletterleistung aus sich herauszuholen. Das heißt im Umkehrschluss aber nicht, dass positive Aufgeregtheit ein besseres Ergebnis erwarten lassen würde. Gemeint ist damit eine Gemütslage, in der man derart motiviert und energetisch ist, dass es schwierig wird, den Energieüberschuss zu kontrollieren. Wenn du diesen Zustand beim Bouldern noch nicht erlebt hast, kennst du ihn sicher aus einem anderen Kontext – beispielsweise aus den Minuten vor einem Konzert deiner Lieblingsband oder vom Warten auf den Postboten, der ein lang ersehntes Paket im Gepäck hat. Obwohl die Stimmung in diesen Situationen keineswegs pessimistisch oder frustgeladen ist, fällt es auch im Zustand positiver Nervosität schwer, sich zu konzentrieren. Herrscht eine solche emotionale Aufgeladenheit bei deinem Besuch in der Halle oder am Fels, macht sich das auch an der Wand bemerkbar. Der Überschwang sorgt dafür, dass man regelrecht über das Ziel hinausschießt. Die Füße werden unsauberer als üblich gesetzt und Bewegungen mit mehr Schwung als nötig ausgeführt, was es kraftraubender macht, die anvisierten Griffe zu halten und das Risiko erhöht, mit den Füßen den Halt zu verlieren. Die Chancen, einen sicheren Durchstieg zu ruinieren, werden dadurch ähnlich hoch, als würde man mit Angst im Nacken an die Sache gehen. Hinzu kommt, dass dieser Gemütszustand bei vielen

Mentale Stärke – besser klettern ist auch Kopfsache

Menschen nicht sonderlich stabil ist. Erlebt man in einer derartigen Situation einen unerwarteten Rückschlag – man bleibt kurz vor der Autobahnabfahrt zum Konzertgelände im Stau stecken, der Postbote klingelt nicht oder man fällt schon nach wenigen Zügen aus dem Boulder – kann die positive Aufgeregtheit innerhalb kurzer Zeit ins Gegenteil umschlagen. Mit bereits bekannten Folgen.

Wenn du das Beste aus dir herausholen willst, musst du es also schaffen, deine Emotionen unter Kontrolle zu halten – unabhängig davon, ob diese vor dem Einstieg oder während des Kletterns zu stark ins Positive oder Negative zu rutschen drohen. Nur so ist es überhaupt möglich, den eigenen Fokus auf die notwendigen Bewegungen zu legen und dort zu halten. Als idealer Gemütszustand ließe sich eine Mischung aus Selbstbewusstsein und dem Gefühl, reichlich Energie mitzubringen, bei gleichzeitig innerer Ruhe beschreiben, die dafür sorgt, dass man vom ersten bis zum letzten Zug konzentriert bleibt und sich weder von äußeren noch inneren Faktoren ablenken lässt. Hat man diesen Punkt erreicht, können sich selbst schwierige oder riskante Projekte leicht und mühelos anfühlen.

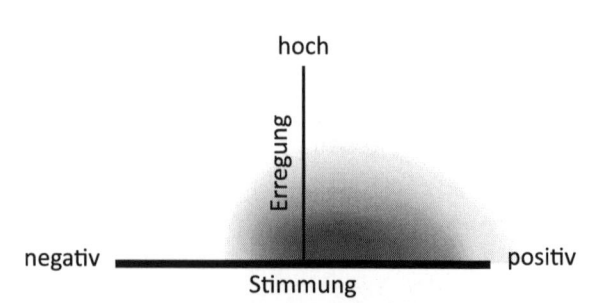

Die Grafik zeigt ein Emotionskoordinatensystem, in dem der graue Bereich die Gefühlslage markiert, in der wir gute Leistungen beim Bouldern bringen können.

Dass man in der Halle oder am Naturfels vor dem eigenen Projekt steht und diese Angriffsbereitschaft verspürt, ist leider nichts, was Kletterer ständig genießen dürfen – schon gar nicht, wenn sie ihr Leben nicht völlig auf diesen Sport ausrichten können. Tägliche Stressfaktoren wie die Arbeit, das Studium, der Nachwuchs, schlechter Schlaf oder Ärger mit dem Partner sorgen zuverlässig dafür, dass die Voraussetzungen in den seltensten Fällen ideal sind. Einen Schalter, der dann den Alltag aus- und den Bouldermodus anschaltet, werden wohl die wenigsten von uns von Natur aus besitzen. Es gibt aber Mittel und Wege, mit denen sich Otto-Normal-Kletterer mental auf die Herausforderungen einstimmen können, ohne dass schon in den Stunden davor alles ideal verlaufen müsste. Gehörst du zu denjenigen, die beim Klettern generell mit einem dünnen Nervenkostüm zu kämpfen haben, sind diese Methoden mit großer Wahrscheinlichkeit sogar der Schlüssel zu einer wesentlich besseren Kletterleistung. Auf den folgenden Seiten möchte ich dir einige dieser Techniken vorstellen, wobei nicht alles für jeden funktioniert. Ich würde dir deshalb empfehlen, die einzelnen Punkte zu testen und das für dich Nützliche in den Kletteralltag zu integrieren.

Vor dem Klettern: ein positives Umfeld schaffen

Zugegeben, der erste Tipp gehört nicht gerade zu den Dingen, die man sofort in die Tat umsetzen könnte oder die am Fels, beim Training oder im Wettkampf in der letzten Minute den entscheidenden Vorteil bringen. Nichtsdestotrotz ist die Suche nach geeigneten Kletterpartnern eine der wichtigsten Investitionen in eine erfolgreiche Kletterkarriere. Das trifft insbesondere auf das Bouldern zu, bei dem Gruppendynamik eine noch größere Rolle als beim Seilklettern spielt. Im Idealfall teilt man dieses Hobby deshalb mit Menschen, die ähnlich ambitionierte Ziele verfolgen – und dem eigenen Kletterkönnen bereits etwas voraus haben. Mit besseren Kletterern unterwegs zu sein, gehört zu den Dingen, die die größten Lernimpulse geben können. Die gleiche positive Einstellung und den gleichen Hunger auf das Klettern zu verspüren, möglicherweise sogar in einen freundschaftlichen Wettkampf zu treten, pusht ungemein und kann jeden einzelnen der Gruppe zu immer besseren Leistungen verhelfen.

Es ist kein Zufall, dass viele frühere und aktuelle Größen dieses Sports schon früh aufeinandergetroffen sind und ihr Können gemeinsam voran gebracht haben. Zu nennen wären hier beispielsweise Wolfgang Güllich und Kurt Albert aus Franken, die gute Kontakte zu Ben Moon und Jerry Moffat hatten, oder Joe Kinder und Dave Graham, die schon als Jugendliche ihre Obsession für steilen Fels teilten. Dass diesen Sportlern während ihrer stärksten Zeit abgesehen von ihren Trainingspartnern nur wenige das Wasser reichen konnten, zeigt sehr anschaulich, dass man gemeinsam gewachsen ist. Auch im Wettkampfsport lässt sich das heute beobachten. In den vergangenen Jahren hat Japan immer mehr starke Boulderer hervorgebracht, die die internationale Szene mittlerweile in der Breite dominieren. Viele dieser Athleten trainieren in der gleichen Halle, deren Besitzer auf die Frage, wie viele der bei ihm aktiven Kletterer bereits eine Fb 8c gebouldert haben, mit: „Da bin ich mir nicht sicher. Vielleicht 15" beantwortete. Sollte diese Zahl auch nur annähernd stimmen, wären zwischen diesen Kunstwänden mehr Spitzenboulderer zu Hause, als ganze Länder hervorgebracht haben.

Aber auch wenn man nicht unbedingt in die Weltelite aufsteigen will, sollte man Menschen meiden, die eine eher negative Haltung an den Tag legen. Gemeint sind damit Kletterer, die permanent nach Ausreden suchen, warum etwas nicht klappen kann, wobei sie selbst dafür keinerlei Verantwortung tragen, die Herausforderungen aus dem Weg gehen und sich stattdessen besseren Sportlern gegenüber zynisch verhalten oder zahllose Gründe finden, warum sie selbst diese Leistung nicht erreichen können. Große Motivation und die Bereitschaft, die eigenen Grenzen zu überschreiten, wird aus einem derartigen Klima mit Sicherheit nicht erwachsen, weshalb solche Partner nicht nur keine Hilfe, sondern ein echtes Hindernis sind - egal, ob es sich um das Training oder Performance-Tage handelt. Wer seine Leistung langfristig ernsthaft verbessern möchte, sollte es deshalb so gut es geht vermeiden, mit negativ eingestellten Menschen zu klettern. Gleichzeitig zahlt es sich aus, selbst einen Teil zu einem guten Klima in der eigenen Gruppe beizutragen. Eine positive Haltung wird andere beeinflussen und sich dadurch im besten Fall selbst verstärken.

Mentale Stärke – besser klettern ist auch Kopfsache

Vor dem Klettern: der Einstieg als Ritual

Ein gutes Umfeld kann die Motivation verbessern und die eigene Entwicklung beschleunigen. Es hat sogar einen Einfluss darauf, wie gut es vor dem Einstieg in einen Boulder um die Psyche bestellt ist. Ob die Gruppe im Rücken für positive Bestärkung sorgt oder durch eine negative Grundhaltung eher ablenkend wirkt, macht einen nicht zu unterschätzenden Unterschied. Leider ist aber auch das beste Team kein Garant dafür, dass man ganz von selbst den im vorletzten Kapitel beschriebenen idealen Mentalzustand erreicht. Mit Ritualen gibt es jedoch ein Hilfsmittel, das dem Schalter im Kopf, der den Alltag ab- und den Klettermodus anschaltet, schon recht nahe kommt.

Rituale sind vergleichbar mit einem Aufwärmprogramm für die Psyche. So wie eine Abfolge von körperlichen Übungen die Muskeln, Sehnen und Gelenke einsatzbereit machen, können bestimmte Handlungen auch unseren Kopf auf das Bouldern einstimmen. Während das physische Aufwärmen für jeden recht ähnlich funktioniert, ist das mentale Pendant eine Angelegenheit, die von Person zu Person unterschiedlich ausfällt. Viele Kletterer entwickeln über die Jahre eigene Rituale, die unbewusst Teil der Kletterroutine werden. Achtet man genau auf seine eigene Reaktion auf bestimmte Dinge und Tätigkeiten, kann man sich jedoch auch aktiv an den Aufbau machen. Ziel ist es, eine Handlungsabfolge zu erarbeiten, die dem Kopf Struktur gibt und hilft, auszublenden, was in diesem Moment nicht mit der bevorstehenden Kletterei zu tun hat.

In meinem Fall hat sich die körperliche Erwärmung gleichzeitig als brauchbares psychisches Aufwärmprogramm entpuppt. Für mich dient sie nicht nur zur Verringerung der Verletzungsgefahr und der Verbesserung der körperlichen Leistungsbereitschaft, sondern auch dazu, den Kopf freizubekommen. Weil die Erwärmung für gewöhnlich keine sonderlich komplexe Angelegenheit ist und ich dadurch versucht sein könnte, weiterhin über Dinge nachzudenken, die vor dem Training passiert sind, richte ich meine Aufmerksamkeit aktiv auf die Bewegungen, deren Ausführung und Dauer. Das ist selbst bei eigentlich einfachen Übungen wie Hampelmännern oder Rumpfdrehen möglich. Ich konzentriere mich dann darauf, ob die Bewegungen einen ausreichend großen Radius haben, durch leichte Dehnung (beispielsweise beim vorgebeugten Rumpfdrehen) zur Verbesserung der Beweglichkeit beitragen und zähle Sekunden oder Atemzüge, um eine Orientierung für den Wechsel zur nächsten Übung zu haben. Der Alltag wird so mit jeder Übung mehr und mehr ausgeblendet und der Sport in den Mittelpunkt gerückt. Nach einem allgemeinen Warm-up von etwa zehn Minuten bin ich dadurch bereits wesentlich fokussierter, weil etwaiger Stress und Ärger in den Hintergrund wandern.

Kletterrituale können allerdings auch ganz andere Formen annehmen und je nach Situation variiert werden. Während die Erwärmung mir hilft, Alltägliches zurückzustellen, sieht meine Routine vor dem Einstieg in einen herausfordernden

Boulder ganz anders aus. Hier setze ich auf eine Konzentrationsphase, während der ich mir die einzelnen Griffe noch einmal sehr genau anschaue, die Beta im Kopf durchgehe und meine Hände im Chalkbag bade. Hatte ich die Kletterschuhe bis zu diesem Zeitpunkt noch nicht ordentlich zugezogen, wird das noch erledigt, bevor ich mich vor die Wand stelle, ein paar tiefe Atemzüge nehme und direkt vor dem Einstieg überschüssiges Chalk von den Fingern blase. Wenn ich die Startgriffe anfasse, ist die Außenwelt im Idealfall weitestgehend aus meiner Wahrnehmung verschwunden, sodass der Fokus völlig auf den bevorstehenden Bewegungen liegt.

Die oben genannten Dinge haben natürlich objektive Vorteile – fest sitzende Schuhe sorgen für ein besseres Trittgefühl, das Abblasen überschüssigen Chalks verhindert Einbußen beim Grip und ein letztmaliges Durchspielen der Beta schützt davor, sich im Labyrinth aus Griffen und Tritten zu verlaufen – sie schaffen allerdings auch mentale Sicherheit, weil ich überzeugt bin, so die beste Performance abzuliefern. Das ist der entscheidende Punkt. Rituale müssen nicht zwingend eine rationale Basis haben. Der Profikletterer Sean McColl beispielsweise setzt darauf, seine Wettkämpfe in einem anderen Schuhmodell zu bestreiten, als er im Training trägt. Normalerweise könnte man vermuten, es wäre klug, sich an die Eigenschaften eben dieses Schuhs zu gewöhnen, laut McColl vermittelt ihm seine Herangehensweise jedoch das Gefühl, durch die anderen, seiner Ansicht nach besseren Schuhe einen Leistungsvorteil zu bekommen. Andere mögen sich in einem bestimmten T-Shirt besonders stark fühlen, Glückssocken besitzen, die ihnen Vertrauen geben, oder an Klettertagen ein besonderes Frühstück bevorzugen. Wichtig ist am Ende also nicht so sehr, was man tut, sondern wie das Getane wirkt.

Natürlich sollte man sich nicht völlig auf diese Rituale als leistungsbestimmenden Faktor versteifen. Wer Frust schiebt, weil die Performance-Socke in der Wäsche liegt oder die Zutaten für das richtige Essen gerade nicht da waren, tut sich keinen Gefallen. Eine gewisse Gelassenheit und ein Set an in jedem Fall wiederholbaren Handlungen, die sich ebenfalls positiv auf die Konzentration auswirken, machen also Sinn.

Vor dem Klettern: der Durchstieg im Kopf

In manchen Situationen werden diese Rituale allein nicht reichen, um die notwendige Ruhe herzustellen. Sieht man sich in einem Boulder mit Zügen konfrontiert, die an den Grenzen oder sogar außerhalb der eigenen Komfortzone liegen, gehört eine gewisse Nervosität einfach dazu. Eine Technik, um mit dieser umzugehen, ist es, die Begehung des Boulders zu visualisieren, also die Bewegungen vor dem inneren Auge zu klettern. Obwohl dabei die Beta durchgegangen wird, ist das nicht mit dem gewöhnlichen mentalen Abspulen der Griff- und Trittfolge zu vergleichen, da der Schwerpunkt hier auf ein möglichst realitätsnahes Erleben des Durchstiegs gelegt wird.

Mentale Stärke – besser klettern ist auch Kopfsache

Was genau damit gemeint ist, lässt sich am besten anhand von Erinnerungen an frühere Begehungen erklären. Hast du ein Projekt abgeschlossen, fällt es dir vermutlich leicht, das Erlebnis in seinen Einzelheiten noch einmal zu rekapitulieren. Vor dem inneren Auge kannst du dich vor den Einstieg des Boulders stellen, die Startgriffe in die Hand nehmen und dich Zug um Zug nach oben arbeiten. Selbst Details wie die Oberfläche der Griffe oder das Gefühl, das mit einer Bewegung einhergeht, lassen sich in der Erinnerung erneut erleben. Es ist fast so, als würde man den Boulder noch einmal klettern. Einen ebensolchen gedachten Film versucht man bei der Visualisierung eines Durchstiegs ablaufen zu lassen, bevor dieser tatsächlich geschafft ist. Auch hier geht es um die Vorstellung, wie sich die Griffe, die Tritte und die Bewegungen anfühlen werden. Fehler gibt es dabei natürlich nicht. Jeder Tritt sitzt sicher, jeder Zug wird souverän ausgeführt und jeder Griff in der optimalen Position getroffen, bis man das Ende des Problems erreicht. Wichtig ist, dass man bei diesem Erlebnis nicht als Beobachter zuschaut, sondern es durch die eigenen Augen erlebt – gewissermaßen wie eine Erinnerung an zukünftige Ereignisse. Sinn dieser Übung ist es, Nervosität ab- und Selbstsicherheit aufzubauen sowie Bewegungssequenzen zu verinnerlichen, um sie im anschließenden Versuch sicherer lösen zu können.

Optimale Ergebnisse liefert das Visualisieren, wenn die Vorstellung möglichst nah an die Realität herankommt. Hat man beispielsweise das Problem, einen in Einzelzügen gekletterten Boulder zusammensetzen zu müssen, oder kann einen Zug immer wieder knapp nicht halten, kennt allerdings bereits die Details des Zielgriffs und hat eine Vorstellung von der korrekten Bewegung, fällt es leicht einen authentischen inneren Film zu kreieren, der sich im Anschluss tatsächlich umsetzen lässt. Beim Projektieren kann die Visualisierung deshalb ein wertvolles Mittel für schnellere Erfolge sein. Im Umkehrschluss ist die Nützlichkeit bei Flash-Versuchen sehr beschränkt. Da man die Details eines Boulders nicht kennt, lässt sich das Klettererlebnis auch nicht realistisch vorhersehen. Das Risiko ist also hoch, einen fehlerhaften Film abzuspielen und damit Bewegungen falsch zu verinnerlichen. Stellt sich dann heraus, dass der Plan nicht aufgeht, fällt es dir möglicherweise schwer, alternative Lösungsansätze zu finden – sofern du nicht dank falscher Erwartungen sofort abtropfst. Bei komplett unbekannten Problemen ist es deshalb sinnvoller, lediglich die Abfolge der Züge zu planen – also nach Griffen und Tritten Ausschau zu halten und zu überlegen, wie diese Erfolg versprechend verbunden werden können.

Entscheidest du dich, Visualisierung einzusetzen, ist der beste Zeitpunkt dafür kurz vor dem Durchstiegsversuch. Um dich zu sammeln, nimmst du in einer entspannten Haltung Platz, schließt die Augen und atmest anschließend einige Male tief durch. Dann beginnt der eigentliche Vorstellungsprozess, bei dem Eindrücke der Umgebung genauso wie Eigenschaften des Felses und das Durchspielen der Bewegungsabfolge berücksichtigt werden, so gut es geht. Ist der Boulder bis auf ein oder zwei Züge gut machbar, genügt es bereits, eben diese Züge vor dem inneren Auge durchzugehen und sich dabei die entscheidenden Aspekte zu vergegenwärtigen. Die Position der Füße auf dem Tritt, der Finger am Griff, die Bewegung der Hüfte und den Krafteinsatz der Arme und Beine. Zusätzlich können die einzelnen Aktionen mit verbalen Kommandos unterlegt werden. Etwa: „rechte Fußspitze auf die Schuppe, Platz lassen für den Fußwechsel, Hüfte nach oben schieben und aufhocken, linkes Bein durchscheren und stabilisierend an die Wand legen, linke Hand zum nächsten Griff, Fußwechsel". Prägt man sich die Schlüsselphrasen ein – also Fußspitze auf die Schuppe, Platz lassen, Fußwechsel, aufhocken, durchscheren und stabilisieren, links weiterfassen – können diese beim Durchstiegsversuch an den entsprechenden Stellen wiederholt werden. Das schafft zusätzliche Sicherheit. Mit etwas Übung lassen sich auch ganze Boulder durchspielen, was vor allem dann Sinn macht, wenn es keine echte Krux gibt, sondern die Gesamtheit der Bewegungen wenig Spielraum für Fehler zulässt.

Für Boulderer, die ihre Leistungsfähigkeit bisher eher an physischen Qualitäten festgemacht haben, mag diese Art des mentalen Trainings etwas abstrakt anmuten. Die Wirksamkeit ist in den vergangenen Jahren allerdings in verschiedenen Studien nachgewiesen worden. Psychologen haben dafür Experimente mit Athleten aus unterschiedlichen Sportarten wie Tennis, Basketball und Golf durchgeführt und immer wieder beachtliche Leistungsverbesserungen feststellen können, wenn sie Sportler, die Visualisierung genutzt haben, mit solchen verglichen haben, die in den Versuchen darauf verzichteten. Als Erklärung werden im Wesentlichen zwei Wirkmechanismen herangezogen: Zum einen aktiviert die Vorstellung von Bewegungen die gleichen Hirnareale, die auch bei der tatsächlichen Bewegung arbeiten würden. Durch die Visualisierung lassen sich Bewegungen also ähnlich trainieren, als würde man diese tatsächlich ausführen (obwohl letzteres deutlich effizienter ist). Zum anderen sorgt die Konzentration auf die Bewegungsausführung vor dem Einstieg in die Route dafür, dass man sich nicht mit negativen Gedanken aufhält. Solange man sich auf den positiven Ausgang fokussiert, bleiben Zweifel, die die eigene Leistung im Anschluss behindern würden, außen vor.

Vor und während des Kletterns: Kontrolle des inneren Dialogs

Damit wären wir bereits beim nächsten Abschnitt, der Beeinflussung des inneren Dialogs. Ob bewusst oder unbewusst, vor und während des Kletterns führen wir permanent ein Gespräch mit uns selbst, in dem wir die Situation bewerten. Im übertragenen Sinne könnte man von zwei Stimmen sprechen, die dann gegeneinander anreden. Auf der einen steht eine positive, unterstützende, auf der anderen eine eher kritische Seite, die unser Handeln infrage stellt und vor möglichen negativen Konsequenzen warnt. Wie stark sich die jeweilige Stimme bemerkbar macht, ist eine individuelle Angelegenheit. Manchen Menschen fällt es selbst in

Mentale Stärke – besser klettern ist auch Kopfsache

objektiv riskanten Situationen leichter, einfach weiterzumachen und sich auf die notwendigen Schritte zu konzentrieren, während andere auch bei niedrigem Risiko zu zögern beginnen. Grund dafür kann die Dominanz einer der beiden Stimmen sein.

Betreibt man einen Sport leistungsorientiert, gehört der Ablauf dieses inneren Dialogs zu den fördernden oder hemmenden Faktoren und muss deshalb in eine positive Richtung gelenkt werden. Für das Klettern und Bouldern gilt das besonders, weil wir uns hier bewusst in eine Lage bringen, die von unseren Instinkten als gefährlich eingeschätzt wird. In Stresssituationen – ausgelöst beispielsweise durch einen wackeligen Zug, schlechtes Absprunggelände oder größere Höhe – kann ein negatives Selbstgespräch die Anspannung so weit erhöhen, bis man nicht mehr handlungsfähig ist. Eine affirmative, positive Stimme hilft hingegen, die natürlichen Ängste unter Kontrolle zu halten und in den Bewegungen souverän zu bleiben.

Gerade wenn es einmal ein wenig höher hinaus geht, ist es wichtig, ruhig zu bleiben, um die Kontrolle zu behalten. Bei einem sechs Meter hohen Ausstieg möchte niemand die Nerven verlieren.

Manifestieren kann sich der Dialog in negativen Gedanken oder Bildern. Wer die Füße auf einen schlechten Tritt setzt und sich selbst sagt: „Jetzt bloß nicht abrutschen!" oder den möglicherweise bevorstehenden Sturz vor dem inneren Auge sieht, droht den notwendigen Fokus zu verlieren. Sobald sich diese Gedanken aufdrängen, musst du gegenhalten. Der einfachste Weg dafür ist, die negative Stimme mit positiven Worten und Bildern zu übertönen. Das kann mit allgemeinen Formeln wie: „Ich kann das!" oder „Jetzt gebe ich noch mal richtig Gas!" geschehen, die anfeuernd wirken, aber auch genau auf die Situation abgestimmt sein. Hängst du an einem winzigen Griff, weißt aber, dass der nächste eine echte Kelle ist, ist es eine gute Idee, sich das noch einmal vor Augen zu halten. Alternativ können auch Handlungsanweisungen durchgegangen werden, die du dir beispielsweise während der Visualisierung zurechtgelegt hast oder die in der Situation am Erfolg versprechendsten erscheinen. Musst du dich beispielsweise auf einen unangenehmen Reibungstritt stellen, könnte diese Handlungsanweisung wie folgt aussehen: „Sauber antreten, jetzt Druck auf den Fuß bringen, gleichmäßig das Gewicht verlagern und drüber schieben." Weil man den eigenen Fokus mit diesem Mittel auf etwas anderes lenkt, bleibt der negativen Stimme nicht mehr viel Raum.

Hast du Probleme, vom negativen Gedankenfluss in einen positiven zu wechseln, kannst du es mit einem Gedankenstopp versuchen. Dieser beginnt mit einem laut oder leise ausgesprochenen „Stopp", das die hemmende Stimme verstummen lassen soll. Anschließend spielst du kurz im Kopf durch, wie du die Situation meistern wirst, und erinnerst dich an etwas Positives, beispielsweise das Hochgefühl, das sich einstellt, wenn du einen herausfordernden Boulder geschafft hast. Währenddessen nimmst du einige ruhige und tiefe Atemzüge und setzt das Klettern nach einem laut oder leise ausgesprochenem „Weiter" fort. Diese Technik braucht genauso wie jede andere Beeinflussung des inneren Dialogs etwas Übung. Deshalb solltest du sie nicht erst anwenden, wenn es wirklich darauf ankommt, sondern in dein alltägliches Training integrieren. Möglich ist das beispielsweise, wenn du in der Halle einen zumindest etwas einschüchternden Boulder angehst und dir von vornherein vornimmst, den inneren Dialog in die von dir gewünschten Bahnen zu lenken.

Derartige Übungen sind übrigens auch dann hilfreich, wenn es nicht unbedingt Ängste, sondern Zweifel an den eigenen Fähigkeiten sind, mit denen du zu kämpfen hast. Wirkt ein Zug sehr weit oder ein Griff zu klein, kann ein bestärkender Gedanke im richtigen Moment den Unterschied zwischen Erfolg und einer Mattenlandung machen. Deshalb ist es sinnvoll, während des Kletterns immer wieder den Blick nach innen zu richten und den Dialog zu überprüfen, um schon frühzeitig auf ein mögliches Abdriften ins Negative reagieren zu können - und nicht erst dann, wenn Zweifel und Ängste längst das Ruder übernommen haben.

Vor und während des Kletterns: Kontrolle der Atmung

Dass wir durch bestimmtes Denken und bestimmte Verhaltensweisen die Kontrolle über unsere Emotionen erlangen können, ist in den vorherigen Abschnitten bereits angeklungen. Handeln und Fühlen stehen in einer engen Verbindung, weshalb das eine immer auch das andere beeinflusst. Ein Beispiel, das vermutlich jeder kennt, ist die Veränderung der Atmung, wenn der emotionale Zustand wechselt. Wütende Menschen atmen beispielsweise schnell und intensiv aus, was zum sprichwörtlichen „Schnauben vor Wut" führt. Vom Klettern dürfte man allerdings eher die flache und schnelle Atmung kennen, die als eines der deutlichsten Symptome von wachsender Nervosität und Angst gelten kann. Sobald man sich in eine Situation begibt, die scheinbar nicht mehr völlig kontrolliert werden kann, flacht die Atmung ab und beschleunigt sich, nachdem sie vorher relativ gleichmäßig war.

Interessanterweise funktioniert der Mechanismus, über den Emotionen das Handeln beeinflussen, auch umgekehrt. Erfahrungen aus der Praxis belegen, dass eine ruhige Atmung dazu beiträgt, die Emotionen ins Gleichgewicht zu bringen. Sportpsychologen empfehlen Sportlern im Wettkampf beispielsweise, Anspannung mit Atemübungen zu begegnen, um im entscheidenden Moment wieder leistungsbereit zu sein. Atmung spielt auch bei Meditations- und Entspannungstechniken oder Sportarten wie Yoga eine zentrale Rolle, die ihren Fokus verstärkt auf Physisches und Psychisches legen. Bestimmte Arten zu atmen sollen hier beruhigend, stresssenkend oder energetisierend wirken.

Auch beim Klettern und Bouldern hilft die Kontrolle der Atmung, Angst und Unsicherheit zu begegnen. Die Konzentration auf eine tiefe und ruhige Atmung vermittelt einerseits Sicherheit und hilft andererseits, negative Gefühle in den Hintergrund zu drängen. Profikletterin Page Claasen etwa setzt auf eine gut hörbare Atmung als Mittel, um sich von Ängsten und Zweifeln zu trennen und empfiehlt die bewusste Atemkontrolle deshalb jedem, der mit solchen zu kämpfen hat. Für sie spielt dabei die Konzentration auf das Atemgeräusch eine wichtige Rolle, weil es ihre Gedanken auch in schwierigen Kletterstellen davon abhält, eine negative Eigendynamik zu entwickeln.

Die Wirksamkeit der Methode kannst du problemlos beim nächsten Klettertraining testen, indem du dich an einem psychisch fordernden Problem versuchst und bewusst einige tiefe und ruhige Atemzüge nimmst, sobald Angst aufzukeimen droht. Die Unsicherheit wird dadurch möglicherweise nicht völlig verschwinden, zumindest aber zurückgedrängt. Kombinierst du die Atemkontrolle mit weiteren Techniken wie der Visualisierung und der Steuerung des Gedankenflusses, fällt es deutlich leichter, die Ruhe zu bewahren.

An dieser Stelle sei allerdings gesagt, dass eine gleichmäßige Atmung beim Bouldern nicht immer zweckmäßig ist. Sieht man sich mit einer Bewegung konfrontiert, die viel Körperspannung erfordert – etwa einem weiten Zug im Dach – lässt sich dieser leichter absolvieren, wenn man kurz in die Pressatmung wechselt. Dabei wird die Rumpfmuskulatur angespannt, als würde man sehr kraftvoll ausatmen wollen, während man gleichzeitig die Luft anhält. In der Folge erhöht sich der Druck im Bauchraum, was das Einbrechen der Körpermitte unwahrscheinlicher macht. Aufgrund angeblich negativer Auswirkungen wie einer kurzen Steigerung des Blutdrucks genießt die Pressatmung bei manchen Menschen einen zweifelhaften Ruf. Sie gehört allerdings zu den natürlichen Techniken, die der Körper zum Beispiel beim Heben von schweren Gegenständen ganz von allein einsetzt. Es gibt deshalb keinen Grund, sie zwanghaft zu vermeiden. Gleichzeitig sollte der Einsatz tatsächlich auf schwierige Kletterstellen beschränkt bleiben. Wer permanent mit angehaltenem Atem klettert, verhindert eine ausreichende Sauerstoffversorgung der Muskulatur und setzt sich selbst unter dauerhafte Anspannung.

Ein ähnliches Ergebnis wie bei der Pressatmung lässt sich übrigens erzielen, wenn man im entscheidenden Moment einen kurzen Schrei ausstößt. Meiner Erfahrung nach hat das einen über die Anspannung der Rumpfmuskulatur hinausgehenden psychologischen Effekt. Wenn ich während eines kniffligen Zugs einen solchen Stoßlaut von mir gebe, zögere ich bei der Ausführung auch dann nicht mehr, wenn eine Portion Angst oder Unsicherheit mit im Spiel ist. Der Schrei ist ein weiteres Mittel, diese Gefühle für den Augenblick zu überwinden und noch einmal die gesamte Motivation zu mobilisieren. Aber auch hier sollte man auf einen sparsamen Einsatz achten – und sei es nur, um die Ohren der Kletterkollegen zu schonen.

Vor und während des Kletterns: progressive Muskelentspannung

Anspannung tritt natürlich nicht nur während des Kletterns auf, sondern kann sich schon im Vorfeld breitmachen, wenn man sich mit einer Stresssituation wie einem Wettkampf oder einem herausfordernden Problem konfrontiert sieht. Diese Anspannung kann im günstigsten Fall die Konzentration schärfen und die Einsatzbereitschaft erhöhen, aber auch das Gegenteil bewirken. Ist der aufgebaute Druck zu groß, fällt es schwer, sich noch so frei zu bewegen, wie es für einen effizienten Kletterstil nötig wäre. Der Körper wirkt steif und jede Bewegung fällt kraftraubender aus. Optimale Leistung kann man unter diesen Umständen nicht abrufen.

Spürt man frühzeitig, dass die Leistungsfähigkeit durch innere Unruhe und Stress eingeschränkt werden könnte, kann es helfen, sich ein paar Minuten Zeit zur Besinnung zu nehmen und Übungen zur progressiven Muskelentspannung (auch progressive Muskelrelaxation/PMR genannt) anzuwenden. PMR kommt in vielen Sportarten zum Einsatz, um physische und psychische Spannungszustände zu

Mentale Stärke – besser klettern ist auch Kopfsache

lösen. Sie dient dazu, die Außenwelt auszublenden und unruhigen Gedanken eine Richtung zu geben. Gleichzeitig lässt sich die Technik leicht erlernen und anwenden. Um den Erfolg zu optimieren, ist es allerdings wichtig, die Übungen auch abseits von Stresssituation auszuführen. Die Folge ist ein besseres Körpergefühl, sodass erfahrene PMR-Anwender die gewünschte Muskelentspannung quasi auf Zuruf auslösen können.

Entwickelt wurde die progressive Muskelentspannung vom US-amerikanischen Arzt Edmund Jacobson, der sich in seiner Forschung mit dem Zusammenhang von erhöhter Muskelspannung und emotionaler Anspannung beschäftigte. Dabei fand er heraus, dass eine geistige Angespanntheit direkte Auswirkung auf die Spannungszustände in der Muskulatur hat, und weiter, dass sich dieser Effekt umkehren lässt. Wird der Muskeltonus reduziert, sinkt auch die Aktivität im zentralen Nervensystem. PMR macht sich also den gleichen Zusammenhang zwischen Handlungen und Gefühlen zunutze wie die zuvor beschriebene Atemkontrolle.

Jacobsons Entspannungstechnik gleicht einer Reise durch den Körper. Einzelne Muskelpartien werden abwechselnd maximal angespannt und anschließend locker gelassen, wobei sich die Trainierenden auf das dadurch entstehende Gefühl konzentrieren. Vor allem am Anfang ist es einfacher, die Routine in einer ruhigen und angenehmen Umgebung durchzuführen, mit etwas Übung wird es aber auch an anderen Orten – wie einer vollen Kletterhalle – gelingen, den Fokus nach innen zu richten. Hier der Ablauf der Übung, die etwa 10 bis 15 Minuten in Anspruch nimmt:

Schritt 1: Um dich optimal entspannen zu können, suche einen ruhigen Ort auf, an dem du dich ungestört auf die Übung konzentrieren kannst. Es sollte nicht zu kalt sein, weil das der Entspannung der Muskulatur entgegen wirken würde. Ist es ein kühler Tag am Fels, solltest du dich also entsprechend anziehen oder zudecken, um nicht auszukühlen. Eine bequeme Unterlage, wie ein Crashpad oder eine Übungsmatte, ist ebenfalls empfehlenswert, weil die PMR für gewöhnlich im Liegen ausgeführt wird.

Schritt 2: Nachdem du dich hingelegt hast, schließe die Augen und atme fünf Mal tief ein. Konzentriere dich darauf, wie die Luft über die Nase in deine Lunge strömt und den Brustkorb füllt, bis sich selbst die Bauchdecke hebt. Beim Einatmen zählst du langsam bis fünf und beginnst im Anschluss ruhig über den Mund auszuatmen, während du bis acht zählst. Das so aufgenommene Atemtempo behältst du während der gesamten Übungszeit bei.

Schritt 3: Nun ist es Zeit für die An- und Entspannungsphase, die du mit der Muskulatur der Unterschenkel beginnend einleitest. Dafür spannst du zuerst die Muskeln des linken Unterschenkels so stark wie möglich an und hältst diese Spannung für fünf Sekunden, um sie im Anschluss schlagartig locker zu lassen.

Dabei bleibt die Konzentration auf das Gefühl der An- und der darauffolgenden Entspannung der Muskulatur gerichtet. Nach einigen weiteren Atemzügen beendest du die Entspannungsphase und kontrahierst die Muskeln des rechten Unterschenkels für fünf Sekunden. Darauf folgt eine weitere Entspannungsphase.

Schritt 4: Ist auch das erledigt, wandert deine Aufmerksamkeit nach und nach auf die anderen Muskelgruppen des Körpers, wobei du immer nach dem gleichen Schema vorgehst. Beginnend mit der linken Seite folgt auf die Anspannung eine Entspannungsphase, bevor die gleiche Muskelgruppe auf der rechten Körperhälfte bearbeitet wird. Nach den Unter- und Oberschenkeln sind die oberen Extremitäten an der Reihe. Du widmest deine Aufmerksamkeit im Anschluss also der Hand und dem Unterarm, indem du eine kräftige Faust ballst, und darauffolgend dem Oberarm, wo Bizeps und Trizeps angespannt werden. Am Ende steht die An- und Entspannung der Muskulatur des Rumpfes mit Schultern, Brust, Bauch und Rücken sowie des Nackens und des Gesichts.

Schritt 5: Wurden alle Muskelgruppen einmal angespannt, lässt du deine Aufmerksamkeit noch ein letztes Mal durch den Körper wandern, um die Entspannung aktiv wahrzunehmen, bevor du dich der eigentlichen Aufgabe widmest. Diese kann nun mit einer deutlich aufgelockerten Muskulatur und einem ruhigeren Kopf angegangen werden. Möglich ist natürlich auch, dass du die eingetretene Entspannung für eine längere Pause nutzt. Denkbar wäre beispielsweise PMR vor dem abendlichen Zubettgehen zu praktizieren. So lassen sich die Gedanken von Alltagsproblemen lösen und durch die Entspannung das Einschlafen beschleunigen.

Während des Kletterns: Mentale Grenzen verschieben

Obwohl sich die vorherigen Abschnitte mit dem Abbau von Stress beim Klettern beschäftigen, wird dieser sich nie völlig vermeiden lassen. Angst und Anspannung sind eine natürliche Reaktion auf Unbekanntes, weshalb die Auseinandersetzung mit ihnen beim Vorhaben, zum besseren Kletterer zu werden, immer ein zentraler Bestandteil sein wird. Dabei ist Furcht nicht grundsätzlich etwas Schlechtes, weil sie uns vor allzu riskantem Verhalten bewahrt. Subjektiv gesehen könnte schon der Versuch, in einer Boulderhalle an kleinen Griffen eine drei Meter hohe Wand zu erklimmen, als solches gelten, weil ein Sturz schwere Verletzungen zur Folge haben könnte. Dass dieses Risiko dank dicker Matten am Boden eher gering ist, interessiert unseren Instinkt erst einmal relativ wenig. Dieser ist jedoch ebenso anpassungsfähig wie unser restlicher Körper und lernt Risiken durch Erfahrung neu zu bewerten. Andernfalls würde es wohl kaum Menschen wie Alex Honnold oder Alexander Huber geben, die Kletterrouten mit mehreren Seillängen völlig ungesichert angehen können, weil die Angst sie schon lähmen würde, bevor sie in die Wand einsteigen. Beide sind natürlich Extrembeispiele,

Mentale Stärke – besser klettern ist auch Kopfsache

die möglicherweise von vornherein eine höhere Bereitschaft zum Risiko besitzen als Otto-Normal-Kletterer, es wäre allerdings falsch anzunehmen, dass sie keine Angst kennen. Vielmehr haben sie über die Jahre gelernt, auch in bedrohlichen Situationen die Ruhe zu bewahren. Schlüssel dazu ist neben diversen Techniken der Selbstkontrolle ihr Vertrauen in die eigenen Fähigkeiten - etwas, das auch dem angstgeplagten und verkopften Durchschnittsboulderer zu immer neuen Bestleistungen zu verhelfen vermag.

Zu wissen, dass man eine Schwierigkeit lösen kann, ist das beste Mittel gegen Unsicherheit, unabhängig davon, ob man bereits seit Jahrzehnten oder erst wenigen Monaten klettert. Damit sich diese Sicherheit aufbauen kann, muss man aber immer wieder die eigenen Grenzen austesten, also Kletterprobleme angehen, die am Rand oder außerhalb der eigenen Komfortzone liegen. Das Bouldern wird dann gleichermaßen zu einer körperlichen wie mentalen Herausforderung, was es schwerer macht, das eigene Können voll abzurufen. Versucht man es dennoch und setzt sich mit der Unsicherheit auseinander, wird diese Stück für Stück schwinden und Selbstvertrauen Platz machen, bis man das gestellte Problem lösen kann. Die Grenzen der Komfortzone, die vorher auch die Grenzen der eigenen Performance waren, werden so gedehnt und können bei wiederholten Grenzgängen immer weiter hinausgeschoben werden. Das bringt die notwendige Sicherheit, um zunehmend anspruchsvolleren Problemen auch auf psychischer Ebene gewachsen zu sein.

Dass eine Konfrontation mit der Angst notwendig ist, heißt allerdings nicht, dass man versuchen sollte, mit dem Kopf durch die Wand zu rennen. Der für die Ausweitung der Komfortzone notwendige Erfolg lässt sich nicht erzwingen. Im Gegenteil: Wer seine Unsicherheit mit der Holzhammermethode zu überwinden versucht und deshalb sämtliche Warnsignale ignoriert, wird viel wahrscheinlicher einen Misserfolg erleben, der etwaige Ängste bestärken kann. Gleichzeitig wird zusätzlicher Druck aufgebaut, der Gift für die leistungsbestimmende positive Haltung ist.

Meine persönliche Strategie ist es deshalb, die Konfrontation erst zu suchen, wenn ich mich dieser tatsächlich gewachsen fühle. Im besten Fall habe ich sogar Lust auf den Nervenkitzel, den ein psychisch anspruchsvoller Boulder mit sich bringt. Ideal sind selbstverständlich Bouldersessions, in denen es bis dahin einfach rund lief. Tage mit niedriger Gravitation sozusagen. Hat man ein schweres Projekt abgeschlossen, sorgt das anschließende Hochgefühl für gesteigerte Risikobereitschaft und erleichtert es, mit Stress umzugehen. Deshalb sind es genau solche Tage, an denen man versuchen sollte, die eigenen Grenzen auszureizen. Im Kletteralltag ist das natürlich die Ausnahme, weshalb ich Grenzgänge immer wieder auch an durchschnittlichen Trainingstagen integriere, sofern das Stimmungsbarometer an diesen nicht bereits ins Negative weist. Das jeweilige

Problem wird dann wie beim Projektieren belagert, wobei ich nach Möglichkeit versuche, die Schlüsselstelle (also den Zug, der mir das größte Kopfzerbrechen bereitet) anzugehen, ohne dabei den gesamten Boulder bis zu diesem Punkt zu klettern. Ich steige also beispielsweise über eine benachbarte Route ein oder nutze deren Griffe mit, um möglichst frisch zur Krux zu kommen. Damit trage ich dem Umstand Rechnung, dass es leichter fällt, die Moral aufrechtzuerhalten, wenn man körperlich noch nicht ausgepumpt ist.

Anschließend versuche ich nicht zwingend, den Zug sofort zu lösen, sondern breche ihn in Einzelelemente herunter. Geht es beispielsweise darum, auf schlechten Tritten eine balancelastige Körperposition einzunehmen, beginne ich damit, das Gewicht Stück für Stück auf den Standfuß zu verlagern, um Vertrauen in den Tritt aufzubauen. Gelingt das immer leichter, folgt in Schritt 2 die vollständige Verlagerung des Schwerpunkts, bis ich nur noch auf dem kribbeligen Tritt stehe. Dabei lasse ich mir die Option des Rückzugs, weil ein kontrollierter Absprung weniger Stress verursacht als ein Sturz. Zu scheitern ist dann kein Misserfolg, sondern Teil des Prozesses. Dass dieser in Einzelschritte auseinanderdividiert wird, hat übrigens auch einen psychologischen Vorteil. Man setzt sich kleine Ziele, die eher erreichbar sind, und erhält so schneller Erfolgserlebnisse, was die Aufgabe weniger einschüchternd wirken lässt.

Vor, während und nach dem Klettern: Niemals den Spaß verlieren

Für den vielleicht wichtigsten Punkt in diesem Abschnitt ist das besonders hilfreich. Klettern ist eine Sportart, die zahlreiche unangenehme Aspekte mit sich bringt. Felsen zu erklimmen ist meistens anstrengend, manchmal schmerzhaft und oft Furcht einflößend. Wenn man aus den dabei gemachten Erlebnissen nichts Positives mehr ziehen kann und das Klettern nur (noch) als Stress wahrnimmt, macht es wenig Sinn, diese Leidenschaft überhaupt weiterzuverfolgen. Wer seine eigenen Fähigkeiten ausreizen möchte, darf also trotz des Leistungsgedankens nie den Spaß aus den Augen verlieren. Andernfalls geraten das Klettern und das Training dafür zu sinnentleerten, mühseligen Tätigkeiten. Du solltest dich deshalb immer wieder daran erinnern, dass dieser Sport mehr als den Schwierigkeitsgrad auf einem Stück Papier zu bieten hat und dass spannende Bewegungen, die Attraktivität einer Linie, gute Tage mit Freunden und das Abschalten vom Alltag ebenfalls zum Erlebnis gehören. Dies sind Dinge, die man auch dann noch genießen kann, wenn man nicht permanent am eigenen Limit unterwegs ist. Wer sein eigenes Kletterleben ausschließlich vom Erfolg in schweren Problemen abhängig macht, wird sich aller anderen erfahrenswerten Aspekte des Sports berauben und auf lange Sicht möglicherweise mehr Frust als Freude haben – keine guten Voraussetzungen, um wirklich das Beste aus sich herauszuholen.

Mentaltraining auf einen Blick

1. **Schaffe dir ein leistungsfreundliches Umfeld.** Suche deshalb nach Boulderpartnern, die für diesen Sport genauso brennen wie du und ein ähnliches – im besten Fall etwas höheres Leistungsniveau – haben. Die Chancen stehen dann gut, dass ihr euch gegenseitig motiviert und eure Fähigkeiten gemeinsam schneller entwickelt als allein. Negative Menschen, die vor allem durch Beschwerden und Ausreden auffallen, solltest du hingegen meiden.
2. **Entwickle Rituale, die dir das Gefühl vermitteln, leistungsbereit zu sein.** Ob es die Erwärmung, die Reihenfolge beim Schuhanziehen oder ein Glücksbringer ist, spielt dabei weniger eine Rolle, als das Gefühl, dass das Ritual funktioniert. Natürlich macht es Sinn, auch auf objektiv wirksame Mittel wie das Abputzen der Schuhe und ausreichendes Chalken zurückzugreifen. Rituale vermitteln Struktur und damit Sicherheit.
3. **Nutze deine Vorstellungskraft zur Visualisierung.** Einen Boulder im Kopf geklettert zu haben, hilft, ihn auch tatsächlich zu schaffen. Lass deshalb vor deinem inneren Auge einen Film ablaufen, der dir aus der Ego-Perspektive zeigt, wie es sein wird, das Problem Zug um Zug zu lösen. Je detaillierter der geistige Durchstieg ist, desto besser.
4. **Führe positive Selbstgespräche und kontrolliere damit deinen inneren Dialog.** Durch positive Bestärkung mit Formeln wie „Ich werde den nächsten Griff sicher halten" lassen sich Zweifel aus den eigenen Gedanken verdrängen. Genauso hilfreich kann es sein, die Klettersequenz in Kommandos herunterzubrechen und diese beim jeweiligen Zug auszusprechen.
5. **Nutze deine Atmung, um deine Gefühle zu kontrollieren.** Durch bewusstes und ruhiges Atmen kann man in kniffligen Situationen aufkommende Unsicherheit zurückdrängen. Sich zum Beispiel auf das Atemgeräusch zu konzentrieren, hilft ebenfalls, negative und damit leistungshemmende Gedanken fernzuhalten.
6. **Nutze progressive Muskelentspannung, um in stressigen Situationen mentale Ruhe zu erlangen und muskuläre Spannungszustände zu lösen.** Das erleichtert es, auch unter Druck leistungsbereit zu sein.
7. **Verlasse immer wieder die eigene Komfortzone.** Nur durch die Konfrontation mit Schwierigkeiten wirst du lernen, diese einzuschätzen und zu meistern. Das schafft Vertrauen in die eigenen Fähigkeiten und lässt Probleme, die anfangs einschüchternd wirken, leicht werden.
8. **Lass dir die Freude am Klettern nicht verderben.** Wer keine Leidenschaft mehr für den Sport empfindet, verliert nicht nur die Motivation, sich zu verbessern, sondern auch das Interesse, ihn überhaupt noch auszuüben.
9. **Arbeite regelmäßig mit mentalen Techniken.** Sie müssen wie körperliche Fertigkeiten immer wieder trainiert werden. Es genügt nicht, darüber gelesen zu haben. Du musst sie in den Kletteralltag integrieren, damit sie im entscheidenden Moment als Mittel bereitstehen.

Techniktraining – weil Kraft nicht alles ist

Was trainiert werden kann		
Fertigkeit	Fragen im Test	besonders interessante Abschnitte
Fußtechnik	2, 17	Übungen mit entsprechenden Schwerpunkten sind im Abschnitt „Übungen für das Techniktraining" zu finden. Die vorhergehenden Kapitel solltest du dennoch nicht überspringen, weil sie dir vermitteln, wie du ein effizientes Techniktraining gestalten kannst.
Körperpositionierung (allgemeine Technikschule)	5, 8, 17	
Bewegungskreativität	11, 20	
Dynamik, Koordination	14	

Neben mentaler Sicherheit und körperlicher Fitness ist die Klettertechnik eine der drei großen Säulen, auf denen unsere Leistung beim Bouldern ruht. Gemeint ist damit die Art, wie wir uns an der Wand bewegen. Idealerweise vermittelt diese den Eindruck von Eleganz, bei der Bewegungen trotz ihrer Schwierigkeit einfach wirken. Ein guter Techniker ist jemand, der seine Fähigkeiten zu nutzen weiß, um Züge effizient und ohne übermäßigen Krafteinsatz zu lösen. Wer in der Lage ist, schlechte Tritte optimal zu belasten, koordinative Bewegungen sicher auszuführen, und wenig Mühe hat, alternative Lösungen zu finden, wird problemlos die gleichen Schwierigkeiten wie ein körperlich stärkerer Athlet klettern, dessen Stil zu einem großen Teil auf Kraft baut.

Veranschaulichen lässt sich das anhand des Beispiels einer Dachroute mit weiten Zügen. Obwohl dies der Inbegriff kräftiger Kletterei ist, kann ein besseres technisches Vermögen auch hier die Lösung erleichtern. Die Schlüsselstelle unseres Boulders startet an einem Untergriffband, aus dem man mit einer Hand in eine weit entfernte Tasche zieht, wobei der Körper komplett gestreckt werden muss. Boulderer A geht die Sache frontal an und feuert mit Schwung in die Tasche. In dieser angekommen, verlieren seine Füße den Halt, wodurch der Körper ins Pendeln gerät und die Landung auf der Matte nur noch verhindert wird, weil A die Griffe in seinen Händen maximal zupresst. Um danach weiterklettern zu können, braucht er eine starke Rumpfmuskulatur, weil er die Füße wieder nach oben bringen und einen Toe-Hook legen muss, bevor sich die im Untergriff verbliebene Hand sicher lösen lässt.

Kletterer B ist weniger kräftig und sucht deshalb nach einer Alternative. Im Dach findet er einen weiteren kleinen Tritt, dem A keine Beachtung geschenkt hat. („Zu nah an den Händen, bringt mir nix!") Im Untergriffband angekommen, nutzt er diesen, um einen Knieklemmer zu setzen und damit die Hände zu entlasten. Dieser verhindert

Techniktraining – weil Kraft nicht alles ist

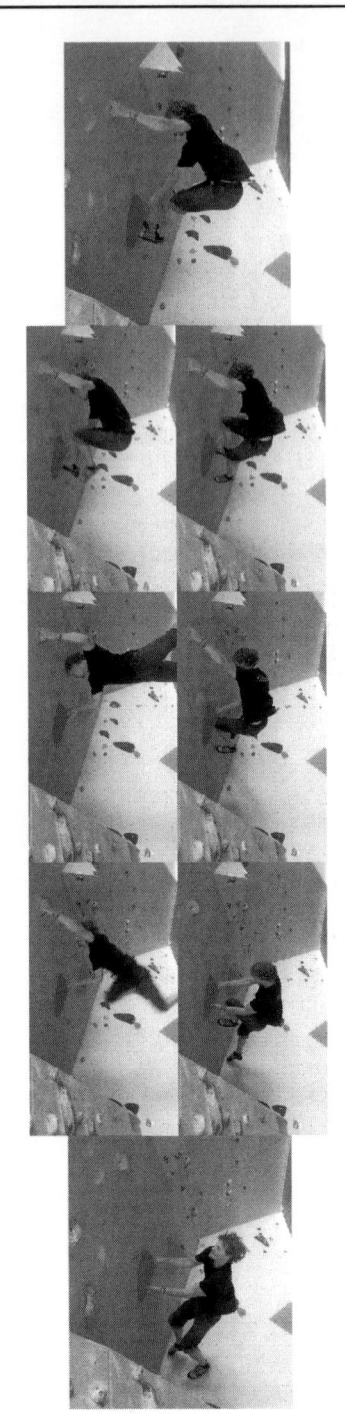

zugleich, dass Bs Füße beim Weiterziehen in die Tasche den Wandkontakt verlieren, was es ihm erlaubt, sein zweites Bein ohne Pendeln nachzuholen und den für den nächsten Zug nötigen Toe-Hook zu legen. Weil B auf diesem Weg einiges an Kraft sparen konnte, hat er trotz seiner im Vergleich geringeren Stärke nach der Krux noch genug Energie übrig, um auch die restlichen Züge zu absolvieren. Die technisch bessere Lösung macht es möglich. Obwohl Kletterer A im Beispiel nicht auf diese angewiesen ist, würde natürlich auch er von einem besseren technischen Vermögen profitieren und könnte so noch schwerere Probleme in Angriff nehmen. Die bestmögliche Technik zu besitzen, ist also im Sinne jedes Kletterers.

Techniktraining aus Sicht der Wissenschaft

In meinem Buch Grundkurs Bouldern stelle ich Basisbewegungen des Kletterns und Boulderns vor, die nötig sind, um viele Routen effizient zu lösen. Diese zu kennen und in einigen Fällen auch einsetzen zu können, ist allerdings nur die halbe Miete, wenn es darum geht, ein guter Techniker zu werden. Grund dafür ist die gigantische Vielfalt der Kletterprobleme. Zwar tauchen bestimmte Griff- und Trittmuster immer wieder auf und können dann durch Standards wie frontales Aufhocken, seitliches Eindrehen oder den Ägypter gelöst werden, da kein Problem in Wandbeschaffenheit, Griffabstand und -form oder Neigung genau wie ein anderes ist, wird man diese Techniken aber immer wieder neu anpassen müssen. Technisch guten Kletterern fällt es trotz der Vielzahl an Möglichkeiten leicht, das vor ihnen liegende Puzzle aus Griffen und Tritten korrekt zu lesen und schon bei den ersten Durchstiegsversuchen die richtigen Körperpositionen zu finden - etwas, das allein durch das Wissen um die Basisbewegungen nicht möglich ist. Man könnte meinen, Talent wäre hier ein entscheidender Faktor, zum Glück vieler Durchschnittskletterer mit Ambitionen ist das aber nur bedingt der Fall. Eine viel größere Rolle spielt die Erfahrung. Um zu verstehen, warum das so ist, macht es Sinn, sich zuerst einmal anzuschauen, wie unser Körper Kletterzüge umsetzt.

Klar dürfte jedem sein, dass Bewegungen überhaupt erst durch die Kontraktion von Skelettmuskeln möglich werden. Diese setzen über Sehnen an den Knochen an und ziehen diese in die eine oder andere Richtung. Der Muskel selbst besteht aus Faserbündeln, die sich aus Muskelfasern zusammensetzen, welche wiederum aus einem Bündel von Myofibrillen aufgebaut sind. Schaut man sich diese genauer an, werden Sarkomere sichtbar, die die kleinste Funktionseinheit des Muskels bilden und für dessen Kontraktionsfähigkeit verantwortlich sind. Senden die den Muskel steuernden Nerven ein Signal, wird hier die eigentliche Arbeit verrichtet. Zwar können sich die Sarkomere nur im Mikrometerbereich verkürzen, da das hunderttausendfach geschieht, genügt es aber, um die zur Bewegung nötige Kontraktion zu bewirken.

Für die Ansteuerung der einzelnen Muskelfasern ist unser Nervensystem verantwortlich. Wird es beim Klettern beispielsweise notwendig, dass wir den Arm anziehen, sendet unser Hirn elektrische Signale zu Muskeln des Arms, der Schulter und des Rückens, wo das Zusammenspiel der beteiligten Muskelfasern und ihrer kleinsten Bausteine schließlich zur gewünschten Bewegung führt. Was einfach klingt, ist eine komplizierte Angelegenheit. Weil ein Muskel allein nichts anderes kann, als sich zusammenzuziehen, muss unser Hirn in der Regel gleich mehrere aktivieren, damit unsere komplexen Bewegungsmuster möglich werden. Dabei ist Feinabstimmung gefragt. Fiele die Kontraktion bei einem der Beteiligten zu gering oder zu groß aus, würde die ausgeführte Bewegung nicht mehr der erforderlichen entsprechen. Entscheidend ist außerdem das richtige Timing der Aktivierung und dass die von den Muskeln aufgebrachte Kraft der Aufgabe entspricht. Hakt es hier an der einen oder anderen Stelle, fehlt der Bewegung die nötige Effizienz und Präzision. Bei Kletterern, die sich gerade an einem für sie ungewohnten Zug versuchen, kann man das sehr schön beobachten.

Die Schema-Theorie: das Hirn als programmierbarer Computer

Interessant ist nun, wie unser Hirn diese reichlich komplexe Aufgabe binnen eines Augenblicks lösen kann. Während in der Fachwelt heute über den Prozess der Aktivierung der Muskulatur Einigkeit herrscht, bleibt die Frage der Bewegungssteuerung Gegenstand von Diskussionen. Der seit mehreren Jahrzehnten am häufigsten in der Trainingspraxis berücksichtigte Erklärungsansatz

Techniktraining – weil Kraft nicht alles ist

ist die in den 1970er Jahren entwickelte Schema-Theorie. Laut dieser ist unser Nervensystem mit einem Computer vergleichbar, der Bewegungsabläufe und die dafür notwendige Ansteuerung der Muskulatur in einer Art Programm speichert. Schon in den vorhergehenden Jahren ging man davon aus, dass Bewegungserinnerungen als sogenannte Engramme festgehalten werden, wobei jedes Engramm eine bestimmte Bewegung beschreibt. Auf diese Weise versuchten Wissenschaftler zu erklären, warum der Mensch in der Lage ist, reflexartig zu reagieren und warum Bewegungen effizienter werden, wenn man sie mehrfach wiederholt.

Die Engramm-Theorie hat allerdings einen Schönheitsfehler: Obwohl über die Speicherkapazität des Hirns wenig bekannt war, regten sich Zweifel an dessen Fähigkeit, derart viele Informationen zu sichern, wie nötig wären, damit jede jemals ausgeführte Bewegung als Einzelprogramm abgerufen werden kann. Um dieses Dilemma zu lösen, entwickelte der amerikanische Bewegungsforscher und Psychologe Richard A. Schmidt den Gedanken in seiner Schema-Theorie weiter. Dieser zufolge greift das zentrale Nervensystem auf allgemeiner gehaltene Bewegungsmuster zurück, die bei Bedarf angepasst werden können. Im Hirn eines Kletterers würden sich also beispielsweise Muster, von Schmidt generalisierte motorische Programme (GMP) genannt, für das Eindrehen, einen Totpunkt-Dyno oder Schulterzüge finden, nicht jedoch Engramme, die die exakten Bewegungen in einer bestimmten Route beschreiben. Sobald eine Situation ähnlich einer früher erlebten ist, soll unser Nervensystem Schmidts Theorie zufolge auf das passende Schema zurückgreifen und die darin beschriebene Bewegung so anpassen, dass sie auch in der neuen Situation erfolgreich durchgeführt werden kann. Weil die Muster flexibel sind, braucht es weniger von ihnen, was das Speicherproblem löst.

Teil der Schema-Theorie ist auch die Idee, dass sich die GMP durch häufige Anwendung festigen lassen, woraufhin die Bewegungsergebnisse stetig besser werden, also mit größerer Sicherheit zum Erfolg führen und weniger Energieeinsatz bedürfen. Daraus folgt, dass während des Lernprozesses immer wieder Bewegungen des gleichen Schemas durchgeführt werden müssen, damit dieses sich stabilisiert. Nimmt man Schmidts Überlegungen als Basis für das Training, hat dieser Gedanke direkte Auswirkungen auf die Praxis. Wenn es um das Erlernen neuer Bewegungen geht, ist dann häufige Wiederholung das Mittel der Wahl. Um den Lernprozess zu optimieren, soll dieser anfangs unter Anleitung erfolgen, wobei ein Trainer (oder Trainingspartner mit ausreichend Erfahrung) die Bewegungsausführung bewertet und korrigierend eingreift, bis die Technik dem angenommenen Optimum entspricht. Auf diese Weise will man eine fehlerhafte Programmierung verhindern, die sich aus der stetigen Wiederholung einer falschen Bewegung ergeben würde. Erst wenn das GMP eine gewisse Qualität erreicht hat, geht es daran, die Ausführung zu variieren, um das neue Schema zu verfeinern und es dem Trainierenden zu ermöglichen, die Technik später auch in Situationen anzuwenden, die nicht der entsprechen, unter der sie eingeübt wurde.

In vielen Sportarten ist diese Art der Technikschule bis heute Usus und auch im Klettern wird gern nach diesem Konzept trainiert. Sollen Kletterneulinge eine bestimmte Bewegung erlernen, wird ihnen diese vom Trainer vorgeführt und bei den eigenen Versuchen Feedback über etwaige Ausführungsfehler gegeben. Diese sollen dann durch mehrmaliges Wiederholen („Einschleifen") beseitigt werden, das so lange erfolgt, bis der jeweilige Zug immer wieder erfolgreich absolviert werden kann. Erst dann ist es Zeit, ähnliche Züge in anderen Routen zu trainieren, um das Erlernte variieren zu können. Im Klettern, aber stärker noch in anderen Sportarten, hat diese Idee dazu geführt, dass die Wiederholung identischer Bewegungen zu einem der wichtigsten Werkzeuge des Techniktrainings geworden ist. Dass diese Methode erfolgreich sein kann, lässt sich kaum von der Hand weisen. Vergleicht man die technischen Fähigkeiten heutiger Spitzensportler mit denen vergangener Tage, zeigt sich, dass die wiederholungsbasierte Herangehensweise durchaus ihre Berechtigung hat. Allerdings wurde in jüngster Zeit mit dem differenziellen Lernen ein abweichender Ansatz entwickelt, der in komplexen Sportarten sogar noch bessere Ergebnisse liefern konnte und deshalb im Leistungssport eine immer größere Verbreitung erfährt.

Theorie des differenziellen Lernens: variieren statt einschleifen

Auch wenn die Idee der motorischen Programme einleuchtet, gibt es begründete Zweifel an ihrer Richtigkeit. So konnte die Existenz der Muster in vier Jahrzehnten Forschung nicht bewiesen werden. Darüber hinaus zeigten Untersuchungen, dass Bewegungen von Menschen sich quasi nie gleichen. Selbst Profisportlern, die äußerst stabile GMP haben müssten, ist es nahezu unmöglich, eine Bewegungsaufgabe zwei Mal auf identische Art zu lösen. Dies ist ein weiteres Indiz dafür, dass unser Hirn wohl doch ohne mehr oder weniger feste Programme auskommt. Die Computer-Analogie konnte deshalb nicht alle Forscher überzeugen, weshalb im Rahmen der Systemdynamik an einem alternativen Erklärungsmodell gearbeitet wurde. Dieses sieht den Menschen weniger als programmierbares, sondern als dynamisches, sich ständig veränderndes System, welches sich selbst organisiert und dabei stabile Zustände zu erreichen versucht. Das scheint möglicherweise im ersten Moment wenig Bezug zu Bewegungen zu haben, macht aber Sinn, wenn man bedenkt, dass auch eine mehrfach erfolgreich ausgeführte Bewegung als ein solcher stabiler Zustand angesehen werden kann.

Auf das Bewegungslernen übertragen bietet der systemdynamische Ansatz folgende Erklärung: Wird der Körper vor eine neue Bewegungsaufgabe gestellt und hat keine Lösung parat, testet das System Mensch verschiedene Möglichkeiten der

Techniktraining – weil Kraft nicht alles ist

Ausführung durch, die mehr oder weniger erfolgreich sind. Die daraus resultierenden Bewegungen fallen anfangs sehr unterschiedlich aus. Solche großen Schwankungen charakterisieren den zu diesem Zeitpunkt noch instabilen Zustand. Durch immer neue Versuche, bei denen unterschiedliche Bewegungsparameter genutzt werden (beispielsweise variierender Krafteinsatz, andere Gelenksstellungen, verschiedenes Timing), vergrößert sich die Informationssammlung und grenzt den Raum für mögliche effiziente Lösungen des Problems ein. Mit der Zeit wird die Ausführung so immer weiter optimiert, bis ein neuer stabiler Zustand erreicht ist, also die Bewegung beherrscht wird.

Im Gegensatz zur Schema-Theorie dienen als Grundlage für die Bewegungsausführung also nicht mehr oder minder feste Programme, sondern im Rahmen des Suchprozesses gemachte Erfahrungen. Dabei spielt es keine große Rolle, ob ein Lösungsversuch im klassischen Sinne „richtig" oder „falsch" ist. Jede erprobte Lösungsvariante liefert frische Informationen, die einen Erfolg wahrscheinlicher machen. Weil Abweichungen von einer angeblichen Techniknorm nicht als Fehler angesehen werden, fällt auch das Training nach der differenziellen Methode anders als bei der klassischen Herangehensweise aus. Während diese auf die Wiederholung der angestrebten Technik ausgelegt ist, soll beim differenziellen Lernen identisches Wiederholen weitestgehend vermieden werden. Tatsächlich werden Variationen beim Erlernen einer Technik sogar provoziert, da sie als notwendig erachtet werden, um den Lernprozess zu beschleunigen.

Vertretern der Theorie des differenziellen Lernens zufolge macht das auch aus einem weiteren Grund Sinn: Obwohl die Vermittlung von Idealtechniken ein wesentlicher Teil der Trainingspraxis vieler Sportarten ist, gibt es keine Bewegungsausführung, die für jeden Sportler als Optimum angesehen werden kann. Das liegt zum einen in der Unterschiedlichkeit der Athleten (Größe, Gewicht etc.) und zum anderen in den Schwankungen des Umfelds (Wetter, Temperatur, Beschaffenheit des Sportgeräts etc.) begründet. Schon kleine Veränderungen bei den Parametern sorgen dafür, dass zwei identische Bewegungen, selbst wenn diese möglich wären, nicht mehr zu den gleichen Ergebnissen führen.

Als Boulderer kennt man dieses Problem. Steigt im Laufe eines Klettertages die Luftfeuchtigkeit, lassen sich Griffe, die einige Stunden zuvor noch perfekten Grip boten, manchmal kaum noch halten, obwohl man versucht ist, den Zug genau so zu machen, wie er anfangs funktioniert hat. Damit es trotzdem klappt, ist beispielsweise eine Anpassung der Gewichtsverteilung zwischen Händen und Füßen oder ein größerer Krafteinsatz nötig. Die Bewegungsausführung wird also auf die neuen Bedingungen abgestimmt. Noch offensichtlicher wird die Notwendigkeit individueller Lösungen, wenn der gleiche Kletterzug von zwei Boulderern mit unterschiedlicher Körpergröße absolviert werden soll. Während der 1,80 Meter große A sich auf einen Tritt aufhockt, um anschließend statisch nach einem weit entfernten Griff zu angeln,

Theorie des differenziellen Lernens: variieren statt einschleifen

würde ein identischer Versuch für seine zehn Zentimeter kleinere Partnerin B keinen Erfolg bringen. Sie muss zwar ebenfalls aufhocken und folgt damit dem gleichen Grundmuster der Bewegung, führt diese aber schneller aus, um sich mit Schwung in Richtung des Griffs zu werfen und so das Reichweitendefizit auszugleichen.

Weil jeder Athlet durch diese wechselnden Voraussetzungen gezwungen ist, eigene Bewegungslösungen zu finden, macht es nach Ansicht der Vertreter der Theorie des differenziellen Lernens Sinn, die Bewegungsaufgabe schon im Training immer wieder zu variieren, damit man die Möglichkeit erhält, das eigene Optimum zu entdecken. Zugleich fällt es den Sportlern so leichter, erlernte Lösungen auf andere Situationen zu übertragen, wofür die bereits angesprochenen Erfahrungswerte nötig sind. Diese nutzt unser Organismus, um Lösungen für neue Probleme zu finden, die bereits Erlebtem ähneln. Man spricht dabei von der Fähigkeit zur Inter- und zur Extrapolation, also dem Vermögen aus Bekanntem auf Unbekanntes zu schließen. Liegt eine Bewegungsaufgabe zwischen bereits bekannten Werten, kann der Organismus ein Bewegungsbild berechnen, das wahrscheinlich zum Erfolg führt. Das Ergebnis wird interpoliert. Bricht die Aufgabe mit den bekannten Grenzen, ist von Extrapolation die Rede, wobei die Erfolgsaussichten etwas geringer ausfallen.

Was das bedeutet, lässt sich gut am Beispiel ähnlicher Kletterzüge erklären, die sich lediglich in der Position des Zielgriffs unterscheiden, wie im beistehenden Bild gezeigt wird. Die am weitesten links und rechts beziehungsweise oben und unten liegenden Griffe wurden vom Kletterer aus der Ausgangssituation heraus bereits gegriffen und stellen die Grenzwerte dar. Befindet sich der Zielgriff nun innerhalb dieses Bereichs, kann unser Körper anhand der vorhandenen Informationen mit großer Sicherheit einen Weg finden, auch diesen in die Hand zu bekommen. Würde der Zielgriff weiter außen liegen, wäre es kniffliger, weil es an verlässlichen Erfahrungswerten fehlt. Der Körper ist gezwungen, die Bewegungsausführung durch Extrapolation „hochzurechnen", wobei das Risiko zu scheitern steigt, je weiter der Zielgriff vom vorherigen Bewegungsmaximum entfernt ist. Geht es darum, eine neue Kletterstelle möglichst sicher zu lösen, ist es deshalb hilfreich, auf einen großen Informationspool zurückgreifen zu können. Dabei spielen natürlich nicht nur Griffabstände eine Rolle.

Techniktraining – weil Kraft nicht alles ist

Auch Formen, Wandneigungen, die Oberflächenbeschaffenheit, der Ermüdungsgrad des Kletterers und selbst die Wetterbedingungen haben neben unzähligen weiteren Faktoren Einfluss darauf, wie eine Bewegung im Detail ausgeführt werden muss. Hat man möglichst viele Faktoren bereits einmal in verschiedenen Varianten erlebt, wie es das differenzielle Lernen vorsieht, ist die Informationsfülle für die Inter- und Extrapolation größer. Folglich steigt auch die Chance, adäquat auf neue Situationen reagieren zu können. Die Grundidee des differenziellen Trainings passt somit hervorragend zum variantenreichen Charakter des Boulderns.

Dass die Theorie des differenziellen Lernens noch nicht bei der Masse der Sportler angekommen ist, dürfte vor allem daran liegen, dass sie relativ neu ist. An Erfolgen mangelt es zumindest nicht. In verschiedenen Studien konnte die Methode gegenüber dem klassischen Ansatz bessere oder mindestens gleichwertige Ergebnisse liefern, wobei sich die Leistung der Probanden in einigen Fällen bemerkenswerterweise sogar nach Abschluss des Trainings weiter steigerte, während es beim herkömmlichen Techniktraining schon nach kurzer Zeit zu einem Leistungsabfall kommt. Nachgewiesen werden konnten die Vorteile beispielsweise beim Kugelstoßen, beim Tennis, im Fußball oder beim Golf. Aber auch im vor allem zum modernen Bouldern ähnlicherem Parkour hat das differenzielle Training mittlerweile seinen Platz. Als wichtigster Kronzeuge für die Richtigkeit der Annahmen kann allerdings unser Nachwuchs dienen. Kinder lernen in ihren ersten Jahren mehr als in jedem anderen Lebensabschnitt und erzielen ihre Fortschritte vor allem durch vielfältiges Ausprobieren. Dass einem Kleinkind, das gerade mit dem Laufen beginnt, die Technik des Gehens durch einen Trainer vorgegeben und korrigiert wird, dürfte wohl so gut wie nie vorkommen. Dennoch braucht es meist nur kurze Zeit, bis Kinder den äußerst komplexen Bewegungsablauf beherrschen und im Anschluss nur noch verfeinern müssen.

Dass klassische Trainingsmethoden trotz anderer Grundannahmen und daraus resultierender Herangehensweisen erfolgreich sind, spricht übrigens nicht gegen die Richtigkeit der Theorie des differenziellen Lernens, sondern ist damit problemlos vereinbar. Weil sich Abweichungen nicht völlig vermeiden lassen, gibt es selbst beim Einschleifen der immer gleichen Bewegung Variationen. Wird versucht, ein Schema anschließend über Bewegungsabwandlungen zu stabilisieren, nehmen diese weiter zu und es kommt ebenfalls zu einer Abtastung des Lösungsraums, was schließlich zu stabilen Zuständen führt. Schwankungen sind also auch hier Teil des Lernprozesses, im Unterschied zum differenziellen Lernen wird diesen aber nicht die gleiche Bedeutung beigemessen. Willst du möglichst schnell eine neue Technik erlernen und vielfältig anwenden können, spricht folglich viel dafür, auf die Erkenntnisse und Ideen des differenziellen Lernens zurückzugreifen. In den folgenden Abschnitten möchte ich dir deshalb Methoden und Übungen vorstellen, die diese auf das Klettern übertragen.

Der schnelle Weg zur neuen Klettertechnik

Obwohl ich im vorherigen Abschnitt erklärt habe, dass die Lösung eines Zugs eine sehr individuelle Angelegenheit ist, solltest du daraus nicht schließen, dass jeder Kletterer das Rad für sich selbst neu erfinden muss. Wie in anderen Sportarten auch haben sich im Klettern einige Standardbewegungen herausgebildet, die als besonders effiziente Art der Fortbewegung in der Vertikalen gelten können. So bietet es sich beispielsweise an, das Gewicht von den Füßen tragen zu lassen, weil das kraftsparender ist, als sich bei jedem Zug mit den vergleichsweise schwächeren Armen nach oben zu hieven. Am besten klappt das, wenn man verschiedene Bewegungsmuster wie das Aufhocken oder das seitliche Eindrehen beherrscht, die heute zu den Standards des Sports gehören.

Problematisch ist jedoch, dass sich diese Techniken längst nicht immer intuitiv ergeben. Für Boulderneulinge, aber auch fortgeschrittene Kletterer stellt sich deshalb die Frage, wie man zu einer besseren und variantenreicheren Technik kommt. Simples Herumprobieren kann zwar erfolgreich sein, dass man immer die beste Lösung findet, ist jedoch unwahrscheinlich. Bevor du also viel Zeit in das Techniktraining nach dem Trial-and-Error-Prinzip investierst, ist es sinnvoller, Bewährtes zu übernehmen. Im Bezug auf Klettertechnik heißt das zum einen, sich beispielsweise mithilfe von Lehrbüchern oder in Kursen theoretisches Wissen anzueignen, und zum anderen, sich von besseren Kletterern inspirieren zu lassen. Das ist vor allem dann hilfreich, wenn es darum geht, eine spezielle Kletterstelle zu bewältigen, für die du noch keine eigene Lösung im Bewegungsköcher hast. Sich dann die Herangehensweise anderer anzuschauen, kann den Lernprozess deutlich beschleunigen. Voraussetzung ist selbstverständlich, dass man physisch in der Lage ist, den vorgeturnten Zug umzusetzen. Fortgeschrittene Kletterer können mitunter äußerst kraftraubende Lösungen leicht aussehen lassen und schwächere Athleten damit auf eine falsche Fährte locken. Übernehmen kannst und solltest du nur, was sich für dich selbst als praktikabel erweist.

Um eine neue Bewegung ins Repertoire aufzunehmen, reicht es natürlich nicht aus, diese nur zu sehen oder eine Erklärung gelesen zu haben, sie muss auch selbst angewandt werden. Dafür gibt es nun zwei Wege: Folgt man der klassischen Trainingslehre, sucht man sich ein Problem mit der entsprechenden Bewegung und wiederholt diese, bis sie sich mühelos anfühlt. Der Zug wird dann eingeschliffen. Der Nachteil ist, dass dieses ständige Wiederholen nur eine geringe Varianz mit sich bringt und du die Technik am Ende nur in der immer wieder absolvierten oder einer sehr ähnlichen Situation wirklich sicher anwenden kannst. Um den Lerneffekt zu erhöhen und das neu Gelernte künftig vielseitig einsetzen zu können, muss die Bewegung möglichst variantenreich geübt werden. Für den größtmöglichen Nutzen empfehlen die Verfechter des zweiten Weges, des differenziellen Lernens, jede neue Variation während des Trainings nach Möglichkeit nicht häufiger als zwei

Techniktraining – weil Kraft nicht alles ist

bis dreimal am Stück ausführen. Ziel ist es, den Körper immer wieder vor neue Bewegungsaufgaben zu stellen. Das dadurch entstehende Rauschen, wie der Variantenreichtum in der Theorie bezeichnet wird, beschleunigt die Aneignung der neuen Bewegung und hilft, ein eigenes Bewegungsoptimum zu finden.

Möglichkeiten der Bewegungsvariation

Erzeugen lässt sich dieses Rauschen grundsätzlich auf zwei Arten: Zum einen kann eine innere und zum anderen eine äußere Differenzierung stattfinden. Erstere umfasst alle Maßnahmen, die zu einer bewussten Änderung des Bewegungsablaufs führen, ohne dass die Kletterstelle selbst verändert wird, während bei letzterer genau das der Fall ist. Die innere Differenzierung schließt dabei auch Dinge ein, die nach der klassischen Trainingstheorie als Fehler betrachtet werden würden. So könnte man beispielsweise absichtlich mit gebeugten Armen oder betont langsam klettern, die Fußstellung variieren und die Bewegung auch mit Fußpositionen testen, die nicht optimal sind. Selbst unscheinbare Details wie die Streckung und Beugung des Sprunggelenks erhöhen des Rauschen. Später fällt es dir dadurch leichter, auch auf eher subtile Änderungen zu reagieren, die üblicherweise schon bei zwei Durchstiegsversuchen des gleichen Boulders auftreten - etwa, weil du die Füße verschieden platziert hast oder deine Hände den Griff ein wenig anders zu fassen bekommen haben.

Um eine Fähigkeit in Situationen anwenden zu können, die stärker abweichen, hilft es, die Kletterstelle selbst zu modifizieren. Dazu musst du glücklicherweise keinen Akkuschrauber zur Hand haben (auch wenn das natürlich optimal wäre), wenn die Wände ausreichend mit Griffen und Tritten bestückt sind. Die Kletterstelle kann dann umdefiniert werden. Soll heißen, Griffe oder Tritte, die eigentlich nicht dazugehören, werden zu Trainingszwecken miteinbezogen. Das erlaubt es, die Ausgangs- oder Endposition der Bewegung zu variieren. Es könnte beispielsweise ein anderer Tritt oder ein anderer Zielgriff verwendet werden. In Hallen mit eher licht bestückten Wänden muss man hingegen kreativer sein und nach Griff- und Trittkombis suchen, die die gewünschte Bewegung erlauben. Wird man fündig, fallen die Unterschiede natürlich größer aus. Neben den Abständen der Kontaktpunkte werden auch deren Form, Oberfläche und Neigung abweichen. Ein Problem ist das nicht, sondern sorgt eher für zusätzliches Rauschen. Wichtig ist allerdings, dass der Charakter der gewünschten Bewegung erhalten bleibt. Wenn ich das Eindrehen trainieren will, macht es also Sinn, Hand- und Trittpositionen zu verändern, nicht jedoch, die Kletterstelle frontal zu lösen.

Eine Handvoll Differenzierungsmöglichkeiten zum Einsatz beim Techniktraining habe ich in der folgenden Tabelle zusammengefasst. Diese lassen sich einzeln oder in Kombination verwenden.

innere Differenzierung	äußere Differenzierung
betont statische Ausführung	Zielgriff/Startgriff/e ändern
betont dynamische Ausführung	einen oder beide Tritte tauschen
kurze/lange Ausholbewegung	andere Klettersequenz vorschalten
mehrfach/nur einmal Schwung holen	Zug an anderer Stelle imitieren
Beugung der Arme/Beine variieren	leichtes Zusatzgewicht anhängen (beispielsweise Rucksack)
Fußstellung verändern (seitlich, frontal, abgesenkte/gehobene Ferse)	Ablenkungen einbauen (beispielsweise einem Gesprächspartner Fragen beantworten)
Griff weiter rechts/links/oben/unten anvisieren	andere Schuhe verwenden
Handhaltung variieren (Finger weglassen/aufstellen/hängen lassen)	viel/wenig/kein Chalk nutzen
Vorermüdung/Pausen nutzen	Wandneigung variieren

Übungen für das Techniktraining

Das oben beschriebene Training einer Bewegung ist zwar wichtig, um neue Techniken zu erlernen, in der Praxis kommen diese aber nie isoliert vor. Viel Zeit in die ausschließliche Verbesserung eines Einzelzuges zu investieren, macht deshalb nur Sinn, wenn dieser zum einen essenziell ist, also relativ häufig benötigt wird, und zum anderen eine echte Schwachstelle im eigenen Können darstellt. Andernfalls sollten beim Techniktraining immer mehrere Bewegungen kombiniert werden. Um technisch besser bouldern zu können, muss man also tatsächlich bouldern.

Die gewählten Probleme brauchen dabei nicht am eigenen Leistungslimit liegen. Das kann sogar kontraproduktiv sein. Zu einer guten Technik gehört zwar, sich auch in Situationen hoher körperlicher Anstrengung effizient bewegen zu können. Eine sinnvolle Arbeit an der Bewegungsqualität ist aber kaum möglich, wenn die ganze Konzentration darauf verwendet wird, nicht von den Griffen abzurutschen. Im Mittelpunkt des Techniktrainings steht deshalb nicht, eine möglichst schwere Route zu bewältigen, sondern den ausgewählten Boulder effizient klettern zu können. Wer technischen Schwächen den Kampf ansagt, sollte besser Probleme wählen, die man mit hoher Wahrscheinlichkeit schafft. Für Kletterer, die vor allem darauf aus sind, schwere Projekte abzuhaken, mag das eine Umstellung sein, langfristig lohnt es sich aber, beim Training etwas zurückzustecken. Damit es trotzdem nicht langweilig wird, habe ich im Folgenden eine Reihe von Übungen zusammengestellt, mit denen sich das Techniktraining abwechslungsreich gestalten lässt und die mit den Prinzipien des differenziellen Lernens vereinbar sind. Diese Auswahl ist auch als

Techniktraining – weil Kraft nicht alles ist

Anregung zu verstehen. Die zugrunde liegenden Ideen können beliebig kombiniert und angepasst werden, um die individuellen Baustellen stärker in den Fokus zu rücken. Sofern am Ende ein forderndes und gleichzeitig motivierendes Programm steht, kannst du deiner Kreativität freien Lauf lassen.

fertige Boulder klettern	
• allgemeine Technikschule	Das Klettern vorgefertigter Boulder gehört zum Trainingsalltag in der Halle. Nachdem neue Boulder geschraubt wurden, versucht man, die von den Routenbauern gestellten Probleme zu lösen. Abhängig von der Vielseitigkeit des Schraubstils können unterschiedlichste Fähigkeiten erlernt und verbessert werden. Hast du einen Boulder geschafft, macht es Sinn, diesen im Laufe der nächsten Trainingseinheiten mehrmals zu wiederholen – insbesondere, wenn er technisch anspruchsvoll war.
Beta brechen	
• allgemeine Technikschule • Bewegungs-kreativität	Die meisten Boulder lassen sich auf verschiedene Art lösen. Beim Brechen der Beta geht es darum, möglichst viele Varianten auszutesten und dabei nicht nur diejenige zu klettern, die man persönlich favorisiert oder welche vom Routenbauer vorgesehen war. Natürlich können solche alternativen Lösungen auch schwieriger sein. Da du so aber ungewöhnliche Bewegungen und Körperpositionen kennenlernst und trainierst, die dir ansonsten möglicherweise nicht unterkommen würden, ist das kein Problem, sondern eher ein Vorteil, weil du dein vor allem für Flash-Versuche wichtiges Bewegungsrepertoire erweiterst.
Griffe/Tritte skippen	
• allgemeine Technikschule • Bewegungs-kreativität • Dynamik • Koordination	Beim Skippen von Griffen und Tritten werden bestehende Boulder modifiziert, indem man einen Teil der vorhandenen Elemente wegdefiniert. Das können einzelne Griffe oder Tritte sein, um einen Zug zu erschweren, Elemente können aber auch nach System ausgelassen werden. Bei leichteren Bouldern bietet es sich beispielsweise an, jeden zweiten Griff/Tritt zu streichen, um ein völlig neues Problem zu kreieren. Wie schwer die tatsächliche Bewegungsaufgabe wird, lässt sich anpassen, indem nur Griffe, Tritte oder beide wegdefiniert werden.

Übungen für das Techniktraining

Farbenspiel	
• allgemeine Technikschule • Bewegungskreativität	Das Farbenspiel eignet sich besonders für Kletterhallen mit dicht bestückten Wänden, was viele Griff- und Trittkombinationen möglich macht. Zuerst legst du an einer Wand Start- und Zielgriffe fest und beziehst beim ersten Durchstieg alle vorhandenen Griffe und Tritte mit ein. Gelingt das, werden sämtliche Elemente einer Farbe wegdefiniert und versucht, das Problem ein weiteres Mal zu lösen. Bei jedem weiteren Durchgang werden erneut Farben gestrichen, bis der so entstehende Boulder nicht mehr kletterbar ist. Liegt das lediglich an einer Stelle, während alle anderen Züge noch leicht zu schaffen sind, kann ein zur Lösung notwendiger Griff/Tritt einer gelöschten Farbe weiterhin genutzt werden.
freies Traversieren	
• allgemeine Technikschule • Fußtechnik • Schwerpunktarbeit	An einer Wand zu queren, ist eine beliebte Übung zum Aufwärmen. Quergänge bieten allerdings auch eine hervorragende Möglichkeit, um neue Bewegungen und Bewegungskombinationen zu trainieren. Dazu klettert man ohne Rücksicht auf die Farbe an der Wand entlang und wählt Griffe und Tritte aus, die für das Weiterkommen sinnvoll sind. Während die Züge beim Aufwärmen nicht zu anspruchsvoll sein sollten, kannst du dich beim Traversieren als Technikübung durchaus kniffligeren Herausforderungen stellen. Große Vorteile hat diese Methode für das Erlernen einer guten Fußtechnik, weil durch das Klettern in der Horizontalen Fußwechsel und gekreuztes Weitertreten notwendig werden. Willst du ein besonderes Augenmerk auf die Verlagerung des Körperschwerpunkts legen, bietet es sich an, bei so vielen Zügen wie möglich über Kreuz zu greifen. Möglich wäre auch, festzulegen, dass jeder Griff und Tritt nur einmal verwendet werden darf. Weitere Alternativen sind beispielsweise das Weglassen bestimmter Griffarten oder die Vorgabe, dass nur Griffe und Tritte verwendet werden dürfen, die zwischen oder außerhalb zweier imaginärer Linien liegen.
Drei-Finger-Bouldern	
• Fußtechnik • Schwerpunktarbeit	Beim Drei-Finger-Bouldern verzichtet man bewusst auf den Einsatz der vollen Griffkraft. Anstatt die Griffe eines Problems mit der gesamten Hand zu fassen, wird mindestens ein Finger zur Passivität verdonnert. Das macht es schwerer, sich festzuhalten, weshalb mehr Gewicht auf die Füße übertragen werden muss. Gleichzeitig spielen stabile Körperpositionen

Techniktraining – weil Kraft nicht alles ist

	eine wichtigere Rolle. Netter Nebeneffekt ist, dass sich mittelfristig auch die Kraft der beanspruchten Finger verbessert. Übertreiben sollte man es aber nicht, schließlich geht mit der höheren Belastung auch ein größeres Verletzungsrisiko einher. Wer sich darum dank reichlich vorhandenen Fingerstroms keine Sorgen machen muss, kann wahlweise auch an zwei oder einem Finger pro Hand klettern. Für Routen im Überhang ist das Drei-Finger-Bouldern ungeeignet, weil mit zunehmender Wandneigung die Kraft wichtiger als die Technik wird. Idealerweise wird deshalb an geraden oder leicht liegenden Wänden trainiert.
Wandtreten	
• Fußtechnik • Schwerpunkt-arbeit	Anstatt die eigentlich vorgesehenen Tritte zu verwenden, setzt du deine Füße auf Reibung an die Wand. Diese Übung bereitet auf das Klettern trittarmer Boulder vor. Gleichzeitig wird die Verlagerung des Körperschwerpunkts geschult, da dessen Position für einen guten Halt der Füße essenziell ist. Sinnvoll nutzen lässt sich das Wandtreten jedoch nur in Hallen mit angerauten Wänden.
Leisetreten	
• Fußtechnik • Schwerpunkt-arbeit	Das Leisetreten ist ein Klassiker unter den Übungen für eine bessere Fußtechnik. Was dahintersteckt, verrät bereits der Name: Beim Klettern eines Problems lenkst du die gesamte Aufmerksamkeit auf die Beinarbeit und versuchst, die Füße möglichst präzise auf die nächsten Tritte zu stellen, ohne dabei ein Geräusch zu erzeugen. Klappen kann das aber nur, wenn du stabile Körperpositionen findest, in denen der weiterzusetzende Fuß nicht mehr belastet ist. Dadurch wird gleichzeitig die Arbeit mit dem Körperschwerpunkt geschult. Um die Übung auch für Boulderer interessant zu halten, die bereits über eine solide Fußtechnik verfügen, kann man sie verschärfen, indem man sich selbst verbietet, die Fußposition nach dem Aufsetzen durch herumrutschen oder wippen zu korrigieren.
Freihandklettern	
• Schwerpunkt-arbeit • Fußtechnik • Dynamik	Wenn es nach Kletterlegende Johnny Dawes ginge, wäre Freihandklettern mittlerweile eine eigene Disziplin. Aber auch, wenn es so weit bisher nicht gekommen ist, lehrt das Klettern ohne Hände viel über die Verlagerung des Körperschwerpunkts, die Art wie Tritte belastet werden

Übungen für das Techniktraining

	müssen und wie Schwungaufbau und -kontrolle mit den Beinen funktioniert. Voraussetzung für das Freihandklettern ist eine leicht liegende Wand, die mit vielen guten Trittmöglichkeiten versehen ist. Fehlt in der heimischen Boulderhalle so ein Bereich, kannst du es ersatzweise in Verschneidungen probieren.
einarmiges Bouldern	
• Schwerpunktarbeit • Bewegungskreativität • Fußtechnik • Dynamik • Koordination	Eine Alternative zum Freihandklettern ist das einarmige Bouldern, bei dem Probleme jeweils nur unter Einsatz des rechten oder linken Arms geklettert werden. Ähnlich wie bei der freihändigen Kletterei kommt es hier auf eine gute Positionierung des Körpers und den richtigen Schwungaufbau an, wobei ersteres letzteres erleichtert. Vorteil ist, dass sich die Übung auch an geraden Wänden durchführen lässt - relativ große Griffe und eine gesunde Schulter vorausgesetzt. Diese muss hier immer wieder mit kleinen Belastungsspitzen zurechtkommen.
doppeltes Weitergreifen	
• Koordination • Dynamik	Zu den schwierigsten Zügen, mit denen ein Boulderer konfrontiert werden kann, gehören sogenannte Doppel-Dynos. Gemeint ist damit das gleichzeitige Lösen beider Hände von den Griffen, um einen weit entfernten Zielgriff zu erreichen, oft kombiniert mit einem Sprung. Die dafür notwendige Koordination und das ebenso wichtige Vertrauen in das eigene Können lassen sich an einfachen Bouldern trainieren, in dem man auch hier doppelt weitergreift. Die Füße bleiben dabei auf den Tritten, die Hände werden aber zeitgleich zu den nächsten Griffen gezogen. Liegen diese nicht auf gleicher Höhe – wie es oft der Fall sein dürfte – erhöht sich der koordinative Anspruch. Fortgeschrittene können zusätzlich versuchen, das Weitergreifen mit einer anderen Bewegung zu koppeln. Möglich wäre beispielsweise, beim Aufwärtsschwung den Fuß nach oben zu setzen und dann ohne zu zögern aus dem Bein aufzustehen, um weiter entfernte Griffe zu erreichen.
Tempowechsel	
• allgemeine Technikschule • Dynamik • Koordination	Beim Tempowechsel suchst du dir fordernde, aber machbare Boulder und kletterst diese in drei verschiedenen Geschwindigkeiten. Im ersten Durchgang wählst du das Tempo, das du selbst als das angenehmste empfindest. Im zweiten werden alle Züge betont langsam durchgeführt,

Techniktraining – weil Kraft nicht alles ist

• Schwerpunktarbeit • Fußtechnik	während der dritte darauf abzielt, das Problem schnellstmöglich zu lösen, ohne dabei die Kontrolle zu verlieren. Auch wenn es schnell gehen muss, solltest du also die Füße weiterhin so präzise setzen, dass du nicht abrutschst. Im Idealfall ergibt sich ein Fluss, bei dem der Schwung mitgenommen wird und jede Bewegung ohne Stopp in die nächste überleitet.
Fuß zur Hand	
• Bewegungskreativität • Fußtechnik • Schwerpunktarbeit	Der Name der Übung verrät bereits die einzige Regel, die befolgt werden muss: Getreten werden darf nur, was auch gegriffen wurde. Neben der technischen Herausforderung kommt hier die Komponente Beweglichkeit hinzu.

Alle bis jetzt vorgestellten Übungen können allein durchgeführt werden. Techniktraining muss aber keineswegs eine einsame Sache sein. Wer ohnehin immer mit Freunden in der Halle unterwegs ist, kann in das gemeinsame Training auch eine Reihe von Spielen einbetten, die allen helfen, ein breiteres Bewegungsspektrum kennenzulernen.

Kofferpacken (Gruppenspiel für mindestens zwei Spieler)	
• allgemeine Technikschule • Bewegungskreativität • Sequenzen einprägen • (Fußtechnik)	Kofferpacken ist ein einfaches Gedächtnisspiel, das sich gut aufs Bouldern übertragen lässt. Gespielt wird in einer Gruppe, wobei der erste Spieler beim klassischen Kofferpacken einen Gegenstand nennt, den er auf eine Reise mitnehmen würde. Der zweite Spieler nennt den gleichen Gegenstand und einen weiteren, der dritte ergänzt die Liste ein weiteres Mal. Bei jedem Durchgang muss die gesamte Liste in der korrekten Reihenfolge genannt werden. Schafft ein Spieler das nicht, ist das Spiel für ihn beendet. Beim Bouldern übersetzt sich dieses Prinzip in Züge. Der beginnende Spieler macht also einen Zug, den der nächste nachklettern und anschließend um einen neuen Zug ergänzen muss. Kann ein Spieler einen definierten Griff auslassen, wird dieser gestrichen. Als Belohnung darf derjenige dann einen zusätzlichen Zug anhängen. Gewonnen hat, wer als letztes in der Lage ist, alle Züge zu klettern. Für den größten Trainingsnutzen ist es sinnvoll, mit Spielern zu spielen, die zwar ähnlich gut sind, aber unterschiedliche Stärken haben. Dadurch wird man immer wieder mit Bewegungsaufgaben konfrontiert, die nicht den eigenen Vorlieben entsprechen.

Übungen für das Techniktraining

	Der Anspruch des Spiels lässt sich verändern, indem man allen Spielern eine bestimmte Anzahl an Leben zugesteht, Tritte frei wählen lässt oder fest definiert und erlaubt, Züge auch anders als vom Vorgänger vorgegeben zu lösen, solange die gleichen Griffe verwendet werden.
	Will man den Fokus vor allem auf die Fußtechnik und Schwerpunktarbeit legen, können auch Tritte statt Griffe definiert werden.
Golf (Gruppenspiel für mindestens zwei Spieler)	
• Bewegungs-kreativität • Dynamik • allgemeine Technikschule • Flash-Training	Beim Boulder-Golf wählt man sechs bis acht für jeden Teilnehmer sicher schaffbare Boulder aus, die jeweils ein Loch des Golfkurses repräsentieren. Ziel ist es, jeden Boulder mit so wenig wie möglich Zügen/Griffen zu absolvieren, was den Schlägen beim Golf entspricht. Dabei hat jeder Spieler für jeden Boulder nur einen Versuch. Misslingt dieser, wird dem gescheiterten Spieler die gleiche Anzahl an Zügen notiert, die der schwächste erfolgreiche Spieler an diesem „Loch" erreicht hat, und ein Strafpunkt addiert. Hat der schlechteste Konkurrent den Boulder mit vier Zügen geschafft, erhalten diejenigen, die ihn nicht klettern konnten, also fünf Punkte. Gewonnen hat, wer nach dem Klettern aller vorher ausgewählten Boulder den niedrigsten Punktestand vorweisen kann. Um das Spiel fair zu halten, wird nach dem Rotationsprinzip gestartet. Dadurch erhält jeder Spieler mindestens einmal die Gelegenheit, sich die Beta der anderen abzuschauen. Wie gezählt wird, legt man zu Beginn gemeinsam fest. Eine anspruchsvolle Möglichkeit wäre etwa, dass jeder belastete Wandkontakt einen Punkt ergibt, also auch, wenn man sich stabilisierend mit der Hand abstützt oder Griffe doppelt. Etwas entspannter fällt das Spiel aus, wenn nur Griffe gezählt werden, unabhängig davon, ob sie nur mit einer oder beiden Händen belastet wurden. Für Boulderneulinge bietet sich außerdem eine Best-of-Two- oder Best-of-Three-Zählweise an. Dabei erhalten die Spieler an jedem Boulder zwei oder drei Versuche, wobei nur der beste in die Wertung einfließt.

Techniktraining – weil Kraft nicht alles ist

Elimination (einzeln oder in der Gruppe)	
• Bewegungs-kreativität • Dynamik • allgemeine Technikschule	Für das Eliminationsspiel benötigt man einen Boulder mit vielen Griffen und Tritten. Nachdem dieser von allen Teilnehmern geklettert wurde, definiert der letzte der Runde einen Griff oder Tritt, der im nächsten Durchgang nicht mehr benutzt werden darf. Anschließend beginnt die Runde von vorn. Schafft ein Spieler das neu definierte Problem nicht, ist automatisch der nächste an der Reihe. Nach Abschluss jeder Runde wird ein weiterer Griff oder Tritt eliminiert, wobei sich die Spieler reihum mit dieser Aufgabe abwechseln. Klettern muss das neue Problem dann derjenige, der in der Reihenfolge nach dem Eliminierenden kommt. Das Spiel endet, sobald nur noch einer oder keiner mehr in der Lage ist, das Problem zu lösen.
Ansagen (Gruppenspiel für Zweier-Paare)	
• Bewegungs-kreativität • allgemeine Technikschule	Beim Ansagen befindet sich ein Kletterer in der Wand, während der andere Anweisungen gibt, welche Griffe (und Tritte) als Nächstes zu verwenden sind. Ziel ist es, den Kletternden herauszufordern, ohne ihn zu überfordern. Der Ansager benötigt dafür eine gute Bewegungsvorstellung, während der Kletternde die Probleme ohne langes Nachdenken lösen muss. Klappt eine Sequenz nicht, ist der Ansager in der Pflicht, deren Machbarkeit zu demonstrieren. Im Anschluss wird gewechselt. Ein Laserpointer oder Zeigestab ist bei diesem Spiel sinnvoll, um besser zeigen zu können, welche Griffe oder Tritte gemeint sind.
Mini-Wettkampf (Gruppenspiel für mindestens zwei Spieler)	
• Flash-Training • klettern unter Druck	Beim Mini-Wettkampf ist der Name Programm. In einem Zeitraum von einer halben Stunde müssen alle Teilnehmer die gleichen sechs Boulder klettern, wobei diese nach Möglichkeit für alle Spieler fordernd und allen Teilnehmern unbekannt sein sollten. Ideal ist es also, wenn man den Mini-Wettkampf bei einem Besuch in einer fremden Halle oder nach dem Umschrauben in der Heimathalle veranstaltet. Während des Wettkampfs beginnen die Spieler abwechselnd mit den Flash-Versuchen, sodass jeder einmal die Möglichkeit erhält, von der Lösung der anderen zu profitieren. Vor dem Start wird außerdem ein Wertungssystem festgelegt, das sich an der Schwierigkeit der Boulder orientiert. Verwendet die Halle ein Farbsystem, ist ein Boulder der leichtesten Farbe einen Punkt, der zweitleichtesten zwei Punkte, der

drittleichtesten drei Punkte wert. Ist die Schwierigkeit in Graden angeben, könnte eine Fb 4a beispielsweise 40 Punkte, eine Fb 4b 42 und eine Fb 4c 44 Punkte bringen. Eine 5a wäre dann 50 Punkte wert. Damit Flashs zusätzlich belohnt werden, multipliziert man deren Wertung mit 1,2 und rechnet am Ende die erreichten Punkte zusammen. Gewonnen hat der Spieler mit der höchsten Punktzahl.

Projektieren als Techniktraining?

Mancher wird sich nun die Frage stellen, warum das Projektieren schwerer Boulder keinen Platz in der obigen Auswahl gefunden hat - schließlich wird doch nur besser, wer Aufgaben angeht, die an der Grenze oder knapp außerhalb der eigenen Fähigkeiten liegen. Manche Kletterer hat das zur Ansicht gebracht, sich immer wieder an harten Nüssen abzuarbeiten wäre der Königsweg zu guter Technik. Diese Trainingsphilosophie ist allerdings mit Vorsicht zu genießen. Zum einen neigt man dazu, Projekte zu suchen, die den eigenen Vorlieben entsprechen. Wer sich zum Beispiel auf Platten heimisch fühlt, weil dabei Gleichgewicht und Fußarbeit wichtiger sind als eine gute Körperspannung, wird überhängenden Bouldern wohl eher fern bleiben, obwohl das Verbesserungspotenzial hier deutlich größer wäre. Zum anderen stellt ein einzelner Boulder den Kletterer immer vor ein sehr spezifisches Problem. Erarbeitet man sich dafür über lange Zeit eine Lösung, mag das sehr befriedigend sein, zur Verbesserung der eigenen Technik trägt es aber kaum bei. Letztlich beherrscht man die Bewegungen nur in genau dem Setting, welches der Boulder vorgibt. Das für den Lernprozess so wichtige Rauschen wird bestenfalls durch subtile Änderungen und somit nur in geringem Maße erzeugt. Wer sich also technisch nachhaltig verbessern will, investiert seine Zeit lieber in ein breit angelegtes Training. Das bedeutet natürlich auch, dass selbst die im Rahmen der oben vorgestellten Übungen entstandenen Boulder nicht dauerhaft belagert werden sollten.

Damit möchte ich keineswegs sagen, dass Projekte per se unsinnig sind. Einen schweren Boulder zu schaffen, bringt einen ordentlichen Selbstvertrauensschub mit sich, der über Tage für eine bessere Performance sorgen kann. Gleichzeitig steigert der Erfolg die Motivation, was möglicherweise dazu beiträgt, dass man sich doch einmal an Schwachstellen wagt, ohne durch anschließende Misserfolge dem Frust zu verfallen. Manchmal sind es auch Projekte, die uns überhaupt erst auf unsere Schwächen aufmerksam machen und uns antreiben, diese in den Griff zu bekommen. Zu projektieren hat deshalb einen festen Platz im Kletterleben, ein Ersatz für echtes Techniktraining kann es jedoch nicht sein. Eher ist es als sinnvolle Ergänzung anzusehen.

Techniktraining – weil Kraft nicht alles ist

Ziele des Techniktrainings

Nach all der Theorie um das Wie soll es im letzten Abschnitt dieses Kapitels um das Was gehen. Setzt du die oben beschriebenen Übungen regelmäßig in deinem Training ein, sollte dein Bewegungsrepertoire schnell wachsen. Um sicherzustellen, dass die dabei entwickelten Techniken tatsächlich zweckmäßig sind, macht es Sinn, sich immer wieder selbst auf die Finger und Füße zu schauen und zu prüfen, ob sich bestimmte Charakteristika eines effizienten Stils wiederfinden. Auf Folgendes solltest du dabei achten:

Klettere ich aus den Beinen heraus?
Sieht man von Dächern und stark überhängenden Bouldern ab, sollten die Beine beim Klettern immer die Hauptarbeit übernehmen. Sie haben deutlich mehr Ausdauer und Kraft als die Arme, weshalb es unsinnig wäre, sich nach oben zu ziehen, wenn man auch schieben kann. Den Händen kommt eine stabilisierende Aufgabe zu. Sie sollten in erster Linie dafür sorgen, dass du nicht aus der Wand kippst.

Greife ich stärker zu, als es nötig ist?
Das sogenannte weiche Greifen ist eigentlich eine Kunst der Sportkletterer, die nicht nur wenige harte Züge absolvieren, sondern oftmals schon vor und auch nach der Schlüsselstelle ein paar Klettermeter überstehen müssen. Griffe werden dabei mit so wenig Krafteinsatz gehalten wie möglich, um die Muskulatur der Unterarme zu schonen. Obwohl Boulder in der Regel kürzer sind, macht es natürlich auch hier Sinn, auf schraubzwingenartiges Zupacken der größten Griffe zu verzichten, um nach der Krux Reserven zu haben. Wer weiß schon, was noch kommt?

Klettere ich am langen Arm?
Das Klettern am langen Arm gehört zu den ersten Regeln, die man Kletterneulingen vermittelt, weil diese dazu neigen, sich permanent an die Wand zu ziehen. Durch die ständige Kontraktion wird die Blutversorgung der Muskeln des Ober- und Unterarms behindert. Folge ist, dass den Langarmverweigerern schnell die Puste ausgeht. Gebeugt wird der Arm im Idealfall nur beim Weitergreifen. Das heißt jedoch nicht, dass man sich in einen komplett gestreckten Arm mit ebenso gestreckter Schulter hängen sollte - auch wenn das hin und wieder empfohlen wird - weil das Gewicht dann in erster Linie von den passiven Strukturen getragen wird. Es braucht nicht einmal großes Pech, um sich auf diesem Weg eine Schulterverletzung zuzuziehen. Gegen eine wenige Grad starke Beugung des Arms und eine nach unten gezogene Schulter ist aus diesem Grund nichts einzuwenden. So werden Muskeln aktiv gehalten, die im Falle einer Belastungsspitze, etwa durch unerwartetes Abrutschen der Füße, Bänder, Sehnen und Kapseln vor einer Überlastung schützen.

Sind meine Bewegungen flüssig?
Im besten Fall ergibt sich beim Klettern ein Fluss, bei dem Bewegungen ohne große Unterbrechungen ineinander übergehen. Das erlaubt es beispielsweise, einmal aufgebauten Schwung von einem Zug zum nächsten mitzunehmen, was den Krafteinsatz reduziert. Wie gut das gelingt, hängt natürlich auch vom Boulder ab, wer grundsätzlich nach Bewegungen stockt und deshalb jedes Mal neu ansetzen muss, vergeudet aber Zeit und Energie.

Sind meine Bewegungen präzise?
Eine Pause kann natürlich auch erzwungen werden, wenn der eigene Kletterstil die notwendige Präzision vermissen lässt. Hast du es dir beispielsweise zur Angewohnheit gemacht, die Fußposition jedes Mal nachzujustieren, weil du den Tritten nicht vertraust oder den Fuß regelmäßig zügig, aber zu unkontrolliert setzt, ist das ein Effizienzkiller. Ursache ist in der Regel ein zu hastiger Kletterstil, bei dem mangelnde Kraft durch Tempo wettgemacht werden soll. Gegen Geschwindigkeit ist grundsätzlich nichts einzuwenden, fehlt die nötige Kontrolle und führt so zu Bewegungsstopps, ist damit aber nichts gewonnen. Leidet die Präzision, solltest du einen Gang runterschalten.

Sorgt meine Körperpositionierung für Stabilität?
Ein deutlicher Hinweis, dass die Arbeit mit dem Körperschwerpunkt nicht optimal ausfällt, ist häufiges belastetes Weitertreten – also das Lösen des Fußes vom Tritt, wenn man diesen eigentlich noch benötigt, um sicher zu stehen. Der Fuß wird dann mit Schwung auf den nächsten Tritt geworfen oder durch gut hörbares, mehrmaliges Zwischentreten an der Wand in Position gebracht. In seltenen Fällen kann das tatsächlich nötig sein, ist es die Regel, zeugt es aber von einer verbesserungswürdigen Positionierung in der Wand sowie einer ineffizienten Verteilung der Last zwischen Griffen und Tritten.

Klettere ich langsamer, als es nötig wäre?
Manche Kletterer neigen dazu, jeden Zug bis ins letzte Detail kontrollieren zu wollen und klettern deshalb betont langsam. Damit geht einher, dass die Muskeln bei jedem Zug länger unter Spannung stehen und früher in der Route an ihre Grenzen kommen. Um dem entgegenzuwirken, sollte Schwung immer dann eingesetzt werden, wenn es sinnvoll möglich ist, um die Anspannungszeiten der Muskulatur zu verringern und so Energie zu sparen. Vermeidest du dynamische Züge um jeden Preis und wirkst manchmal wie ein Chamäleon, ist das ein deutliches Indiz, dass dir ein wenig mehr Tempo nicht schaden könnte.

Techniktraining auf einen Blick

1. **Unterschätze den Einfluss einer gut entwickelten Technik nicht.** Sie gehört zu den drei wichtigsten leistungsentscheidenden Faktoren beim Klettern und Bouldern. Technik kann Kraftdefizite wettmachen, selbst aber nur durch größeren Krafteinsatz ausgeglichen werden. Anstatt sich früh am Campusboard auszutoben, macht es deshalb gerade in den ersten Kletterjahren Sinn, viel Zeit in die Ausbildung einer effizienten Klettertechnik zu investieren.
2. **Arbeite regelmäßig an deiner Technik.** Auch wenn der Fokus des Trainings gerade auf einem anderen Punkt liegt, solltest du stets einen gewissen Teil deiner Zeit an der Kletterwand der Verbesserung der Bewegungsqualität widmen. Ist das technische Vermögen ein Haupthindernis bei deiner Entwicklung zu einem besseren Boulderer, muss die Ausbesserung dieser Schwäche zum A und O des Trainings werden.
3. **Lerne von anderen Kletterern.** Nicht jede Technik ergibt sich von allein und nicht jede Lösung, die man gefunden hat, erweist sich als optimal. Schaue also immer auch darauf, wie andere ein Problem angehen, und probiere Neues aus. Versteife dich dabei aber nicht auf die Lösungen eines einzelnen besseren Vertikalsportlers. Andernfalls würdest du einen Stil kopieren, der möglicherweise nicht zu dir passt.
4. **Trainiere variabel.** Eine Bewegung unzählige Male zu wiederholen, wird diese Bewegung verbessern, dich aber nicht auf die unzähligen Variationen vorbereiten, in denen dir diese Bewegung beim Bouldern begegnen kann. Verändere deshalb auch beim Üben eines isolierten Zuges ständig die Gegebenheiten.
5. **Vergrößere dein Bewegungsrepertoire.** Zwing dich selbst dazu, neue Lösungen für Probleme zu finden, die du schon geklettert hast, oder verändere diese so, dass neue Bewegungen nötig werden. Das hilft dir später, auf verschiedenste Bewegungsfragen die passende Antwort parat zu haben. Gleichzeitig verhindert es, dass dir ein Routenbauer indirekt seinen Stil aufdrückt.
6. **Verwechsle projektieren nicht mit Techniktraining.** Auch wenn Projekte dir Schwächen aufzeigen und neue Bewegungen abfordern können, sind sie kein ausreichendes Techniktraining – insbesondere wenn es sich um kraftorientierte Routen handelt. Beim Projektieren wird dein Bewegungsvermögen nur verbessert, wenn eine technische Schwäche die Lösung des Boulders verhindert. Aber auch dann ist das variable Üben dem Einschleifen von Bewegungen vorzuziehen.
7. **Prüfe regelmäßig, ob du deinen Stil effizienter gestalten könntest.** Auch wenn du deine eigene Technik finden musst, lohnt es sich zu überprüfen, ob diese Qualitäten aufweist, die von individuellen Faktoren unabhängig für jeden Kletterer als erstrebenswert angesehen werden können. Dazu zählen unter anderem hohe Präzision, sinnvoller Einsatz von Dynamik und das Klettern aus den Beinen heraus.

Der physische Aspekt - fit für den nächsten Grad

Was trainiert werden kann		
Fertigkeit	Fragen im Test	besonders interessante Abschnitte
Fingerkraft	3, 9, 12	• Übungen an der Boulderwand • Übungen am Griffbrett • Übungen am Campusboard
Kraft der Zugmuskulatur	21	• Übungen an der Boulderwand • Übungen an der Klimmzugstange • Übungen am Campusboard
Körperspannung	6, 12	• Übungen an der Boulderwand • Übungen an der Klimmzugstange • Übungen auf dem Boden • Übungen am Schlingentrainer
Schulterkraft und -stabilität	12, 15, 18	• Übungen an der Klimmzugstange • Übungen auf dem Boden • Übungen am Schlingentrainer **Schulterstabilität sollte immer Teil des Trainingsplans sein!**
Kraft der Stützmuskulatur	15	• Übungen auf dem Boden • Übungen am Schlingentrainer
Beinkraft	-	• Übungen auf dem Boden • Übungen am Schlingentrainer

Für die meisten Kletterer ist das Gefühl, für eine Route nicht genug Kraft zu haben, der Hauptgrund, sich näher mit der Strukturierung und den Möglichkeiten des Trainings zu beschäftigen. Obwohl bis zu diesem Punkt im Buch klar geworden sein dürfte, dass die körperliche Fitness nur einen Teil zur tatsächlichen Leistungsfähigkeit beim Bouldern beiträgt, lässt sich nicht von der Hand weisen, dass es in höheren Schwierigkeitsgraden ohne ausreichend Kraft und entsprechendes Training nicht mehr weitergeht. Der offensichtlichste limitierende Faktor ist natürlich die Fingerkraft. Werden die Griffe so klein, dass man sie selbst bei optimaler Körperpositionierung nicht mehr halten kann, hilft es wenig, wenn man ansonsten alle anderen Anforderungen eines Kletterproblems erfüllt. Mehrere Studien konnten mittlerweile zeigen, dass das Vermögen, schwerste Routen zu klettern, immer auch mit einem Vorsprung an Fingerkraft gegenüber Otto-Normal-Kletterern einhergeht. Wer Ambitionen hat, seine bestmöglichen Leistungen abzuliefern, kommt dementsprechend nicht am Fingertraining vorbei.

Der physische Aspekt - fit für den nächsten Grad

Gleichzeitig wäre es aber falsch anzunehmen, ein eiserner Griff sei das einzige für gute Kletterleistungen verantwortliche körperliche Attribut. Beim Bouldern sind höhere Schwierigkeitsgrade häufig mit zunehmend steilerem Gelände und dynamischen Zügen verbunden. Um dann noch sicher agieren zu können, braucht es eine stabile Körpermitte, starke Schultern und eine gut trainierte Zugmuskulatur. Bei Sprüngen und Hooks, die ebenfalls zum Standardrepertoire besserer Boulderer gehören, ist zudem eine gewisse Explosivität und Maximalkraft in den Beinen wichtig. Nimmt man alles zusammen, wird klar, dass Boulderer ihren ganzen Körper in Form halten müssen, um Erfolge zu feiern. Entsprechend abwechslungsreich muss das körperliche Training gestaltet sein.

Wie es im Detail aussieht, hängt vor allem von der eigenen Klettererfahrung ab. Für Boulderneulinge ist ein ausgefeiltes Programm unnötig. Weil in den ersten Monaten vor allem das Erlernen der korrekten Technik für die Leistungssteigerung wichtig ist, braucht es nicht mehr als regelmäßiges Bouldertraining. Gibt es in der Einstiegsphase Kraftdefizite, werden diese ohnehin schnell ausgeglichen, weil der Körper zum einen lernt, die Muskeln effizienter zu koordinieren, und diese zum anderen verstärkt, wo es nötig ist. Natürlich macht es Sinn, die allgemeine Fitness durch Ergänzungstraining auf Vordermann zu bringen und auf diesem Weg gleichzeitig Verletzungsprävention zu betreiben. Ein rein aufs Klettern ausgerichtetes Training, zum Beispiel am Campusboard oder Griffbrett, bietet hingegen keinen echten Vorteil. Im Gegenteil: Einerseits kann das Mehr an Kraft negative Auswirkungen auf die Entwicklung der Technik haben und andererseits ist die Gefahr der Überlastung von Sehnen, Kapseln und Bändern noch sehr hoch. Diese brauchen anders als Muskeln, die schon nach wenigen Tagen beginnen, sich an eine neue Belastung anzupassen, mehrere Monate bis Jahre, um auf die Beanspruchung vorbereitet zu sein, die beim Fingertraining auf sie wartet. Die Faustregel besagt deshalb, dass Kletterer mit weniger als zwei Jahren Erfahrung nicht am Campusboard trainieren sollten. Weil beim Griffbrett die Belastungsspitzen etwas geringer ausfallen, kann hier schon etwas eher mit leichten Übungen begonnen werden. Die Notwendigkeit dazu besteht aber nicht! Solange man gute Fortschritte macht, gibt es wenig Grund, sich diesen potenziell verletzungsträchtigen Geräten zu widmen.

Boulderer, die länger dabei sind und trotz kontinuierlicher Arbeit an Technik und mentalen Schwächen keine Verbesserungen mehr erzielen können, werden Leistungssteigerungen derweil nur noch erreichen, wenn sie ihren Körper mit intensiveren Übungen zur erneuten Anpassung zwingen. Mit zunehmender Leistung wird die Zeit immer umfangreicher, die dann in das Training abseits vom normalen Bouldern investiert werden muss. Zuerst einmal gilt es aber, eine solide Basis zu schaffen.

Um dir die Wahl der zu deinem Trainingsstand passenden Übungen zu erleichtern, werden diese in den kommenden Kapiteln mit einem Hinweis zur Schwierigkeit versehen. Falls möglich stelle ich außerdem Abwandlungen vor, mit denen sich der Anspruch verringern oder erhöhen lässt. Bevor wir in dieses Thema starten, möchte ich dir auf den folgenden Seiten aber noch ein paar Worte Theorie mit auf den Weg geben, die dir helfen werden, dein körperliches Training künftig effektiv zu gestalten.

Wie unser Körper stärker wird

Im Abschnitt „Grundlagen der Trainingsplanung" habe ich bereits Prinzipien vorgestellt, die für ein gutes Training zentral sind. Vergleicht man die Arbeit an Technik und Mentalem mit dem körperlichen Training, ist es sogar noch wichtiger, diesen genau zu folgen - schlicht, weil eine dauerhafte Missachtung dieser Regeln im besten Fall die Fortschritte verlangsamt und im schlechtesten sogar zum Rückgang der Leistung führt. Um die Hintergründe dessen zu verstehen, hilft ein Blick auf die Art, wie unser Organismus auf physische Belastungen reagiert und sich auf zukünftige vorbereitet. Das derzeit gängige Erklärungsmodell für diese komplexen Prozesse ist die Superkompensation. Mit ihr beschreibt die Sportwissenschaft, warum das Training eine Leistungssteigerung ermöglicht und wie sie abläuft. Das Konzept zu verstehen und zu berücksichtigen, bildet also die Grundlage für eine sinnvolle Trainingsplanung. Dabei gibt es laut Modell drei Phasen zu berücksichtigen, die unser Körper bei der Anpassung an neue Reize durchläuft:

1. Ermüdungsphase
Mit der Ermüdungsphase ist das Training selbst gemeint. Während der körperlichen Belastung werden die Energiereserven aufgebraucht und die Muskelzellen angegriffen, eventuell sogar zerstört. Dadurch wird dem Körper signalisiert, dass eine Anpassung der Leistungsfähigkeit notwendig ist.

2. Erholungsphase
Direkt im Anschluss an die Belastung beginnt unser Organismus mit den Aufräumarbeiten. Nebenprodukte des Stoffwechsels werden abgebaut und gelehrte Energiespeicher wieder gefüllt. Außerdem startet der Wiederaufbau der durch das Training in Mitleidenschaft gezogenen Strukturen.

3. Überkompensationsphase
Die zweite Phase geht nach etwa einem Tag nahtlos in die Superkompensation über. Um für weitere Belastungen gewappnet zu sein, kehrt der Körper nicht auf sein altes Leistungsniveau zurück, sondern baut einen Puffer auf, der über dem Ausgangszustand liegt. Dieses vergrößerte Reservoir wird allerdings nur für einen kurzen Zeitraum (etwa zwei bis drei Tage nach dem Training) aufrechterhalten. Folgt keine neue Belastung, sinkt das Niveau wieder ab.

Der physische Aspekt - fit für den nächsten Grad

Phasenmodell der Superkompensation

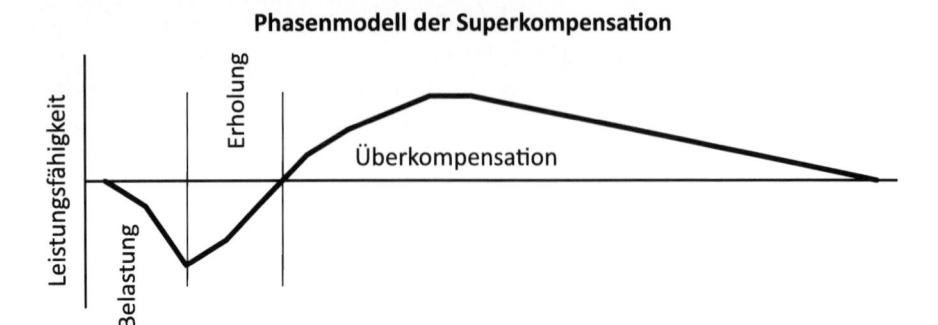

Auch wenn das Modell der Komplexität der tatsächlichen Abläufe nicht völlig gerecht wird und Zeitangaben wie das Erreichen des Leistungshöhepunkts nach etwa zwei Tagen sehr ungenau sind, weil hier individuelle Faktoren eine große Rolle spielen, lassen sich daraus einige zentrale Lehren für die Planung des körperlichen Trainings ziehen.

Es wird zum Beispiel sichtbar, warum Pausen zwischen den Trainingseinheiten eine ebenso große Rolle spielen wie der richtige Trainingsreiz. Wer nach dem Motto „Viel hilft viel" zu Werke geht und sich jeden Tag an die Kletterwand, das Griffbrett oder das Campusboard hängt, wird kaum Erfolge erzielen. Weil die Pausenzeiten zu kurz sind, wird der Körper durch das Training schon vorm Erreichen des Leistungshochs wieder in ein Leistungsloch gestoßen. Läuft es ungünstig, ist der Regenerationsprozess zum Zeitpunkt der nächsten Einheit noch nicht einmal so weit fortgeschritten, dass man das Ausgangsniveau erreicht hat. Ist das häufiger der Fall, kann sich ein Übertraining genannter Zustand einstellen, in dem der Körper die Erschöpfung dauerhaft nicht mehr ausgleichen kann. Folge ist, dass die Leistung trotz des regelmäßigen Trainings abfällt und die Verletzungsanfälligkeit steigt. Das erklärt, warum ich bereits im Kapitel „Periodisierung: Planung des Klettertrainings in der Praxis" empfohlen habe, auf körperlich anstrengende Einheiten nicht unmittelbar am nächsten Tag ein Training folgen zu lassen, das die gleichen Muskeln ähnlich stark beansprucht.

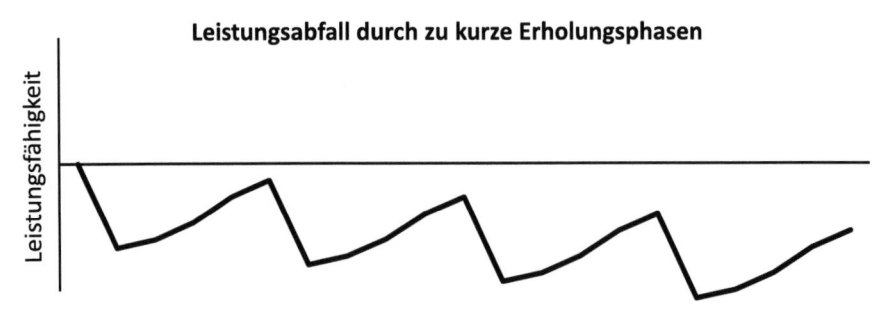

Leistungsabfall durch zu kurze Erholungsphasen

Wie unser Körper stärker wird

Das Modell der Superkompensation verrät uns aber auch, warum für ein erfolgreiches Training Kontinuität wichtig ist. Weil der Körper das erhöhte Leistungsniveau nur für einen kurzen Zeitraum hält, braucht es schon nach wenigen Tagen einen neuen Trainingsreiz, damit der Effekt nicht verpufft. Sind die Pausen zwischen zwei Einheiten zu lang, fallen die Trainingsfortschritte geringer aus, als es bei zeitlich optimal geplanten Belastungsphasen der Fall wäre. Diese sollten genau auf dem Höhepunkt der Leistungskurve liegen. Da bei der Superkompensation nicht alle Prozesse gleichzeitig abgeschlossen sind, ist das in der Praxis schwer umsetzbar. Für die meisten Sportler können aber zwei bis drei Tage Ruhe zwischen zwei harten Einheiten als ein guter Richtwert gelten. Ob diese im Einzelfall tatsächlich ausreichen oder eventuell schon zu lang sind, lässt sich durch Erfahrung herausfinden. Wenn du beispielsweise während eines auf Fingerkraft ausgerichteten Mesozyklus leichte Schmerzen in den Fingergelenken oder Druck an der Innen- oder Außenseite des Ellenbogens spürst, ist das ein sicheres Zeichen, dass sich dein Körper noch nicht genügend erholt hat und du die nächste Fingerkrafteinheit noch ein oder zwei Tage verschieben solltest. Gleiches gilt natürlich auch für andere Ermüdungserscheinungen. Bleiben diese aus, kannst du mit kürzeren Pausen experimentieren, bis du dein persönliches Optimum gefunden hast.

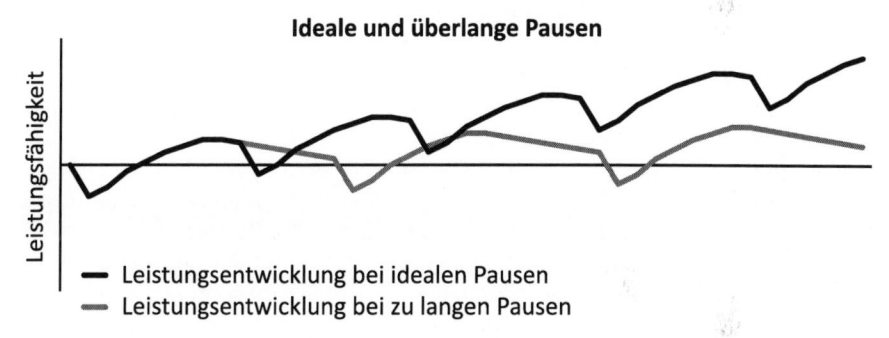

Ideale und überlange Pausen

— Leistungsentwicklung bei idealen Pausen
— Leistungsentwicklung bei zu langen Pausen

Nach dem Training keine Ermüdung zu spüren, könnte auch ein Hinweis auf eine zu geringe Intensität sein. Da diese eine der Grundvoraussetzung für eine Leistungssteigerung ist, sollte man in diesem Fall ebenfalls nachjustieren. Die Erfahrung zeigt allerdings, dass gerade motivierte Trainingsneulinge eher dazu neigen, sich bei jedem Training regelrecht zerstören zu wollen. Folge ist, dass der Körper im Anschluss einen größeren Leistungsabfall erfährt und länger für die vollständige Regeneration inklusive Überkompensation benötigt. Um nicht ins Übertraining zu geraten, braucht es also längere Pausen. Wer sein Training beispielsweise mit vier Einheiten pro Woche plant, sollte das im Hinterkopf behalten. Im Gegenzug sind intensivere Trainingstage für Boulderer interessant, die nur wenig Zeit investieren können.

Den Trugschluss, ein langes Training für besonders effektiv zu halten, sollte man vermeiden. Eine kleine Übungsauswahl und ein Programm, das innerhalb von einer halben bis ganzen Stunde abgearbeitet werden kann, genügen, um den Körper herauszufordern. Weniger ist in diesem Fall oft mehr. Aus diesem Grund habe ich in meinen Empfehlungen weitestgehend auf Isolationsübungen verzichtet. Zwar mag ein Bizepcurl auch für Kletterer gewisse Vorteile mit sich bringen, das Verhältnis zwischen Zeitaufwand und Nutzen ist aber deutlich geringer als beispielsweise beim Klimmzug, der mehr Muskeln beansprucht - noch dazu in einer Art, die dem Bouldern stärker ähnelt. Hier kommt das bereits erwähnte Prinzip der Spezifität zum Tragen. Bei keiner Kletterbewegung dieser Welt wird ein Muskel isoliert angesprochen, warum sollte man ihn also isoliert trainieren?

Kraftarten und wie man sie trainiert

Ein weiterer zentraler Punkt bei der Planung ist die Frage nach den zu trainierenden Kraftarten. Grundsätzlich sind beim Klettern die Maximalkraft, Kontaktkraft/Schnellkraft, Kraftausdauer und Ausdauer relevant. Während die Letztgenannte in erster Linie für Vertikalsportler interessant ist, die Touren mit mehreren Seillängen abspulen wollen, müssen sich Boulderer vor allem um die drei Erstgenannten kümmern, wobei Kraftausdauer eine etwas geringere Rolle spielt. Das liegt im Charakter der sportlichen Aufgabe begründet. Boulder sind in den allermeisten Fällen Kletterrouten mit wenigen, aber körperlich sehr anspruchsvollen Zügen, die über einen kurzen Zeitraum sehr hohe Leistungen abfordern. Deshalb bezeichne ich Boulderer gern als die Sprinter unter den Kletterern. Das hat natürlich Auswirkungen auf das Training. Wer beispielsweise hofft, sich mit langen Traversen körperlich auf schwere Boulder vorbereiten zu können, irrt. Auch wenn diese beim Techniktraining durchaus einen hohen Stellenwert haben, unterscheidet sich die physische Beanspruchung zu sehr von der eines typischen Problems am Block. Länger als eine Minute fällt die Belastung beim Bouldern nur äußerst selten aus, sodass die beim Traversieren gewonnene Ausdauer nicht zum Tragen kommt. Wer effizient trainieren will, wählt die Übungen und Intensität deshalb so, dass sie schon nach weniger als einer Minute zur Erschöpfung führen. Die genaue Gestaltung hängt von der jeweils zu trainierenden Kraftart ab.

Um diese verständlich erklären zu können und damit klar wird, warum du bestimmte Kraftarten nur auf einem bestimmten Weg trainieren kannst, müssen wir noch einmal einen Blick auf die Zusammensetzung unserer Muskeln werfen: In jedem Skelettmuskel finden sich bekanntermaßen Muskelfaserbündel, die sich bei einer Bewegung gemeinsam zusammenziehen. Allerdings ist nicht jedes Bündel identisch. Um auf verschiedene Anforderungen reagieren zu können, haben sich langsam (slow twitching/ST) und schnell kontrahierende Fasern (fast twitching/FT) herausgebildet, die nicht nur eine unterschiedliche Reaktionszeit besitzen, sondern auch auf verschiedene Wege der Energiegewinnung zurückgreifen. Die langsamen ST-Fasern setzen vornehmlich auf aerobe, also unter Einbeziehung von Sauerstoff ablaufende Prozesse und sind ausdauernd, produzieren aber weniger

Kraft als ihr Gegenstück. FT-Fasern treten in zwei Varianten auf, dem Typ a, der bei der Energieerzeugung mit und ohne Sauerstoff arbeiten kann und erst nach einigen Minuten ermüdet, und dem Typ b, der die schnellste Kontraktion mit der größten Kraftleistung kombiniert, seine Energie aber in erster Linie anaerob gewinnt und deshalb schon nach einigen Sekunden erschöpft ist.

Bei der Rekrutierung versucht unser Körper, die geforderte Kraft möglichst lange aufrechtzuerhalten. Steigt die Belastung langsam an, nehmen zuerst die ST-Fasern die Arbeit auf, bevor ab etwa 40 Prozent der maximalen Leistungsfähigkeit der FTa-Typ einsteigt. Erreicht die Belastung rund 60 Prozent des Maximums, beginnt auch Typ FTb mit der Kontraktion. Umgekehrt läuft der Prozess ab, wenn die Kraft sehr schnell aufgebracht werden muss. Dann sind zuerst die FTb-Fasern gefragt, bevor einige Millisekunden später auch die FTa- und mit noch größerer Verzögerung die ST-Fasern kontrahieren. Dass alle Fasern eines Muskels rekrutiert werden, geschieht nur in Ausnahmefällen - etwa, wenn der Organismus sich in Lebensgefahr wähnt. Durch gezieltes Training lässt sich aber sowohl erreichen, dass der Anteil der willentlich aktivierten Faserbündel näher an das absolute Maximum rückt, was eine höhere Maximalkraft mit sich bringt, als auch, dass die Reaktionsgeschwindigkeit steigt, wodurch sich die Explosivität verbessert. Da beides für das Bouldern in hohen Schwierigkeitsgraden wichtig ist und von der Leistung der FTa- und FTb-Fasern abhängt, wird klar, dass Boulderer das Hauptaugenmerk ihres Trainings auf deren Verbesserung legen müssen. Die richtige Methode hängt dabei von der jeweiligen zu trainierenden Kraftart ab.

Maximalkraft
Wie der Name schon vermuten lässt, ist mit Maximalkraft die höchstmögliche Kraft gemeint, die ein Muskel ausüben kann. Sie zeichnet sich durch die Rekrutierung einer besonders großen Zahl an Muskelfasern aus, lässt sich aber nur für einen Zeitraum von wenigen Sekunden aufrechterhalten. Folglich zielt das Training der Maximalkraft auf kurze, aber sehr große Belastungen ab, um vor allem FTa- und FTb-Fasern zu aktivieren. In der härtesten Form, dem Training der intramuskulären Koordination (IK), bei dem eine möglichst hohe Aktivierungsrate aller Muskelfasern erreicht werden soll, wird mit Belastungen im Bereich von 90 bis 100 Prozent der Maximalkraft gearbeitet. Mit einer bis drei sind dann entsprechend wenige Wiederholungen pro Satz möglich und nötig. Verbessert wird nicht nur die Leistungsfähigkeit der Muskelfasern an sich, sondern auch deren Zusammenspiel, der Anteil der aktivierten Fasern im Muskel und die Geschwindigkeit der Ansteuerung. Das IK-Training stellt unser Nervensystem deshalb vor eine große Herausforderung. Das bringt gewisse Nachteile mit sich: Obwohl die Methode äußerst effektiv ist, begünstigt ihre hohe Intensität ein schnelles Abrutschen ins Übertraining und überlastungsbedingte Verletzungen. Mesozyklen mit IK-Schwerpunkt sollten deshalb, gerade wenn man zum ersten Mal damit experimentiert, nicht länger als zwei Wochen dauern. Wichtig ist zudem, eine solide Grundfitness zu haben. Für Trainingsanfänger sind IK-Einheiten gänzlich ungeeignet.

Der physische Aspekt - fit für den nächsten Grad

Diese sind besser bedient, wenn sie ihre Maximalkraft durch ein auf das Muskelwachstum (Hypertrophie) abzielendes Programm verbessern. Hier sollte die zu trainierende Muskulatur innerhalb von sechs bis zwölf Wiederholungen an ihre Leistungsgrenze gebracht werden. Hypertrophietraining ist mit Blick auf die Maximalkraftentwicklung etwas weniger effektiv, verringert aber die Gefahr von Verletzungen und des Übertrainings. Als Nachteil könnte die mit dem Muskelwachstum einhergehende Gewichtszunahme angesehen werden, weshalb viele Kletterer dem Hypertrophietraining skeptisch gegenüberstehen. Da Boulderer vornehmlich mit dem eigenen Körpergewicht trainieren sollten, fällt diese aber wesentlich geringer als beispielsweise bei Kraftsportlern aus. Zudem macht sich etwas zusätzliches Gewicht beim Klettern kurzer Boulderprobleme weniger bemerkbar, als es beim Sportklettern der Fall wäre, weshalb die Vorteile meiner Meinung nach die Nachteile überwiegen.

Unbestritten ist, dass der Maximalkraft beim Klettern und Bouldern eine zentrale Bedeutung zukommt. Sie entscheidet beispielsweise darüber, ob es dir gelingt, für den nächsten Zug einen besonders kleinen Griff ausreichend zuzuschrauben oder den Arm beim Weiterziehen zu blockieren, wenn es nötig ist. Sprich: Wann immer es besonders athletisch wird, haben Kletterer mit höherer Maximalkraft die besseren Karten. Sie spielt aber auch eine andere, weniger offensichtliche Rolle. Eine hohe Maximalkraft sorgt dafür, dass man länger an der Wand bleiben kann, bevor den Fingern der Saft ausgeht. Hintergrund ist der direkte Zusammenhang zwischen der Blutversorgung eines angespannten Muskels und des Anteils der zum jeweiligen Zeitpunkt aktivierten Muskelfasern. Kontrahiert ein Muskel, drückt dies die in und um ihn herum verlaufenden Blutgefäße ab und vermindert so den Blutfluss. Das ist bereits der Fall, wenn etwa 20 Prozent der Maximalkraft abgerufen werden. In der Folge verschlechtern sich die Sauerstoffversorgung und der Abtransport von Stoffwechselnebenprodukten, was dazu führt, dass es für die aerob arbeitenden ST- und FTa-Fasern zunehmend schwerer wird, ihre Leistung aufrechtzuerhalten. Besitzt du eine höhere Maximalkraft, muss eine geringere Zahl an Fasern aktiviert werden und der Blutfluss wird weniger stark behindert.

Wie sich das auswirkt, lässt sich ein weiteres Mal gut am Beispiel zweier unterschiedlicher Kletterer verdeutlichen: Boulderer A kann eine Bewegung gegen einen maximalen Widerstand von 40 Kilo absolvieren, während sein Kollege B bei 100 Kilo an seine Grenzen gerät. Stellt man beide nun vor die Aufgabe, die Übung mit einem Widerstand von 20 Kilo zu bewältigen, kämpft Kletterer A bereits mit 50 Prozent seiner Maximalkraft, was eine eingeschränkte Durchblutung seiner Muskulatur mit sich bringt. Kletterer B muss derweil nur 20 Prozent seiner Kraft einsetzen und profitiert von einer nahezu unbeeinflussten Versorgung der Muskeln mit Sauerstoff. Folglich kann er die Übung deutlich länger ausführen als Kletterer A. Überträgt man das auf die für unseren

Kraftarten und wie man sie trainiert

Sport besonders wichtige Leistungsfähigkeit der Finger, ist die Folge höherer Maximalkraft, dass du entweder an kleineren Griffen hängen oder dir an großgriffigeren Problemen mehr Zeit lassen kannst. Maximalkraft ist deshalb auch für Kletterer wichtig, die sich nicht nur beim Bouldern, sondern auch beim Sportklettern weiterentwickeln wollen.

Wie so oft gibt es jedoch auch in diesem Punkt ein nicht zu vernachlässigendes Aber: So zentral die Verbesserung der Maximalkraft der Finger für die Entwicklung der Kletterleistung ist, ihr Training mit speziellen Übungen bleibt ein zweischneidiges Schwert. Weil die Arbeit an Campusboard und Griffbrett eine sehr schnelle Leistungssteigerung der Muskulatur erlaubt, besteht die Gefahr, dass die langsamer stärker werdenden Sehnen und Bänder nicht ausreichend nachkommen. In der Folge wächst das Risiko von Ringband- und Kapselverletzungen, weil man dazu neigt, härtere Züge an kleineren Griffen zu absolvieren, die zuvor nicht möglich gewesen wären. Um dem zu begegnen, ist es empfehlenswert, nach Fingerkraftzyklen mit spürbaren Kraftzuwächsen den Fokus ein bis zwei Monate auf andere Schwerpunkte zu legen. Da die Maximalkraft etwa durch das Bouldern schwerer Routen weiterhin mittrainiert wird, lassen sich Kraftverluste in dieser Zeit leicht vermeiden, während den passiven Strukturen der Finger die notwendige Gelegenheit zur Adaption gegeben wird.

Maximalkrafttraining mit Schwerpunkt intermuskuläre Koodination	
Belastungshöhe in Relation zur Maximalkraft	bis 95 Prozent
gefühlte Belastung	8-9 auf der Borg-Skala
Belastungszeit	kurz (1 bis 3 Wiederholungen, circa 10 bis 15 Sekunden)
Volumen	gering bis mittel (2 bis 5 Sätze)
Pausenzeiten	mittel bis lang (3 bis 5 Minuten)

Maximalkrafttraining mit Schwerpunkt Hypertrophie	
Belastungshöhe in Relation zur Maximalkraft	70 - 80 Prozent
gefühlte Belastung	7-8 auf der Borg-Skala
Belastungszeit	mittel (6 bis 12 Wiederholungen, circa 30 bis 60 Sekunden)
Volumen	mittel (3 bis 5 Sätze)
Pausenzeiten	mittel (2 bis 3 Minuten)

Der physische Aspekt - fit für den nächsten Grad

Kontaktkraft/Schnellkraft

Da in schweren Bouldern zunehmend dynamische Züge im steilen Gelände eine Rolle spielen, kommt hier bei erfolgreichen Durchstiegsversuchen neben der Maximal- die Kontakt- oder Schnellkraft zum Tragen. Gemeint ist damit die Fähigkeit, binnen kurzer Zeit eine hohe Kraft aufzubauen, die beispielsweise nötig wird, wenn du einen Sprung einleiten (Schnellkraft) oder einen Griff nach einem dynamischen Zug fangen musst (Kontaktkraft). Boulderer mit dem Problem, bei derartigen Bewegungen zwar den Zielgriff zu erreichen und zu packen, am Ende aber trotz vollen Einsatzes nicht halten zu können, haben häufig Defizite in Sachen Explosivität. Verantwortlich dafür sind die schnellen FTb-Fasern, die erst aktiv werden, wenn der Muskel hohen Belastungen ausgesetzt wird oder zügig reagieren muss. Beim Training der Kontaktkraft spielt letzteres die größere Rolle, weshalb die für das Training gewählten Übungen mit hohem Tempo ausgeführt werden müssen.

Als Allzweckwaffe beim Aufbau der Schnell- und Kontaktkraft gilt das Campusboard. Hier können beide Fähigkeiten durch schnelles Auf- und später auch Abhangeln, dynamisches Weiterschnappen oder Doppeldynos geschult werden. Die Belastungszeiten fallen dabei ähnlich kurz wie beim Maximalkrafttraining aus und enden, sobald sich Ermüdung bemerkbar macht. Geht die anfängliche Explosivität verloren, ist es Zeit aufzuhören. Das hängt auch mit dem durch den Leistungsverlust steigenden Verletzungsrisiko zusammen. Gleiten die halbkontrollierten schnellen Züge in unkontrolliertes Schnappen ab, kann das die Finger, Ellenbogen und Schultern in Mitleidenschaft ziehen, da sie beim schnellkräftigen Training hohen Belastungsspitzen ausgesetzt werden. In diesen Partien vorbelastete Kletterer sollten deshalb auf Schnellkrafteinheiten verzichten, bis die Probleme ausgeheilt sind. Für Anfänger ist diese Art des Trainings ebenfalls ungeeignet. Bevor es losgehen kann, ist eine solide Basis bei Fingern, Armen, Schultern und Körpermitte notwendig. Wer beispielsweise mit dem Campusboardhangeln beginnen möchte, sollte in der Lage sein, Klimmzüge im zweistelligen Bereich zu absolvieren, und die am Board gewählte Leiste etwa zwei Sekunden lang sicher blockieren können.

Zu beachten ist außerdem, dass Probleme beim Fangen von Griffen nicht immer nur auf die Kontraktionsgeschwindigkeit der für die Hände verantwortlichen Unterarmmuskulatur zurückzuführen sein müssen, sondern auch mit einer zu schwachen Schulterpartie und Rumpfmuskulatur zusammenhängen können, weil diese den Körper nicht ausreichend stabilisieren, um den Schwung auszugleichen. Folglich ist es für Trainingseinsteiger wichtig, zuerst diese Bereiche aufzutrainieren. Maximalkraft kommt immer vor Schnellkraft.

Kraftarten und wie man sie trainiert

Kontaktkraft/Schnellkrafttraining	
Belastungshöhe in Relation zur Maximalkraft	60 - 75 Prozent
gefühlte Belastung	5-6 auf der Borg-Skala
Belastungszeit	kurz (bis zum Einbruch der Explosivität, circa 10 bis 15 Sekunden)
Volumen	gering bis hoch (2 bis 10 Sätze)
Pausenzeiten	mittel bis lang (2 bis 5 Minuten)

Kraftausdauer

Kraftausdauer ist beim Bouldern immer dann gefragt, wenn das Kletterproblem etwas länger wird oder man im Flash-Versuch nicht sofort auf die richtige Lösung kommt und deshalb mehr Zeit in der Wand verbringen muss. Die Faustregel besagt, dass ab etwa 30 Sekunden die Fähigkeit zum Tragen kommt, über längere Zeit eine relativ hohe, aber submaximale (30 bis 70 Prozent vom Maximum) Kraft aufbauen zu können, obwohl der Blutfluss in den Muskeln beschränkt oder ganz zum Erliegen gekommen ist. Die Energiebereitstellung muss demnach anaerob ablaufen. Darauf können sich unsere Muskeln bei entsprechendem Training gut anpassen, problematisch ist allerdings, die Kraftausdauerleistung ohne weiteres Training aufrechtzuerhalten. Während einmal erlangte Maximalkraft sich nur langsam abbaut, können schon einige Tage ohne Kraftausdauertraining einen spürbaren Leistungsverlust mit sich bringen. Es bietet sich also an, immer dann größeren Wert auf diesen Punkt zu legen, wenn man ein entsprechendes Projekt angehen möchte oder ein Wettkampf auf dem Plan steht, bei dem es auf jeden Flash ankommt.

Trainiert wird die Kraftausdauer üblicherweise mit Übungen, die nach etwa einer Minute zur Ermüdung führen. Besonders gut geeignet ist das Spulen von Bouldern in verschiedenen Variationen, weil hier die Kraftausdauerfähigkeit derjenigen Muskeln trainiert wird, auf die es am Ende tatsächlich ankommt. Alternativ kann aber auch das Griffbrett oder Campusboard verwendet werden.

Kraftausdauertraining	
Belastungshöhe in Relation zur Maximalkraft	30 - 70 Prozent
gefühlte Belastung	4-6 auf der Borg-Skala
Belastungszeit	mittel bis hoch (12 bis 25 Wiederholungen, etwa eine Minute)
Volumen	mittel bis hoch (5 bis 10 Sätze)
Pausenzeiten	kurz bis mittel (1 bis 3 Minuten)

Der physische Aspekt - fit für den nächsten Grad

Ausdauer

Als ausdauernde Belastungen werden alle Übungen angesehen, bei denen man mehr als zwei Minuten an der Wand verbringt und deren Kraftanforderung unterhalb von 30 Prozent des Maximums liegt. In den Muskeln sind in solchen Situationen vor allem die langsamen Faseranteile aktiv, die sich über aerobe Prozesse mit Energie versorgen. Dann spielt auch die Leistungsfähigkeit des Herz-Kreislaufsystems eine Rolle. Beim Bouldern sind derartige Belastungen praktisch nicht zu finden, weshalb reines Ausdauertraining weitestgehend überflüssig ist. Eine kleine Ausnahme stellt die Wettkampfvorbereitung dar. Weil eine gute Ausdauer auch dafür sorgt, dass man sich schneller erholt, können in dieser Zeit kurze Einheiten klassischen Ausdauertrainings wie Radfahren oder Joggen eingestreut werden. Am Ende ist man so etwas schneller wieder fit, wenn Boulder um Boulder erledigt werden muss. Allzu viel Zeit muss aber nicht investiert werden. Ein bis zwei halbstündige Einheiten in der Woche genügen, sofern man die Zeit dafür hat. Andernfalls ist es sinnvoller, den Fokus auf Kraftausdauer, Schnell- oder Maximalkraft zu legen.

Ist doch einmal kletterspezifische Ausdauer in den Unterarmen gefragt, weil man sich für ein Sportkletterprojekt begeistert, stellt auch das kein großes Problem dar. Ausdauer kann mit entsprechendem Training innerhalb kurzer Zeit aufgebaut werden. Weil sie aber ebenso schnell wieder verschwindet, ist der Vorsatz, dauerhaft eine gute Ausdauer aufrechtzuerhalten, für Boulderer kaum zu erfüllen. Dafür sind die Trainingsmethoden und Anforderungen zu verschieden. Auf die Vorstellung reiner Ausdauerübungen habe ich deshalb in diesem Buch verzichtet.

Ausdauertraining	
Belastungshöhe in Relation zur Maximalkraft	bis 30 Prozent
gefühlte Belastung	2-4 auf der Borg-Skala
Belastungszeit	hoch (25+ Wiederholungen, deutlich länger als eine Minute)
Volumen	mittel bis hoch (5 bis 10 Sätze)
Pausenzeiten	entsprechen in etwa der Belastungszeit

Die Praxis des Krafttrainings

Nachdem dir die letzten zwei Kapitel ein Verständnis dafür gegeben haben sollten, was in unserem Körper während des Trainings und danach passiert, ist nun Zeit, sich dem praktischen Teil zuzuwenden. Auf den folgenden Seiten werde ich deshalb eine Reihe von Übungen vorstellen, mit denen du deinen Körper in der Gesamtheit fitter für die Anforderungen des Boulderns machen kannst. Unterteilt habe ich diese in kletterspezifisches Training und Übungen, die ergänzend absolviert werden sollen. Ersteres finden an den klassischen Trainingsgeräten wie der Boulderwand, dem Campusboard und am Griffbrett statt, die in jeder gut ausgestatteten Kletterhalle zu finden sein dürften. Beim Ergänzungstraining wird am Boden, an der Klimmzugstange und mit Hilfe eines Schlingentrainers gearbeitet. Letzterer kann – falls nicht vorhanden – für wenige Euro gekauft werden und zeichnet sich dadurch aus, sehr flexibel einsetzbar zu sein. In die meisten Hallen hat aber auch dieses Gerät mittlerweile Einzug gehalten.

Mit den ergänzenden Übungen werden sowohl Muskeln trainiert, die beim Klettern aktiv involviert sind, als auch solche, die als Gegenspieler und der Stabilisation der Gelenke fungieren. Dass diese ebenfalls berücksichtigt werden, dient der Verletzungsprävention, fördert aber auch die Leistungsfähigkeit beim Bouldern. Wer ausschließlich kletterspezifisch trainiert, riskiert auf Dauer muskuläre Dysbalancen, die in Fehlhaltungen wie dem berühmten Kletterrücken münden. Durch regelmäßiges Ergänzungstraining wird das vermieden. Gleichzeitig sorgt eine ausgewogene Muskelentwicklung für Stabilität in den Gelenken, von der auch die Effektivität der Arbeitsmuskulatur und damit unsere Leistungsfähigkeit an der Wand abhängt.

Noch ein Wort zur Erklärung, damit es nicht zu Missverständnissen und Frust kommt: Bei den im Folgenden vorgestellten Übungen mache ich jedes Mal Angaben zum Anspruch und dazu, für welche Sportler die jeweilige Übung geeignet ist. Dabei kann es vorkommen, dass auch sehr anspruchsvolle Bewegungen als anfängertauglich ausgewiesen werden. Damit ist gemeint, dass die Übung zwar eine hohe körperliche Fitness (Anspruch) erfordert, für Trainingseinsteiger aber kein besonderes Verletzungsrisiko birgt. Das heißt allerdings nicht, dass Trainingsanfänger zwingend in der Lage sein werden oder sein müssen, diese Übungen auszuführen. Neulinge ohne sportlichen Hintergrund sind deshalb gut beraten, erst einmal Übungen zu wählen, die als anfängertauglich gelten können und einen geringen Anspruch haben.

Der physische Aspekt - fit für den nächsten Grad

Bevor es losgeht: die richtige Erwärmung

Ob du dich bereits zu den fitten Athleten zählst oder noch an den Grundlagen arbeiten musst, an einem Aspekt des Trainings führt kein Weg vorbei: der Erwärmung. Weil diese bereits mehrfach kurz angesprochen wurde und für die Verletzungsprävention, aber auch für unsere Leistungsfähigkeit zentral ist, möchte ich das Thema an diesem Punkt noch einmal vertiefen, bevor wir zu den eigentlichen Übungen kommen. Klar sollte sein, dass eine gute Erwärmung zu jeder Trainingseinheit gehören muss. Sie mag vielleicht nicht zu den Dingen zählen, die als sonderlich motivierend oder „sexy" gelten. Wenn man bedenkt, dass ein gezerrter Muskel oder ein gereiztes Ringband über Wochen ausbremsen kann, ist es aber besser, ein paar Minuten zu investieren, anstatt sämtliche Trainingsfortschritte der jüngeren Zeit aufs Spiel zu setzen. Je höher die zu erwartende Belastung bei der Einheit ist, desto gründlicher muss auch die Vorbereitung ausfallen. Wird mit besonders anspruchsvollen Methoden wie dem IK- oder Schnellkrafttraining gearbeitet, braucht es neben allgemeinen auch spezifische Vorübungen, um sicherzustellen, dass die geforderten Muskeln, Sehnen und Gelenke tatsächlich einsatzbereit sind.

Für die allgemeine Erwärmung solltest du etwa zehn Minuten Zeit vor dem Training einplanen. Sie dient dazu, deinen gesamten Körper in den Leistungsmodus zu versetzen, wobei die Übungsauswahl mit dem Klettern erst einmal wenig zu tun hat. Viel mehr geht es darum, das Herz-Kreislaufsystem auf Touren zu bringen, die Blutversorgung der Muskulatur und die Geschmeidigkeit der Gelenke zu verbessern. Dabei sollten Beine, Rumpf und Arme genauso berücksichtigt werden wie die Hüfte und die Schultern. Ich persönlich beginne mein Training deshalb gern mit Auf-der-Stelle-Laufen und gehe dann zum Hampelmann über, bevor ich mit Ausfallschritten die Beine zum Brennen bringe. Anschließend folgt Armkreisen, wobei ich mit weiten Kreisen im maximalen Bewegungsradius starte, was für eine leichte Dehnung sorgt, und diese dann immer enger ziehe. Beginnen die Schultern langsam zu ziehen, wechsle ich die Richtung und lasse die Kreise wieder weiter werden. Als Aufwärmprogramm für die Hüfte bietet sich Beinkreisen im Stehen an, wobei die Beine abwechselnd angewinkelt gehoben und dann im maximalen Bewegungsradius nach außen rotiert werden. Anschließend absolviere ich ein gutes Dutzend seitliche Ausfallschritte im breiten Stand, gehe dabei möglichst tief und versuche den Oberkörper aufrecht zu halten, um den Nutzen für die Hüfte zu erhöhen. Zur Erwärmung der Rumpfmuskulatur stehen bei mir verschiedene Übungen auf dem Programm, die ich nach Tagesform kombiniere. Weniger anstrengend sind aufrechtes und vorgebeugtes Rumpfdrehen, besonders effektiv, weil im Grunde eine Ganzkörperübung, ist der Mountain Climber. Für diesen geht man in den Liegestütz und beginnt, zügig abwechselnd die Beine anzuziehen, als würde man in der Horizontalen auf der Stelle laufen. Dabei wird die Hüfte so wenig wie möglich angehoben. Streckt man das Gesäß in die Höhe, verliert die Übung einen großen Teil ihrer Wirkung, die - sofern korrekt ausgeführt - von den Beinen über den Rumpf bis zu den Schultern und Armen quasi jede Partie des Körpers abdeckt.

Weil dieses wenig spezifische Programm die Unterarme und Finger beinahe vollständig ausklammert, folgt eine Aufwärmphase an der Boulderwand. Hier nehme ich mir zuerst einige leichte Probleme an geraden oder liegenden Wänden vor und gehe schrittweise zu schwereren Bouldern über, die durchaus auch im Überhang zu finden sein dürfen. Dabei achte ich besonders stark darauf, wie sich meine Fingergelenke und Ellenbogen anfühlen. Erst wenn nichts mehr zieht oder drückt, wird es Zeit, sich dem anstehenden Training zu widmen. Diese Phase kann noch einmal zehn bis 15 Minuten in Anspruch nehmen.

Eine derartige Erwärmung bringe ich übrigens auch dann hinter mich, wenn Bouldern am jeweiligen Trainingstag nicht vorgesehen ist, ersetze allerdings die Aufwärmphase an der Wand durch spezifische Vorübungen für das geplante Programm. Geht es beispielsweise ans Campusboard oder ans Griffbrett, absolviere ich ein paar Klimmzüge, wärme die Finger beim Hängen an großen Griffen auf oder hangele das Campusboard ein paar Mal an kleiner werdenden Leisten nach oben. Auch in diesem Fall möchte ich das Gefühl haben, für das anschließende Training bereit zu sein. Im Zweifelsfall nehme ich mir lieber ein paar Minuten länger Zeit und verspiele so möglicherweise schon etwas Kraft, als nach den ersten Übungen zu merken, dass ich wohl doch zu wenig getan habe und ein paar Tage mit einem ziehenden Ringband oder einer schmerzenden Schulter leben muss.

Die oben vorgestellte Auswahl an Übungen ist natürlich nur ein Vorschlag und kann von dir nach Belieben verändert oder ergänzt werden. Bei der Zusammenstellung solltest du lediglich beachten, alle Körperpartien abzudecken, einen ausreichenden Umfang zu wählen und dich vom Allgemeinen zum Speziellen vorzuarbeiten. Möglichkeiten, das anschließende Training zu gestalten, werde ich dir in den kommenden Kapiteln beginnend mit kletterspezifischen Übungen vorstellen.

Kletterspezifisches Training

Die Übungen in diesem Abschnitt konzentrieren sich in erster Linie auf die für das Greifen zuständige Unterarmmuskeln, die an der Zugarbeit beteiligte Muskulatur der Arme, der Schultern und des Oberkörpers sowie die Rumpfmuskulatur. Den geringsten Anspruch haben dabei diejenigen Übungen, welche an der Boulderwand absolviert werden. Sie sind im Gegensatz zu jenen am Griffbrett und am Campusboard auch für Trainierende geeignet, die erst wenige Monate bouldern und deren Sehnen und Kapseln noch nicht fit genug für aggressivere Trainingsmethoden sind. Fortgeschrittene Boulderer können diese Übungen trotzdem in ihr Programm einbauen und gegebenenfalls den Anspruch durch verschiedene Intensitätsmethoden erhöhen.

Der physische Aspekt - fit für den nächsten Grad

Übungen an der Boulderwand

Die Boulderwand bildet das Zentrum des Bouldertrainings. An dieser werden neben mentalen und technischen auch körperliche Fertigkeiten geschult, die dich zu einem besseren Kletterer machen. Bist du erst wenige Monate dabei, sollte dein Training nahezu ausschließlich hier stattfinden. Der Wechsel zu Campusboard und Co. wird erst nötig, wenn durch reines Bouldern kaum noch Fortschritte erzielt werden können.

Überhang-Bouldern				
Anspruch	geeignet für	trainiert	Ziel	Umfang
variabel	Anfänger Fortgeschrittene Trainingsprofis	Finger, Arme, Rücken, Rumpf, Schultern, Beine (rückseitig)	Kraftausdauer Maximalkraft	5 bis 10 Sätze

Je steiler das Problem, desto höher der körperliche Anspruch: Wer von Anfang an seine Kraftentwicklung vorantreiben will, findet dazu beim Bouldern im Überhang eine gute Gelegenheit. Weil bei derartigen Wandneigungen die Füße bestenfalls einen kleinen Teil des Körpergewichts tragen können, muss die Hauptarbeit von den Armen, den Schultern und der Zugmuskulatur des Rückens erledigt werden. Darüber hinaus ist der Rumpf gefordert, die Spannung aufrechtzuerhalten. Bricht diese ein, verlieren die Füße den Halt und man landet auf dem Boden. Unterstützung erhalten Bauch und Rücken dabei von der Gesäßmuskulatur und den Beinbeugern. Diese Kletterei ist dadurch die physisch forderndste Variante des Boulderns.

Die Schwierigkeit wird beim Überhang-Bouldern von der Neigung der Wand, der Größe der Griffe und deren Abstand bestimmt. Ob eher die Maximalkraft oder die Kraftausdauer trainiert wird, steht damit ebenfalls in Zusammenhang. Klettert man eine überhängende Sequenz mit etwa vier bis sechs Zügen und gerät dabei bereits an die Leistungsgrenze (gefühlte Schwierigkeit 8 bis 10), wirkt sich das stärker auf die Maximalkraft aus, während längere Boulder eher die Kraftausdauer ansprechen. Zu schwer dürfen die gewählten Boulder jedoch nicht werden. Als Satz gelten nur Versuche, in denen mindestens vier Züge geklettert werden konnten, bevor die Muskulatur an ihre Grenzen geraten ist. Andernfalls ist der Boulder zu anspruchsvoll für das strukturierte Training.

Boulderer mit nur wenigen Monaten Trainingserfahrung sollten Routen mit größeren Griffen und zunehmend höheren Griffabständen bevorzugen und Wert auf eine kontrollierte Ausführung der Züge legen, um die Schultern und Finger zu schonen. Bei kleingriffigen oder maximalkräftigen Routen ist außerdem auf mehrminütige Pausen (zwischen drei und fünf Minuten) zu achten, damit sich die belasteten Strukturen ausreichend erholen können.

Soll das Überhang-Bouldern im Training gezielt eingesetzt werden, ist es wichtig, verschiedene Boulder zu absolvieren, anstatt eine schwere Linie zu projektieren. Nur so lässt sich einseitiges Training vermeiden. Eine grobe Richtlinie wäre, kein Problem häufiger als drei Mal pro Trainingseinheit zu versuchen oder zu klettern. Gibt deine Heimathalle keine ausreichend große Auswahl her, solltest du eigene Linien definieren, um genügend Abwechslung zu gewährleisten.

Stop and Go-Klettern				
Anspruch	geeignet für	trainiert	Ziel	Umfang
variabel	Anfänger Fortgeschrittene Trainingsprofis	Arme, Rücken, Schultern, Finger, Rumpf	Kraftausdauer	5 bis 10 Sätze

Beim Stop and Go-Klettern werden die Kraftausdauer und die Fähigkeit geschult, Griffe zu blockieren, also am gebeugten Arm zu halten. Für die Übung wählst du Boulder an einer senkrechten oder überhängenden Wand, die fordernd sind, von dir aber trotzdem sicher geschafft werden können. Anstatt diese nun in gewohnter Manier zu klettern, stoppst du beim Weitergreifen jedes Mal kurz vor dem nächsten Griff und wartest einen Moment, bevor du ihn in die Hand nimmst. In dieser Bewegungspause muss die aktuelle Position von der gesamten am jeweiligen Zug beteiligten Muskulatur stabil gehalten werden. Auf diese Weise werden besonders die Finger, die Armbeuger, der Rücken und die Schultern angesprochen. Befindet sich der Boulder im Überhang, kommt außerdem die Rumpfmuskulatur ins Spiel, was die Schwierigkeit zusätzlich erhöht. Diese hängt außerdem von den Stopp-Zeiten ab, die üblicherweise zwischen zwei und fünf Sekunden liegen.

Hast du einen Boulder auf diese Weise geklettert, folgt eine Pause von zwei bis drei Minuten, bevor du dir den nächsten vornimmst. Auch hier ist Abwechslung Trumpf, um Einseitigkeit zu vermeiden. Häufiger als zwei bis drei Mal solltest du ein Problem deshalb während der gleichen Session nicht klettern.

Menschliches Pendel				
Anspruch	geeignet für	trainiert	Ziel	Umfang
niedrig	Anfänger Fortgeschrittene Trainingsprofis	Rumpf, Schultern, Rücken, Arme	Kraftausdauer Maximalkraft	5 bis 10 Sätze

Das menschliche Pendel ist eine ideale Übung, um die Körperspannung und gleichzeitig die Präzision beim Antreten zu verbessern. Da der Fokus hier nicht auf der Fingerkraft liegt, können zum Training Boulder mit großen Griffen gewählt werden, die sich im Überhang befinden. Beim Durchstieg lässt man

Der physische Aspekt - fit für den nächsten Grad

die Füße nach jedem Zug kommen und setzt sie anschließend wieder auf die Tritte – als wäre man ein Pendel. Ist deine Rumpfmuskulatur noch relativ untrainiert, kannst du dafür den beim Lösen der Füße auftretenden Schwung verwenden, mittelfristiges Ziel sollte es aber sein, diesen abzufangen und die Füße anschließend wieder aus eigener Kraft an die Wand zu bringen. Stellt ein Boulder keine Herausforderung mehr dar, kann nach einer Alternative in steilerem Gelände oder mit weiteren Griff-Tritt-Abständen gesucht werden. Auch hier ist es sinnvoll, den Boulder nach ein paar Durchgängen zu wechseln, um Einseitigkeit zu vermeiden. Zwischen zwei Durchgängen solltest du dir zwei bis drei Minuten Pause gönnen.

Tritte angeln				
Anspruch	geeignet für	trainiert	Ziel	Umfang
mittel	Anfänger Fortgeschrittene Trainingsprofis	Rumpf, Schultern, Rücken, Arme	Kraftausdauer Maximalkraft	2 bis 5 Sätze mit 5 bis 10 Wiederholungen

Tritte angeln ist gewissermaßen der große Bruder des menschlichen Pendels. Trainiert wird hier an guten Griffen im starken Überhang oder in Dächern. Ziel ist es, aus dem Hängen alle in Reichweite befindlichen Tritte mit den Füßen zu berühren. Idealerweise verwendest du dabei keinen Schwung und versuchst, jeden anvisierten Tritt zumindest einen Augenblick zu stehen, bevor du die Füße wieder kommen lässt. Die Schwierigkeit erhöht sich, wenn die Tritte weiter entfernt oder weiter außen liegen, der beim Ablassen aufgenommene Schwung jedes Mal abgebaut wird und die Tritte auch diagonal getreten werden. Rechts vom Körper Gelegene werden dann mit dem linken, links Gelegene vom rechten Bein geangelt. Über eine stärkere Wandneigung lässt sich der Anspruch ebenfalls anheben. Gelingt es dir nicht, die Übung im starken Überhang (mehr als 45 Grad Neigung) zu absolvieren, solltest du vorerst beim menschlichen Pendel bleiben.

Als Wiederholung gilt beim Tritteangeln jeder Fußkontakt mit einem Tritt. Zwischen zwei Sätzen sollten zwei bis drei Minuten Pause gemacht werden.

Übungen an der Boulderwand

Füße voran				
Anspruch	geeignet für	trainiert	Ziel	Umfang
mittel	Anfänger Fortgeschrittene Trainingsprofis	Arme, Rücken, Rumpf, Schultern	Kraftausdauer Maximalkraft	5 bis 10 Sätze

Diese Übung fühlt sich möglicherweise etwas gewöhnungsbedürftig an, trainiert den Körper aber vielseitig. Ziel ist es, jeden Griff eines Boulders (abgesehen von den Startgriffen) erst dann zu benutzen, wenn er mit einem Fuß berührt wurde. Bei vertikal verlaufenden Bouldern muss deshalb oftmals über Kopf angetreten werden. Die so abgeforderten Positionen sind ungewöhnlich und erfordern gleichermaßen Kraft, Beweglichkeit und ein gutes Bewegungsgefühl. Füße voran kann dadurch bis zu einem gewissen Grad auch als Technikschule eingesetzt werden. Muskulär werden vor allem der Rumpf, die Arme, die Zugmuskulatur des Rückens und die Schultern belastet. Weil diese Übung vor allem von der Bewegungsvielfalt lebt, sollten die so gekletterten Boulder eher im unteren und mittleren Schwierigkeitsgrad liegen. Um riskante Stürze zu vermeiden, müssen alle Griffe sicher gehalten werden können. Wer den Anspruch erhöhen will, lässt Griffe aus oder wählt Boulder mit weiteren Zügen aus.

Jeder gekletterte Boulder gilt als Satz, die Pausenzeiten dazwischen belaufen sich auf zwei bis drei Minuten.

Minimalkontakt				
Anspruch	geeignet für	trainiert	Ziel	Umfang
mittel	Fortgeschrittene Trainingsprofis	Finger	Kraftausdauer Maximalkraft	5 bis 10 Sätze

Beim Minimalkontakt steht vor allem die Fingerkraft im Fokus. Deshalb ist die Übung für Boulderer mit wenigen Monaten Klettererfahrung genauso wenig geeignet wie für solche, die zuletzt mit Finger- und Ellenbogenproblemen zu kämpfen hatten. Außerdem bringt sie auch für erfahrenere Sportler bei mangelnder Erwärmung eine gewisse Verletzungsgefahr mit sich. Bevor man beginnt, sollte man also bereits einige Kletterminuten hinter sich haben.

Bist du einmal gut aufgewärmt, suchst du dir einige Boulder im mittleren Schwierigkeitsgrad – vorzugsweise solche, in denen Henkel, Zangengriffe oder große Leisten dominieren. Die Boulder werden dann geklettert, ohne dass beim Greifen die volle Griffläche ausgenutzt wird. Stattdessen belastet man die Griffe nur mit dem ersten oder den ersten beiden Fingergliedern. Auf diese Weise

Der physische Aspekt - fit für den nächsten Grad

können selbst einfache Boulder zu einer neuen Herausforderung werden. Jede Begehung gilt als Satz, zwischen denen man sich zwei bis drei Minuten Zeit zur Erholung nimmt.

Um den Anspruch zu erhöhen, können Probleme im steileren Gelände gewählt oder die Griffe alternativ nur mit drei oder zwei Fingern belastet werden. Dann empfiehlt es sich allerdings, die gesamte Griffläche auszunutzen.

Dynamisches Bouldern				
Anspruch	geeignet für	trainiert	Ziel	Umfang
hoch	Fortgeschrittene Trainingsprofis	Finger, Schultern, Rücken, Rumpf	Kontaktkraft Schnellkraft	3 bis 10 Sätze

Beim dynamischen Bouldern sind vor allem Kontaktkraft und Schnellkraft gefragt. Weil die Bewegungen mit viel Schwung verbunden sind und koordinativ anspruchsvoll sein können, eignet sich diese Übung nicht für Boulderneulinge. Eine solide technische und körperliche Basis ist genauso wie die ordentliche Erwärmung im Vorfeld eine Grundvoraussetzung. Für das Training sucht oder definiert man sich Boulderprobleme, die dynamische Züge - unter Umständen sogar Sprünge - erlauben. Gut geeignet sind solche im überhängenden Gelände, weil man bei misslungenen Zügen ins Freie fällt. Außerdem sind vor allem zum Einstieg große Griffe wie Henkel und Sloper empfehlenswert, um Fingerverletzungen zu vermeiden. Dynamische Züge zu kleinen Leisten bleiben Kletterern mit mehreren Jahren Erfahrung und gesunden, starken Sehnen vorbehalten. Wichtig ist darüber hinaus, beim Fangen der Griffe nicht in die gestreckte Schulter zu fallen. Leicht gebeugte Arme und aktiv nach unten gezogene Schulterblätter helfen, Verletzungen zu vermeiden.

Ob ganze Boulder oder nur Einzelzüge geklettert werden, hängt vom Charakter der gewählten Probleme ab. Während meist die Möglichkeit besteht, mehrere einarmige dynamische Züge aneinanderzureihen, ist das bei Doppeldynos (beide Hände verlassen gleichzeitig die Griffe) selten machbar. In jedem Fall sollte das Volumen langsam gesteigert werden, da die Belastungsspitzen beim dynamischen Bouldern sehr hoch sind. Dementsprechend sind auch hier mehrminütige Pausen zwischen den Durchgängen empfehlenswert.

Übungen an der Boulderwand

Boulder hangeln				
Anspruch	geeignet für	trainiert	Ziel	Umfang
hoch	Fortgeschrittene Trainingsprofis	Finger, Arme, Schultern, Rücken, Rumpf	Kraftausdauer Maximalkraft	3 bis 5 Sätze

Boulder zu hangeln gehört vermutlich zu den intuitivsten Trainingsmethoden. Statt die Füße zu benutzen, wird die Linie ausschließlich mit den Händen geklettert. Das erfordert viel Kraft und ist ein gutes Mittel, um die physische Leistungsfähigkeit weiter zu erhöhen, gleichzeitig aber deutlich anspruchsvoller, als mancher glauben mag. Wer Boulder hangeln will, braucht ausreichend Kraft zum einarmigen Blockieren, um nicht permanent in der gestreckten Schulter zu hängen. Versuchen sich Boulderneulinge daran, ist das oftmals der Fall und kann auf Dauer zu Schulterverletzungen führen. Wie bei dynamischen Zügen auch, ist es wichtig, die Schulterblätter während der gesamten Bewegung nach unten zu ziehen und die Arme zumindest leicht zu beugen. Nur wenn das gelingt, dürfen Dachboulder oder Routen im Überhang ohne Füße geklettert werden. Die Mindestgriffgröße und maximale Geländeneigung werden durch die eigenen Fähigkeiten bestimmt, wobei Routen in Dächern leichter zu bewältigen sind als solche in weniger steilen Überhängen, bei denen aufwärts gezogen werden muss. Pro Satz können bis zu zehn Züge absolviert werden, bevor eine mehrminütige Pause eingelegt wird.

Das linke Bild zeigt schlechte Technik beim Hangeln. Arme und Schultern sind vollständig gestreckt, was eine hohe Belastung der passiven Strukturen darstellt. Gleichzeitig verringert das den Trainingseffekt, weil den Muskeln ein guter Teil der Arbeit abgenommen wird. Wie es besser geht, zeigt das rechte Bild. Hier zieht der Kletterer mit leicht gebeugten Armen und angezogenen Schultern von Griff zu Griff.

Der physische Aspekt - fit für den nächsten Grad

Hypergravity-Bouldern				
Anspruch	geeignet für	trainiert	Ziel	Umfang
sehr hoch	Fortgeschrittene Trainingsprofis	Finger, Arme, Schultern, Rücken, Rumpf	Kraftausdauer Maximalkraft	5 bis 10 Sätze

Wer sein Verbesserungspotenzial in puncto Griffkraft beim normalen Bouldern ausgeschöpft hat, kann durch Hypergravity-Bouldern noch einen Gang nach oben schalten. Um den Anspruch der Kletterei zu erhöhen, kommt hier eine Gewichtsweste oder ein Gewichtsgürtel zum Einsatz. Da diese Methode für hohe Belastungen sorgt, sind mehrjährige Trainingserfahrung und Verletzungsfreiheit die Vorbedingung, um überhaupt sicher damit beginnen zu können. Hohe Gewichte sind gerade am Anfang nicht nötig. Schon zwei bis drei Kilo machen sich bei entsprechender Boulderauswahl bemerkbar. Bevorzugt sollte es sich um Routen ohne dynamische Züge und mit relativ großen Griffen handeln, die unterhalb der eigenen Leistungsgrenze liegen. Da beim Hypergravity-Bouldern der Kraftaufbau im Zentrum steht, darf die technische Schwierigkeit darüber hinaus nicht allzu hoch sein.

Nach einer ausgiebigen Erwärmung werden zu diesen Vorgaben passende Boulder ausgewählt und mindestens einmal mit Zusatzgewicht geklettert. Die Pausenzeiten zwischen zwei Durchgängen sollten zwei bis drei Minuten betragen. Eine Linie mehrmals zu klettern ist kein Problem, um Einseitigkeit zu vermeiden, solltest du aber auch hier nach ein paar Durchgängen einen neuen Boulder angehen. Im Idealfall unterscheidet dieser sich auch von den verwendeten Griffarten, wobei du deinen Fokus natürlich auf diejenigen legen kannst, die dir die größten Probleme bereiten.

Übungen an der Klimmzugstange

Obwohl die Klimmzugstange das wohl simpelste Trainingsgerät ist, sind ihre Einsatzmöglichkeiten beim Kraftaufbau sehr vielseitig. Da sie sowohl beim spezifischen als auch beim ergänzenden Training eingesetzt werden kann, widme ich ihr zwei Abschnitte im Buch. Im folgenden Teil liegt der Fokus auf der Entwicklung der Zugmuskulatur, die vor allem mit verschiedenen Klimmzugvariationen trainiert werden kann. Die Auswahl umfasst dabei Übungen, die zum Teil anfängertauglich sind, zum Teil aber auch starke Sehnen voraussetzen, weil mit Schwung gearbeitet wird. Grundsätzlich lassen sich Übungen an der Klimmzugstange aber in das Training von Kletterern jedes Erfahrungslevels einbauen. Sie gehört zu den anfängerfreundlichen Trainingsgeräten.

Pointer				
Anspruch	geeignet für	trainiert	Ziel	Umfang
variabel	Anfänger Fortgeschrittene Trainingsprofis	Rumpf, Schultern, Rücken	Kraftausdauer Maximalkraft	3 bis 5 Sätze

Pointer ist eine Variante des Tritteangelns, die eigentlich jeder Boulderneuling an das Ende einer Bouldersession anhängen kann. Aber auch für erfahrenere Athleten hat die Übung noch ihre Berechtigung, weil sie der Rumpfmuskulatur viel abfordert und in der Schwierigkeit sehr variabel gestaltet werden kann. Am besten trainiert es sich mit einem Partner, die Durchführung ist aber auch ohne möglich.

Beim Pointer hängst du dich an die Klimmzugstange, während dein Kletterpartner mit einem Stab (einer Papierrolle, der Hand oder Ähnlichem) anzeigt, wo du hintreten musst. Ziel ist es, aus dem Hängen die Spitze des Stabs mit dem Fuß zu berühren, als würde man sie als Tritt benutzen wollen. Nach einer erfolgreichen Berührung kann der Partner eine neue Position anzeigen oder dich auffordern, die vorherige nun mit dem anderen Fuß anzutippen. Um ein gleichmäßiges Training zu gewährleisten, werden die Füße nach jeder Berührung gewechselt, wobei jedes Tippen als eine Wiederholung zählt. Abgeschlossen ist ein Satz nach vier bis sechs Wiederholungen pro Seite, also acht bis zwölf Gesamtwiederholungen. Dein Partner sollte immer versuchen, dich genug zu fordern, damit dir die letzten Wiederholungen spürbar schwerfallen, aber noch möglich sind. Variieren lässt sich die Schwierigkeit, in dem der Stab höher oder weiter entfernt gehalten wird.

Obwohl Pointer grundsätzlich keine technisch anspruchsvollen Bewegungen abfordert, muss man auf einige Dinge achten, um den optimalen Trainingseffekt zu erzielen. Dazu gehört, dass mit so wenig Schwung wie möglich gearbeitet wird. Gerade Trainingsanfängern mit schwacher Schulter- und Rumpfmuskulatur fällt

Der physische Aspekt - fit für den nächsten Grad

das schwer, weshalb hier ein wenig Schwung erlaubt ist. Der Körper sollte aber immer wieder zur Ruhe gebracht werden, bevor man sich zu stark aufschaukelt und den Schwung die Arbeit erledigen lässt. Außerdem ist es wichtig, die Streckung der Schultern durch das Anziehen der Schulterblätter zu vermeiden, um hier keine Probleme zu riskieren.

Klimmzüge				
Anspruch	geeignet für	trainiert	Ziel	Umfang
mittel	Anfänger Fortgeschrittene Trainingsprofis	Arme, Rücken, Schultern, Rumpf	Kraftausdauer Maximalkraft	3 bis 5 Sätze

Reine Klimmzugbewegungen spielen beim Klettern selten eine Rolle, weshalb man für viele Boulder keinen Klimmzug können muss, um sie zu schaffen. Dennoch gehören Klimmzüge zu den Standards des Klettertrainings. Zu verdanken haben sie diesen Status dem Umstand, dass sie und ihre Variationen der effektivste Weg zur Stärkung der gesamten Zugmuskulatur des Oberkörpers sind, welche bei nahezu allen Boulderproblemen gefragt ist. Deshalb sollte es sich jeder Kletterer zum Ziel machen, zumindest ein paar Wiederholungen zu schaffen.

Klimmzug ist dabei nicht gleich Klimmzug. Entscheidend ist die Art, wie die Stange gegriffen wird. Während viele den Untergriff bevorzugen, bei dem die Handflächen zum Gesicht zeigen, weil das Hochziehen so leichter fällt als bei der Obergriff-Variante (Handflächen zeigen vom Körper weg), ist letztere für das Klettertraining die bessere Wahl. Der Unterschied liegt in der beteiligten Muskulatur, die beim Obergriff identisch zum Klettern ist. Schließlich wird auch dort die Hand in der Regel vom Körper weggedreht. Dies sorgt dafür, dass der bekannteste Armbeuger, der Bizeps, etwas in den Hintergrund tritt und der darunterliegende Brachialis sowie der am Unterarm zu

Übungen an der Klimmzugstange

findende Brachioradialis die Hauptarbeit bei der Armbeugung übernehmen. Schafft man diese Art des Klimmzugs noch nicht, spricht natürlich nichts dagegen, vorbereitend im Untergriff zu trainieren, um die ebenfalls wichtige Rückenmuskulatur aufzubauen.

Klimmzüge sind im Grunde leicht zu erlernen, weil es aus technischer Sicht wenig zu beachten gibt. Der am häufigsten zu beobachtende Fehler ist die vollständige Streckung der Arme und Schulter am untersten Punkt der Bewegung. Dieses Aushängen macht es zwar anspruchsvoller, ist aber weder nötig noch gesund und deshalb nicht empfehlenswert. Das rechts stehende Bild zeigt die korrekte Ausgangsposition mit einer nach unten gezogenen und unter Spannung stehenden Schulterpartie. Üblich ist außerdem, die Hände in etwa schulterbreitem Abstand an der Stange zu platzieren, wobei im Untergriff enger und im Obergriff etwas weiter gefasst wird. Ob der Daumen die Stange umfasst oder gemeinsam mit den anderen Fingern oben aufliegt, spielt keine entscheidende Rolle. Ist man bereits etwas fitter und schafft einige Klimmzüge, kann mit verschiedenen Griffweiten experimentiert werden, um eine andere Beanspruchung der Muskulatur zu erzielen. Je weiter die Hände dabei auseinander wandern, desto größer wird der Anteil der Rückenmuskulatur an der Bewegung.

Klimmzugtraining für Anfänger
Dass Boulderneulinge noch keine Klimmzüge beherrschen, ist nicht ungewöhnlich - besonders dann, wenn Sport vorher keine Rolle gespielt hat. Deshalb möchte ich in den folgenden Absätzen einige Möglichkeiten vorstellen, wie man hier schnell Fortschritte erzielt.

Der einfachste Weg für den Einstieg sind unterstützte Klimmzüge. Dabei greift man auf eine Hilfe zurück, die einen Teil des Körpergewichts abnimmt. Ob es sich dabei um einen Kabelzug, ein Gummiband oder einen Trainingspartner handelt, spielt keine Rolle. Wichtig ist nur, dass die Entlastung groß genug ausfällt, um dir mindestens drei Klimmzüge am Stück zu ermöglichen, wobei diese noch immer merklich anstrengend sein müssen. Hat man keine Gelegenheit zur Entlastung, bieten sich als Alternative Negativklimmzüge an. Dabei wird ausschließlich das Ablassen aus eigener Kraft absolviert, während man sich die Aufwärtsbewegung beispielsweise durch Anspringen der Stange erleichtert. Gibt es vor Ort ein Campusboard, ist dieses als Trainingsgerät dafür sogar besser als eine

Der physische Aspekt - fit für den nächsten Grad

Klimmzugstange geeignet. Weil die untersten Leisten hier für gewöhnlich auf Brusthöhe liegen, kannst du den Klimmzug mit angewinkelten Armen beginnen und ausschließlich die Abwärtsbewegung trainieren.

Bist du noch nicht oder kaum in der Lage, Klimmzüge zu absolvieren, hat jede Wiederholung einen maximalkräftigen Charakter. Dementsprechend fällt das Volumen anfangs niedrig aus. Für den Einstieg genügt es, drei bis fünf Wiederholungen pro Satz und drei Sätze pro Trainingseinheit durchzuführen. Zwischen den Sätzen sollten Pausenzeiten von etwa drei Minuten eingehalten werden. Folgst du diesem einfachen Plan und bringst du pro Woche zwei Trainingseinheiten hinter dich, lässt sich schon binnen weniger Tage der Anspruch erhöhen, indem du entweder das Volumen nach und nach auf vier oder fünf Sätze aufstockst, die Unterstützung bei den Wiederholungen verringerst oder von negativen zu vollständigen Klimmzügen übergehst.

Klimmzüge mit Unterstützung eines Gummibandes.

Hast du dir eine gewisse Basis geschaffen und willst die Klimmzugleistung im Anschluss schnell weiter erhöhen, kannst du es mit Pyramidentraining versuchen. Bei der Klimmzugpyramide wird im ersten Durchgang nur eine Wiederholung gemacht, bevor nach einer kurzen Pause zwei Klimmzüge absolviert werden. Nach einer weiteren Pause steigt die Zahl im dritten Durchgang auf drei und in jedem weiteren um jeweils eine Wiederholung. Die Herausforderung liegt nur zum Teil in der Anzahl der durchzuführenden Klimmzüge, wichtig sind auch die verhältnismäßig kurzen Pausen. Diese sollten genauso lang sein, wie du für den vorherigen Durchgang gebraucht hast. Zwischen der ersten und zweiten Serie hast du also im besten Fall ein paar Sekunden Erholungszeit. Mit der steigenden Wiederholungszahl nehmen aber auch die Pausen zu.

Weil man möglicherweise dazu neigt, sich mehr Erholung zu gönnen, als vorgesehen ist, macht es Sinn, die Pyramide gemeinsam mit einem Partner zu trainieren. Dann werden die Serien abwechselnd durchgeführt und die Erholungszeit davon bestimmt, wie lang der Partner die Stange belegt. Etwa fünf Durchgänge können als guter Start gelten, die

Übungen an der Klimmzugstange

Zahl sollte mit zunehmender Kraft aber weiter erhöht werden. Eine Obergrenze gibt es theoretisch nicht, ob das Training in dieser Form nach zehn Durchgängen, was insgesamt 55 Klimmzügen entspricht, noch sinnvoll ist, darf jedoch bezweifelt werden. An diesem Punkt sind andere Trainingsvarianten wie Klimmzüge mit Zusatzgewicht, Klimmzugquadrate, Frenchies oder einarmige Klimmzüge für die Boulderleistung sicher effektiver.

Frenchies				
Anspruch	geeignet für	trainiert	Ziel	Umfang
mittel	Anfänger Fortgeschrittene Trainingsprofis	Arme, Rücken, Schultern, Rumpf	Kraftausdauer Maximalkraft	3 bis 5 Sätze

Sobald normale Klimmzüge kein Problem mehr sind, kann man Frenchies ins Training einbauen. Diese Klimmzugvariation legt den Fokus auf die Fähigkeit, die Arme in einer Position zu blockieren. Dazu wird die Klimmzugbewegung an einem bestimmten Punkt gestoppt und eine Pause eingelegt, in der die Position gehalten werden muss, bevor es weitergeht. In der Praxis kann das beispielsweise so aussehen:

Du beginnst mit einem normalen Klimmzug im schulterbreiten Obergriff und ziehst dich zur Stange hoch. Kurz vor dem höchsten Punkt blockierst du die Arme (1) für vier Sekunden und ziehst dich erst dann ganz nach oben. Anschließend lässt du dich wieder vollständig ab. Bei der zweiten Wiederholung stoppst du die Aufwärtsbewegung erneut, dieses Mal aber, sobald die Arme 90 Grad angewinkelt sind (2), gehst dann ganz nach oben und lässt dich ab. Wiederholung Nummer drei folgt dem gleichen Muster, mit dem Unterschied, dass du nun bereits im untersten Drittel der Bewegung blockierst (3). Hast du alle drei Positionen gehalten, beginnt das Spiel von vorn. Pro Satz kannst du sechs bis zwölf Wiederholungen einplanen, nach denen etwa drei Minuten Pause folgen.

Der physische Aspekt - fit für den nächsten Grad

Frenchies sind aufgrund der Bewegungspausen deutlich anstrengender als normale Klimmzüge und bieten sich als Vorübungen für das einarmige Blockieren, für das Hangeln am Campusboard oder an der Boulderwand und einarmige Klimmzüge an. Wer sich eine solide Basis für fortgeschrittene Trainingsmethoden schaffen möchte, ist also gut beraten, Frenchies ins Training einzubauen, sobald zweistellige Wiederholungszahlen bei Klimmzügen keine große Herausforderung mehr darstellen.

Klimmzugquadrat				
Anspruch	geeignet für	trainiert	Ziel	Umfang
mittel	Anfänger Fortgeschrittene Trainingsprofis	Arme, Rücken, Schultern, Rumpf	Kraftausdauer Maximalkraft	3 bis 5 Sätze

Das Klimmzugquadrat ist eine Klimmzugvariation, bei der die Schultern etwas stärker gefragt sind, als es bei normalen Klimmzügen der Fall ist. Die trainierte Bewegung, bei der das Gewicht von links nach rechts oder umgekehrt verschoben werden muss, kommt auch bei Schulterzügen an der Kletterwand vor, was das Klimmzugquadrat zur besonders wertvollen Übung macht, wenn das eine deiner Schwächen ist. Gleichzeitig kann das Klimmzugquadrat als Vorbereitung auf einarmiges Blockieren und einarmige Klimmzüge genutzt werden. Weil das Gewicht immer auf den linken oder rechten Arm verlagert wird, muss dieser jeweils stärker ziehen.

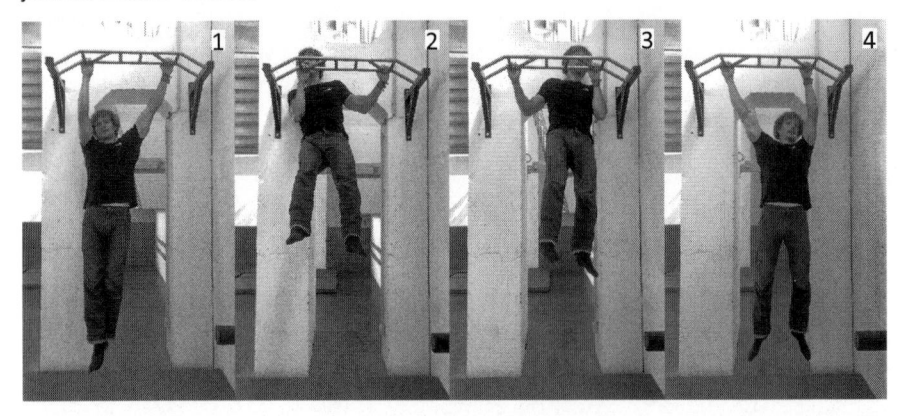

Beim Klimmzugquadrat wird die Stange im Obergriff gehalten, wobei der Abstand der Hände etwas weiter als schulterbreit sein sollte. Je stärker du bereits bist, desto weiter kannst du auseinanderrücken. Die Ausführung unterscheidet sich insofern von normalen Klimmzügen, dass du nicht mit einer Aufwärtsbewegung startest, sondern den Körper zuerst nach links oder rechts verschiebst, bis dein Schwerpunkt genau unter der jeweiligen Hand hängt (1). Erst dann ziehst du

Übungen an der Klimmzugstange

an (2). Am obersten Punkt der Bewegung verschiebst du den Schwerpunkt nun waagerecht zur anderen Hand, wanderst mit dem Gesicht also an der Stange entlang (3). Erst dann geht es in gerader Linie abwärts und schließlich zum Ausgangspunkt zurück (4). Der Oberkörper hat dann ein Quadrat nachgezeichnet, dass bei der nächsten Wiederholung in umgekehrter Richtung abgearbeitet wird. Pro Satz solltest du sechs bis zwölf Durchgänge einplanen und zwischen zwei Serien jeweils etwa drei Minuten pausieren.

Klimmzüge mit unterschiedlicher Griffhöhe				
Anspruch	geeignet für	trainiert	Ziel	Umfang
mittel bis hoch	Anfänger Fortgeschrittene Trainingsprofis	Arme, Rücken, Schultern, Rumpf	Kraftausdauer Maximalkraft	3 bis 5 Sätze

Bei Klimmzügen mit unterschiedlicher Griffhöhe, auch Uneven Pull-ups genannt, nähert sich das Training an der Stange dem tatsächlichen Klettern sehr stark an. An der Kunstwand oder in der Natur ist man nur in den seltensten Fällen in der komfortablen Position, zwei Griffe auf gleicher Höhe zu haben. In der Lage zu sein, den Körper auch dann nach oben zu bringen, wenn ein Arm nur einen Teil der Bewegung mitziehen kann, ist also sehr von Vorteil.

Weil eine Klimmzugstange für gewöhnlich nicht die Möglichkeit bietet, mit einer Hand höher oder tiefer als mit der anderen zu greifen, muss man sich hier mit einem Provisorium behelfen. Eine um die Stange gelegte Schlinge oder ein Handtuch kann als tieferer Griff dienen. Hat man nichts Derartiges zur Hand, können Uneven Pull-ups natürlich auch am Campusboard oder Steckbrett trainiert werden. Die Durchführung ist denkbar einfach:

Anstatt die Klimmzugstange mit beiden Händen zu greifen, nimmst du nur eine Hand an die Stange, während die andere die um die Stange gelegte Stoffschlaufe umfasst und dadurch tiefer ansetzt. Am Campusboard werden einfach Leisten auf unterschiedlicher Höhe gegriffen. Die Hände liegen dabei schulterbreit auseinander. Aus dieser Position beginnst du einen Klimmzug, bei dem du dich nach Möglichkeit mit dem Kinn bis über die Stange oder die mit der oberen Hand gehaltene Leiste schiebst. Der weiter unten greifende Arm muss dann über den gewohnten Bewegungsradius hinaus arbeiten und eventuell sogar vom Ziehen ins Drücken übergehen. Je größer der Höhenunterschied zwischen den Händen ist, desto wichtiger wird das.

Auf diese Weise werden drei bis sechs Wiederholungen pro Seite absolviert, bevor du die andere Hand nach oben nimmst. Ein kompletter Satz umfasst also sechs bis zwölf Wiederholungen, auf die eine etwa dreiminütige Pause folgt.

Der physische Aspekt - fit für den nächsten Grad

Beginnst du gerade erst mit Uneven Pull-ups, muss der Höhenunterschied zwischen den Händen nicht groß ausfallen. Bereits zehn bis 15 Zentimeter genügen. Mit wachsender Kraft kannst du den Abstand allerdings immer weiter erhöhen, was dem oberen Arm zunehmend mehr Leistung abfordert. Dadurch eignen sich Klimmzüge mit unterschiedlicher Griffhöhe hervorragend als Vorbereitung auf das einarmige Blockieren und einarmige Klimmzüge.

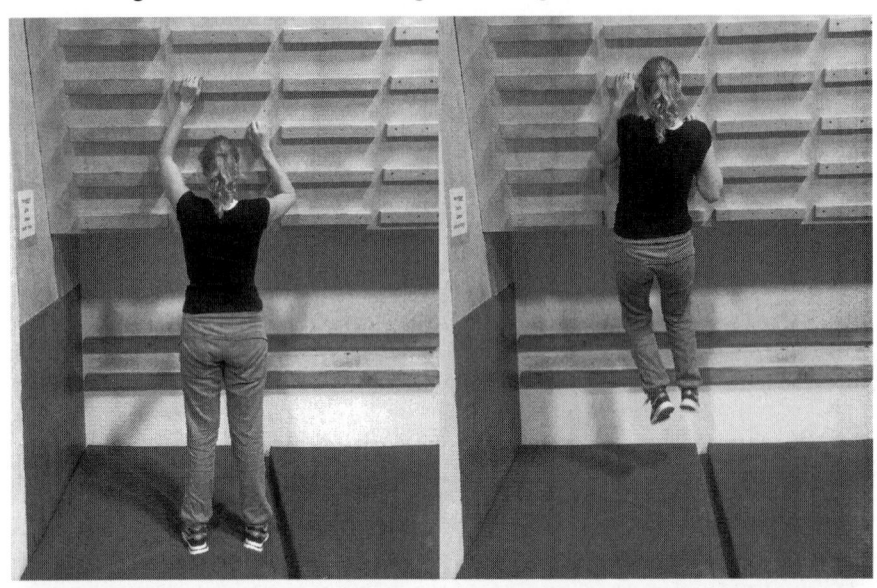

Einarmiges Blockieren				
Anspruch	geeignet für	trainiert	Ziel	Umfang
hoch	Fortgeschrittene Trainingsprofis	Arme, Rücken, Schultern, Rumpf	Maximalkraft Kraftausdauer	2 bis 3 Sätze

Dass man beim Klettern nur noch an einem Arm hängt, kommt nur äußerst selten vor - sofern man nicht aufgrund schlechter Technik ständig die Füße verliert. Trotzdem ist es sehr hilfreich, in der Lage zu sein, das komplette Körpergewicht zumindest über einen kurzen Zeitraum an einem angezogenen Arm zu halten. Klettert man steile Boulder mit weiten Zügen, macht es das Leben erheblich leichter. Trainiert werden kann diese Fähigkeit durch einarmiges Blockieren an der Klimmzugstange, wobei der Name ein wenig irreführend ist. Eigentlich handelt es sich bei dieser Übung um eine Mischung aus Frenchies und Negativklimmzügen. Nur eben an einem Arm.

Die Ausgangsstellung unterscheidet sich leicht von normalen Klimmzügen. Beim einarmigen Blockieren wird die Klimmzugstange zu Beginn in einem

Übungen an der Klimmzugstange

engen, opponierendem Griff gehalten. Das heißt, die Handflächen zeigen in entgegengesetzte Richtungen, wodurch eine Drehbewegung verhindert werden soll, die beim normalen Obergriff auftreten würde, sobald du eine Hand löst. Folglich wird der Körper nicht längs, sondern quer zur Stange positioniert (1).

Nun ziehst du dich zuerst einmal mit beiden Händen nach oben (2) und nimmst eine Hand von der Stange, kurz bevor der Arm vollständig angewinkelt ist. Diese Position wird nun so lange wie möglich gehalten, ohne dass die freie Hand hilft (3). Ist dir das nicht mehr möglich, lässt du dich langsam ab und stoppst die Bewegung mit der anderen Hand, sobald der Haltearm nur noch leicht gebeugt ist, um nicht vollständig in die Streckung von Schulter und Ellenbogen zu gehen (4). Im zweiten Durchgang ziehst du dich nur noch so weit nach oben, bis der Haltearm 90 Grad angewinkelt ist und versuchst nun diese Position so lange wie möglich zu halten. Schaffst du noch eine weitere Wiederholung, wird der Arm schließlich nur noch etwa 45 Grad gebeugt. Pro Satz solltest du je Arm zwei bis fünf Wiederholungen absolvieren und zwischen Sätzen etwa drei Minuten pausieren, wobei es sinnvoll ist, den Arm nach jeder Wiederholung zu wechseln.

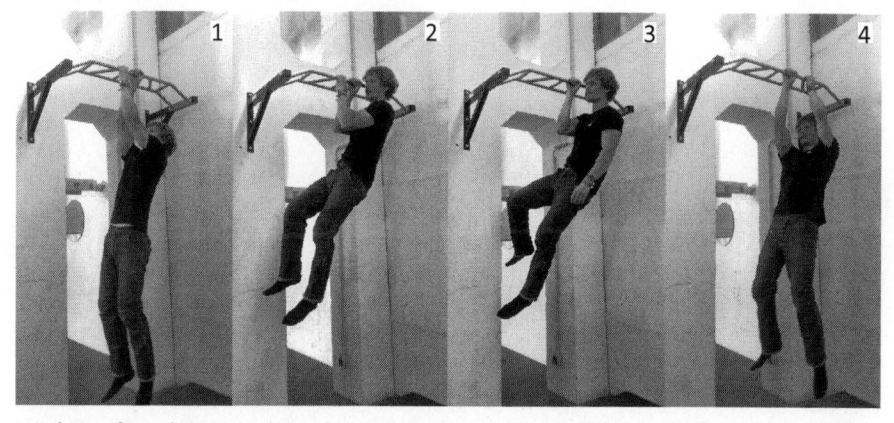

Wichtig für das Training des einarmigen Blockierens ist eine sehr solide Kraftbasis, da du in jedem Fall in der Lage sein musst, dich kontrolliert abzulassen, um nicht ruckartig in den gestreckten Arm samt gestreckter Schulter zu fallen. Für Trainingsanfänger ist diese Methode deshalb nicht geeignet. Aber auch erfahrene Sportler, die noch kein Blockiertraining absolviert haben, sollten es langsam angehen. Spürt man beim Training oder nach einer Einheit beispielsweise Schmerzen in den Ellenbogen, ist es empfehlenswert, bei vorbereitenden Übungen zu bleiben oder zumindest für einige Zeit pro Satz und Arm nur eine Wiederholung zu machen, bis sich die beteiligten Strukturen an die Belastung gewöhnt haben.

Der physische Aspekt - fit für den nächsten Grad

Explosivklimmzüge				
Anspruch	geeignet für	trainiert	Ziel	Umfang
hoch	Fortgeschrittene Trainingsprofis	Arme, Rücken, Schultern, Rumpf	Schnellkraft	2 bis 3 Sätze

Wenn bloßes Blockieren beim Bouldern nichts mehr bringt, weil die Züge zu weit werden, ist Dynamik gefragt. Eine der wenigen Möglichkeiten, diese abseits des Campusboards und der Boulderwand zu trainieren, sind Explosivklimmzüge. Wie der Name nahelegt, wird die Bewegung bei dieser Variante nicht langsam, sondern so schnell wie möglich durchgeführt. Ziel ist es dabei nicht, eine bestimmte Wiederholungszahl zu erreichen, sondern die hohe Ausgangsgeschwindigkeit aufrechtzuerhalten. Weil die dafür verantwortlichen Muskelfasern schnell ermüden, liegt es in der Natur der Sache, dass dies nur über den Zeitraum weniger Sekunden möglich ist. Lässt die Explosivität nach, wird es Zeit, eine Pause von etwa drei Minuten einzulegen. Auch dann, wenn du nur drei oder vier Wiederholungen geschafft hast.

Um den Anspruch der Explosivklimmzüge zu steigern, kann man am Ende der Aufwärtsbewegung eine kurze Flugphase einbauen, bei der die Hände die Stange verlassen und sie anschließend wieder fangen. Sehr starke Athleten schaffen es sogar, im Flug in die Hände zu klatschen. Das erfordert allerdings einiges an Übung und besitzt einen gewissen koordinativen Anspruch, sodass man sich Stück für Stück an diese Form des Dynamiktrainings herantasten sollte. Zu Beginn genügt es, die Stange in der Aufwärtsbewegung nicht nur bis zum Kinn, sondern bis auf Brusthöhe zu ziehen, was nur klappt, wenn genügend Schwung aufgebaut wurde. Später folgt das Lösen der Hände und schließlich das Klatschen.

Bei Explosivklimmzügen gilt natürlich wie bei allen dynamischen Übungen auch, dass die Geschwindigkeit nicht um jeden Preis erzielt werden darf. Trotz des Tempos muss insbesondere die Abwärtsbewegung kontrolliert erfolgen, um Schulterverletzungen zu vermeiden. Außerdem sollte man die Belastung für die Ellenbogen nicht unterschätzen. Machen sich hier Probleme bemerkbar, solltest du die Übung abbrechen und für die nächste Trainingseinheit über einen Wechsel des Programms nachdenken.

Übungen an der Klimmzugstange

Muscle-ups				
Anspruch	geeignet für	trainiert	Ziel	Umfang
hoch	Fortgeschrittene Trainingsprofis	Arme, Rücken, Schultern, Rumpf	Schnellkraft	2 bis 3 Sätze

Der Muscle-up hat als Übung dank der wachsenden Beliebtheit von Calisthenics eine Renaissance erlebt und dürfte mittlerweile jedem bekannt sein, der sich gelegentlich Fitness-Videos anschaut. Die Kombination aus Klimmzug und Beugestütz (Dips) hat auch im Bouldertraining ihre Berechtigung. Bewegungsabläufe, bei denen aus dem Ziehen ins Stützen übergegangen werden muss, findet man beispielsweise am Ende von Ausstiegsbouldern. Darüber hinaus ist der Muscle-up eine gute Übung, um die Explosivität der Zug- und Stützmuskulatur zu verbessern.

Falls du bereits einmal versucht hast, aus dem normalen Klimmzug in einen Stütz überzugehen, wirst du gemerkt haben, dass sich der bei der Aufwärtsbewegung aufgebaute Schwung nur schwer in die Stützbewegung übertragen lässt. Klappt das nicht, liegt der Grund in vielen Fällen an einer ungünstigen Griffposition. Schlüssel zum Erlernen von Muscle-ups ist der Übergriff (im Englischen False Grip), bei dem der Daumen über der Stange liegt und diese nicht von den Fingern, sondern mit der Handfläche gehalten wird. Das Handgelenk knickt dadurch im 45-Grad-Winkel ab, wenn man an der Stange hängt. Diese Griffart braucht etwas Gewöhnung, der Vorteil ist aber, dass du die Handposition anders als beim normalen Obergriff, bei dem die Hand um die Stange rutschen müsste, während des gesamten Muscle-ups beibehalten kannst.

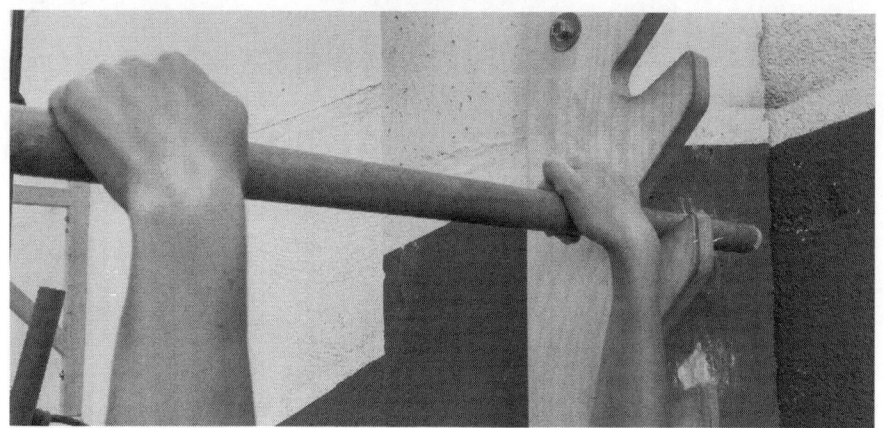

Beim False Grip liegt die Stange in der Handfläche, was das Umsetzen beim Muscle-up deutlich erleichtert.

Der Muscle-up selbst besteht aus drei Phasen: der Zugphase, dem Umsetzen und der Druckphase. Die Zugphase gleicht einem schwungvoll ausgeführten Klimmzug, bei dem genug Tempo aufgebaut werden muss, um beim Umsetzen den Oberkörper bis zur Brust

Der physische Aspekt - fit für den nächsten Grad

über die Stange zu schieben. Die Ellenbogen wandern dabei nach oben, wodurch man direkt nach dem Umsetzen in den Stütz übergehen kann. Weil nur die allerwenigsten bei den ersten Muscle-up-Versuchen fit genug sind, um mit reinem Muskeleinsatz ausreichend Schwung aufzubauen, ist es üblich, mit einer Pendelbewegung nachzuhelfen. Da der Muscle-up so zu einer koordinativen Aufgabe wird, die richtiges Timing erfordert, braucht auch das etwas Übung. Willst du schnelle Erfolge sehen, kannst du die Schwierigkeit mit einem Gummiband reduzieren, wie es bei unterstützten Klimmzügen eingesetzt wird. Um dich dann zu steigern, machst du nach und nach mehr Muscle-ups oder nimmst dünnere Bänder, bis du keines mehr benötigst.

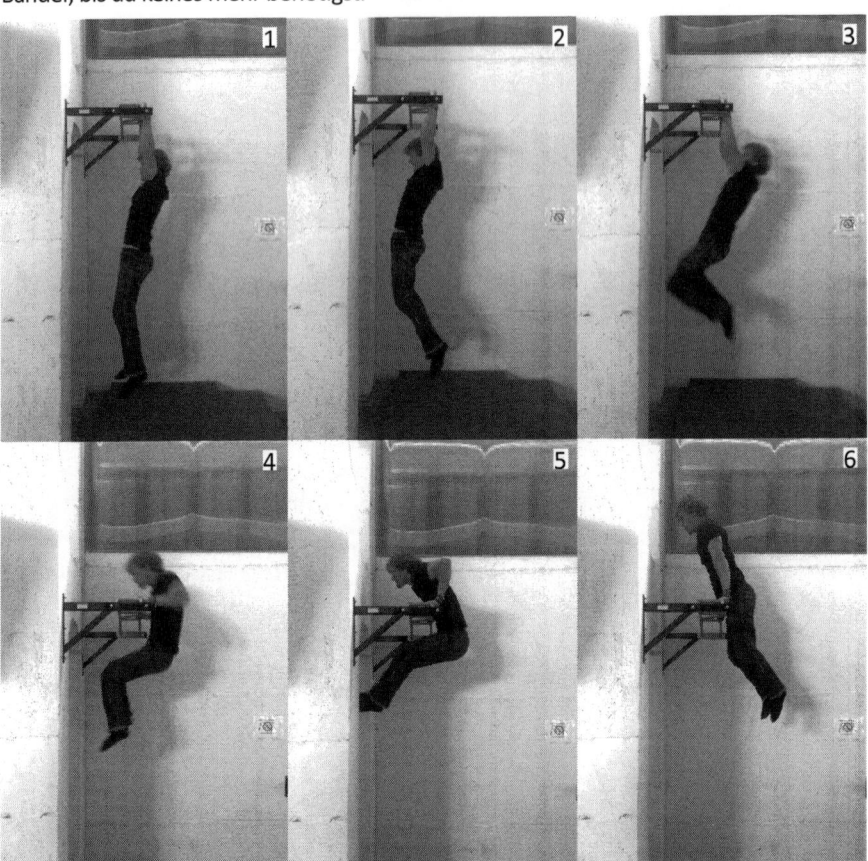

Bild 1 und 2 zeigen die für einen schwungvoll ausgeführten Muscle-up typische Ausholbewegung, mit der die notwendige Dynamik für das Umsetzen (3,4) aufgebaut wird. In Bild 5 und 6 ist die daran anschließende Druckphase zu sehen.

Wie bei schnellkräftigen Übungen üblich, braucht es bei Muscle-ups nur wenige Wiederholungen. Mehr als fünf pro Satz sind nicht nötig, wobei das bereits eine beachtliche Herausforderung darstellt. Auf jeden Satz folgt eine dreiminütige Pause.

Übungen an der Klimmzugstange

Einarmige Klimmzüge				
Anspruch	geeignet für	trainiert	Ziel	Umfang
sehr hoch	Trainingsprofis	Arme, Rücken, Schultern, Rumpf	Maximalkraft	3 bis 5 Sätze

Der einarmige Klimmzug ist eine der härtesten kletterspezifischen Übungen, die man an der Klimmzugstange absolvieren kann, und gilt gleichzeitig als Demonstration einer beachtlich fitten Zugmuskulatur. Im Boulderalltag kommen einarmige Klimmzüge normalerweise nicht vor, sodass man durchaus auch schwer klettern kann, ohne in der Lage zu sein, das komplette Körpergewicht an einem Arm nach oben zu ziehen. In der Tradition Wolfgang Güllichs, der das Motto „Genügend Kraft ist ein Zustand, den es nicht gibt" geprägt hat, schadet es aber nicht, dieses Kunststück doch zu beherrschen. Du solltest dir jedoch im Klaren darüber sein, dass ein einarmiger Klimmzug deine Kletterleistung nicht durch die Decke gehen lässt und gleichzeitig aufgrund der hohen Anforderungen, die an Schulter und Ellenbogen gestellt werden, ein relativ hohes Risiko von Überlastungen mit sich bringt. Der einarmige Klimmzug kann deshalb nur dann ein sinnvolles Mittel sein, die Zugmuskulatur weiter aufzutrainieren, wenn einarmiges Blockieren und langsames Aufwärtshangeln am Campusboard für dich kaum noch eine Herausforderung darstellen.

Der physische Aspekt - fit für den nächsten Grad

Das Training des einarmigen Klimmzugs erinnert stark an das einarmige Blockieren. Größter Unterschied ist aber zum einen, dass man die Bewegung in keiner Position stoppt und zum anderen darauf verzichtet, sich mit zwei Armen nach oben zu ziehen. Wenn du den Zugarm in der Aufwärtsbewegung entlasten musst, macht es Sinn, die helfende Hand wie bei den Klimmzügen mit ungleicher Griffhöhe in eine Schlaufe zu legen, um dich anschließend ohne Unterstützung langsam und kontrolliert abzulassen. Mehr als ein oder zwei Finger solltest du für die Entlastung nicht einsetzen. Genügt das als Hilfe nicht, ist es ratsam, vorerst noch Abstand von dieser Übung zu nehmen. Klappt es doch, reichen bereits ein bis zwei Wiederholungen pro Arm und Satz, bevor eine mindestens dreiminütige Pause nötig wird.

Übungen am Griffbrett

Obwohl die Übungsvariationen sehr eingeschränkt sind, gehört das Griffbrett zu den wichtigsten Trainingsutensilien des Klettersports, wenn es um Fingerkraft geht. Neben Hängeübungen können im Grunde nur Klimmzugvariationen (im Abschnitt zur Klimmzugstange zu finden) an verschiedensten Griffformen trainiert werden. Da bei den meisten Boards sämtliche Griffe symmetrisch angeordnet und in zweifacher Ausführung vorhanden sind, ist es möglich, beide Hände (und Körperhälften) gleichmäßig zu beanspruchen, was als großer Pluspunkt gegenüber dem Training an der Boulderwand gelten kann. Weil die Griffe allerdings verhältnismäßig klein ausfallen und oftmals keine Möglichkeit zur Entlastung mit den Füßen vorgesehen ist, ist das Training mit hohen Anforderungen an Sehnen und Kapseln verbunden. Die im Folgenden vorgestellten Methoden solltest du deshalb frühestens in dein Training integrieren, wenn du mindestens anderthalb bis zwei Jahre regelmäßiges Kletter- und Bouldertraining hinter dir hast.

Ich spreche an dieser Stelle bewusst von Methoden, da es sich anders als im vorherigen Kapitel nicht um verschiedene Übungen handelt, sondern um unterschiedliche Trainingsprotokolle, die beim Hängen am Griffbrett angewandt werden können. Die Übung selbst werde ich der Einfachheit halber Leistenhängen nennen, obwohl natürlich genauso gut an Slopern, Taschen oder Fingerlöchern trainiert werden kann.

Grundsätzliches: Bevor du deine Session am Griffbrett beginnst, steht eine umfassende Erwärmung auf dem Programm, die aus allgemeinen Aufwärmübungen und mindestens zehn bis 15 Minuten leichtem Bouldern besteht. Andernfalls ist das Verletzungsrisiko bei allen Protokollen hoch. Beim Training selbst ist die richtige Haltung sowohl der Finger als auch des Körpers entscheidend. Trainiert wird mit offenem oder halb aufgestelltem Griff, während die Arme leicht gebeugt sind und die Schultern nach unten gezogen werden - in etwa so, als würdest du zum Klimmzug ansetzen, dich aber nicht über die ersten Zentimeter der Bewegung hinaus nach oben ziehen.

Beim Leistenhängen ist die korrekte Fingerhaltung für die Verletzungsfreiheit und Effizienz entscheidend. Hier im Bild der offene Griff an drei Fingern, die dabei nahezu vollständig gestreckt sind.

Wird mit vier Fingern gegriffen, wechselt man beinahe automatisch in den halboffenen Griff, der für das Training ebenfalls in Ordnung ist.

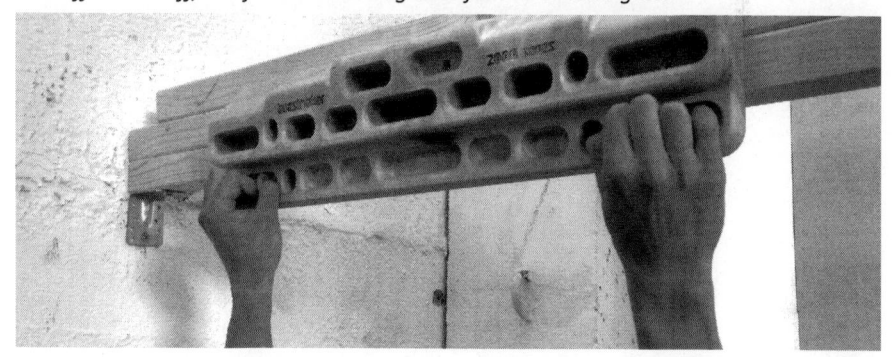

Die aufgestellte Handposition bleibt am Griffbrett und am Campusboard tabu. Zwar vermittelt sie das Gefühl sicheren Halts, belastet die passiven Strukturen aber besonders stark. Das verringert den Trainingsreiz und erhöht das Verletzungsrisiko.

Der physische Aspekt - fit für den nächsten Grad

Leistenhängen nach dem 7/3-Schema				
Anspruch	geeignet für	trainiert	Ziel	Umfang
hoch	Fortgeschrittene Trainingsprofis	Finger	Kraftausdauer Maximalkraft	3 bis 5 Sätze mit 6 Wiederholungen

Das 7/3-Protokoll ist meiner Meinung nach ein guter Einstieg ins Training am Griffbrett, weil es selbst an relativ großen Griffen fordernd ist und die Erschöpfung schnell genug eintritt, um ein effizientes Kraft- und Kraftausdauertraining zu ermöglichen. Als Hilfsmittel bietet sich ein Intervalltimer an, der zum Beispiel als App auf das Smartphone geladen werden kann. Das Tool spart dir das Zählen der Sekunden und verhindert, dass du die Be- und Entlastungsphase zu kurz oder zu lang hältst.

Das Prinzip ist einfach: Zu einem Satz gehören sechs Wiederholungen, wobei jede Wiederholung aus einer siebensekündigen Belastungsphase besteht, auf die eine drei Sekunden lange Pause folgt. Du startest deinen Satz also damit, dich für sieben Sekunden an Griffe deiner Wahl zu hängen und hast im Anschluss drei Sekunden Zeit, Kraft zu tanken (erste Wiederholung), bevor du ein weiteres Mal für sieben Sekunden am Griffbrett hängst (zweite Wiederholung). Komplett ist der Satz nach der sechsten Belastungsphase. Danach kannst du deinen Fingern drei Minuten Pause gönnen, bevor die nächste Serie startet.

Diese Methode imitiert die typischen An- und Entspannungsphasen der Unterarmmuskulatur beim Klettern, in denen sich relativ lange Belastungszeiten mit vermindertem oder völlig gestopptem Blutfluss mit solchen abwechseln, in denen das Blut wieder in die Muskeln fließen kann. Weil die Gesamtbelastungszeit eine Minute pro Satz nicht überschreitet und spätestens die letzten Wiederholungen einer Serie sehr anstrengend sein sollten - andernfalls sind die gewählten Griffe zu groß - bereitet man sich damit auf Anforderungen vor, wie sie beispielsweise beim Klettern eines längeren Boulders gestellt werden. Die Spezifität des 7/3-Protokolls ist für das Bouldertraining folglich sehr hoch. Nichtsdestotrotz bietet es sich an, im Rahmen verschiedener Mesozyklen mit unterschiedlichen Pausen und Belastungszeiten innerhalb eines Satzes zu experimentieren, um dem Gewöhnungseffekt entgegenzuwirken. Üblich sind beispielsweise auch Repeaters, wie die Übung im englischen Sprachraum genannt wird, bei denen sich zehnsekündiges Hängen mit fünf Sekunden Pause abwechseln. Allzu lange Belastungsphasen sind für Boulderer allerdings nicht empfehlenswert, da sich das Training dann zunehmend in den Bereich der weniger wichtigen Ausdauer verschiebt. Bevor du dich also 30 Sekunden am Stück ans Griffbrett hängst, weil die Übung nicht mehr anstrengt, ist es besser, kleinere Griffe zu wählen, an weniger Fingern zu hängen oder etwas Zusatzgewicht zu verwenden.

Übrigens: Das Hängtraining nach diesem Schema eignet sich sehr gut, um Schwächen bei bestimmten Griffarten auszubügeln. Anstatt also beispielsweise Taschen zu nutzen,

Übungen am Griffbrett

weil sie deinen Stärken entgegen kommen, solltest du die Griffform wählen, die dir die meisten Schwierigkeiten bereitet.

Leistenhängen mit Minimalkontakt				
Anspruch	geeignet für	trainiert	Ziel	Umfang
hoch	Fortgeschrittene Trainingsprofis	Finger	Maximalkraft	2 bis 5 Sätze mit 3 Wiederholungen

Als reines Maximalkrafttraining hat sich das Hängen an besonders kleinen Leisten bewährt. Weil die Belastungen für das Nervensystem und den Körper dabei sehr hoch ausfallen, sind nur wenige Sätze mit geringen Wiederholungszahlen und kurzen Belastungszeiten notwendig. Zusätzlich wird beim Maximalkrafttraining in dieser Form nicht bis zum Muskelversagen trainiert. Heißt in der Praxis: Beim Leistenhängen mit Minimalkontakt sucht man sich den kleinstmöglichen Griff, den man über einen Zeitraum von etwa 15 Sekunden halten kann. Die tatsächlichen Belastungszeiten liegen beim Training dann aber bei zwölf Sekunden.

Die Pausen zwischen den einzelnen Wiederholungen eines Satzes fallen deutlich länger als bei den oben beschriebenen Repeaters aus. Ist eine zwölfsekündige Belastungsphase abgeschlossen, folgen drei Minuten Pause, bevor die nächste Wiederholung angegangen wird. Drei Durchgänge werden zu einem Satz zusammengefasst, auf den eine längere Pause von fünf Minuten folgt. Im Anschluss kann eine weitere Serie an den gleichen oder anderen Griffen absolviert werden. Am Anfang sollte man sich auf zwei Sätze und ein wöchentlich nur einmal ausgeführtes Minimalkontakttraining beschränken. Dass dabei anders als bei den Repeatern keine dicken Unterarme aufkommen, ist übrigens normal und darf nicht als Zeichen missverstanden werden, man habe zu wenig Einsatz gezeigt. Das Ausbleiben des sogenannten Pumps liegt in den kurzen Belastungs- und langen Pausenzeiten begründet.

Leistenhängen mit Zusatzgewicht				
Anspruch	geeignet für	trainiert	Ziel	Umfang
sehr hoch	Trainingsprofis	Finger	Maximalkraft	2 bis 5 Sätze mit 3 Wiederholungen

Steigert sich die Maximalkraft mit der Zeit immer weiter, wird das Training nach dem Minimalkontaktprinzip unpraktikabel, weil die Griffe derart klein gewählt werden müssen, dass nicht mehr allein die Kraft, sondern auch die Belastbarkeit des Gewebes der Fingerkuppe zum limitierenden Faktor wird. Da das Leistenhängen dann mit Hautverletzungen verbunden sein kann, bietet es sich an, zu größeren Leisten zurückzukehren und den Anspruch mit Zusatzgewicht zu erhöhen. Wie

Der physische Aspekt - fit für den nächsten Grad

beim Hypergravity-Bouldern kann dafür eine Gewichtsweste verwendet werden. Alternativ lassen sich aber auch Gewichte an einen Klettergurt oder einen mit Gurtband improvisierten Gürtel hängen. Am System ändert sich im Vergleich zur Minimalkontaktmethode nichts. Lediglich bei der Wahl der Leisten oder Taschen solltest du darauf achten, solche mit abgerundeten Kanten zu nutzen. Diese sind angenehmer zu halten und reduzieren den Stress, dem die passiven Strukturen ausgesetzt sind. Andernfalls können auch Griffe, die du beim Training mit dem eigenen Körpergewicht problemlos halten konntest, für schmerzhafte Erfahrungen sorgen.

Einarmiges Leistenhängen				
Anspruch	geeignet für	trainiert	Ziel	Umfang
sehr hoch extrem	Trainingsprofis	Finger	Maximalkraft	2 bis 5 Sätze mit 3 Wiederholungen

Einarmiges Leistenhängen ist gewissermaßen die Königsdisziplin beim Griffbretttraining und Kletterern vorbehalten, die selbst mit Zusatzgewicht beim beidarmigen Hängen keine Fortschritte mehr erzielen oder Gewichte verwenden müssen, die schlicht unpraktikabel sind. In abgewandelter Form kann es allerdings auch verwendet werden, wenn man eine Steigerung zum Minimalkontakt sucht, die ohne Zusatzgewicht auskommt. In dem Fall hängt man einhändig und nutzt die zweite Hand nur zur Entlastung.

Während sich am Trainingsprotokoll auch bei dieser Variante im Vergleich zum Minimalkontakt nichts verändert, gibt es kleine Unterschiede in der korrekten Körperhaltung. Um langfristig keine Probleme zu bekommen, wird der Haltearm beim einarmigen Hängen etwas stärker gebeugt und bei etwa 30 Grad blockiert. Darüber hinaus bietet es sich an, abwechselnd mit rechts und links zu trainieren. Zusätzliche Pausen sind dabei nicht nötig. Startet man den ersten Durchgang mit der linken Hand, kann die rechte direkt im Anschluss trainiert werden, bevor drei Minuten pausiert wird.

Erholungspausen effizient nutzen
Folgst du den oben beschriebenen Trainingsmethoden zur Verbesserung der Maximalkraft, ergeben sich längere Leerlaufzeiten, die nicht zwangsläufig ungenutzt bleiben müssen. Hast du das Griffbrett nicht gerade in den eigenen vier Wänden und kannst zwischendurch anderen Aufgaben nachgehen, sondern musst zum Training in die Halle, macht es Sinn, die Pausen mit weiteren Übungen zu füllen. Das ist problemlos möglich, sofern beachtet wird, dass diese keine zusätzliche Beanspruchung der Fingerbeugermuskulatur darstellen dürfen. Denkbar wäre also, dass du das Griffbrett- mit Ergänzungstraining oder mentalen und Technikübungen kombinierst. Gegen Körperspannungsübungen am Boden,

das Balancieren an der Boulderwand (Freihandklettern) oder die Arbeit an der Fähigkeit, Boulder zu lesen, ist beispielsweise nichts einzuwenden. Anders liegt der Fall bei Klimmzügen, dem Traversieren oder dem Klettern leichter Boulder. Selbst wenn nur sehr große Griffe verwendet werden, würde dies die Erholung stören und ist damit als Pausenfüller tabu.

Übungen am Campusboard

Seit seiner Entwicklung in den 1980er Jahren ist das Campusboard aus dem Klettersport nicht mehr wegzudenken. Stand das erste Modell noch in einem Nürnberger Fitnessstudio namens Campus - daher die Bezeichnung - sind die leistenbestückten Wände heute in jeder gut ausgestatteten Boulder- und Kletterhalle zu finden. Als Trainingsgerät für die Finger- und Oberkörperkraft sowie Explosivität hat es einige der schwersten Kletterrouten der Welt überhaupt erst möglich gemacht. Eine dieser Touren ist die legendäre Action Directe im Frankenjura, mit der Wolfgang Güllich den elften UIAA-Klettergrad eröffnete und die bis heute als Fitnesstest für Profiathleten gilt. Natürlich muss man kein Spitzensportler sein, um vom Training am Campusboard zu profitieren. Mehrjährige Klettererfahrung und ein an der Boulderwand und am Griffbrett auf die Belastungen vorbereiteter Körper sind für das Training an diesem Gerät aber unerlässlich.

Motivation, sich zu schinden, sollte man ebenfalls mitbringen, denn auch wenn es effektiv ist, kann man dem Board kaum nachsagen, es wäre vielseitig. Obwohl es zahlreiche Übungen gibt, sind diese mit Ausnahme von Doppeldynos allesamt Varianten des Hangelns. Unterschiede ergeben sich durch die gewählte Leistengröße, die Weite der Züge und das Tempo der Ausführung. Wer auf abwechslungsreiche Bewegungen Wert legt, wird hier also nur bedingt fündig.

An dieser Stelle möchte ich noch einmal daran erinnern, dass die Explosivität der Bewegung über die trainierte Kraftart entscheidet. Am Campusboard kann sowohl die Maximalkraft und Kraftausdauer als auch die Schnellkraft verbessert werden. Während bei ersteren ruhige und kontrollierte Bewegungen an verschiedenen Leistengrößen (je kleiner desto fingerlastiger) absolviert werden müssen, ist für das Schnellkrafttraining eine explosive Ausführung entscheidend. Bei den meisten im Folgenden vorgestellten Übungen macht das Tempo den Unterschied, was es dir erlaubt, sie entsprechend an deine Schwächen anzupassen. Lediglich bei den zuletzt gezeigten Dyno-Variationen liegt der Fokus immer auf der Schnellkraftentwicklung, was in der Natur dynamischer Bewegungen liegt.

Der physische Aspekt - fit für den nächsten Grad

Campusboard-Blockieren				
Anspruch	geeignet für	trainiert	Ziel	Umfang
niedrig bis sehr hoch	Anfänger Fortgeschrittene Trainingsprofis	Arme, Rücken, Schultern, Finger, Rumpf	Kraftausdauer Maximalkraft	3 bis 5 Sätze

Obwohl ich bereits mehrfach darauf hingewiesen habe, dass das Campusboard kein Gerät für Trainingsneulinge ist, trifft das zumindest auf die erste in diesem Abschnitt vorgestellte Übung nur bedingt zu. Weil beim Campusboard-Blockieren ohne Schwung gearbeitet wird, halten sich die Belastungsspitzen in Grenzen. Gleichzeitig ist es möglich und zum Einstieg sinnvoll, den Oberkörper mit den Füßen zu unterstützen, sodass auch die statische Belastung der Finger, Schultern und Ellenbogen gut an die eigene Leistungsfähigkeit angepasst werden kann. Starke Athleten können die Übung natürlich auch frei hängend absolvieren, was die Schwierigkeit deutlich erhöht.

Wie beim Pendant an der Klimmzugstange ist es Ziel des Blockierens am Campusboard, die Fähigkeit zu verbessern, den Körper am angewinkelten Arm zu halten, um weite Züge zu erleichtern. Genau genommen ist es sogar sinnvoll, das Campusboard-Blockieren als Vorübung zum Blockieren an der Stange zu nutzen. Bei der Durchführung wird mit beiden Händen an der gleichen Leiste gestartet, die Füße stehen auf der Trittleiste unterhalb des Boards oder in Wandnähe auf dem Boden, sollte es nichts dergleichen geben. Anschließend ziehst du beide Arme an,

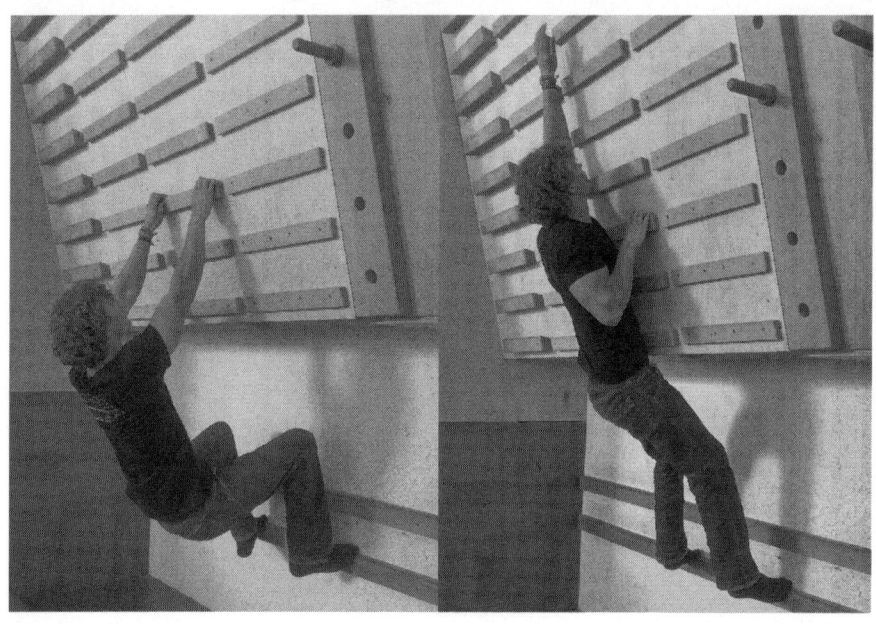

Übungen am Campusboard

löst einen und streckst ihn nach oben, als würdest du eine weit entfernte Leiste fassen wollen, allerdings ohne die Hand tatsächlich abzulegen. Diese Position wird für etwa fünf Sekunden gehalten, bevor du dich kontrolliert ablässt und die Bewegung mit der anderen Seite wiederholst. Nach jeweils drei Durchgängen pro Seite, also insgesamt sechs Wiederholungen, ist ein Satz abgeschlossen, woraufhin eine dreiminütigen Pause folgt.

Dazugreifen				
Anspruch	geeignet für	trainiert	Ziel	Umfang
mittel	Fortgeschrittene Trainingsprofis	Arme, Rücken, Schultern, Finger, Rumpf	Kraftausdauer Maximalkraft	3 bis 5 Sätze

Eine ebenfalls relativ einfache Übung und meist die erste, die jeder am Campusboard ausprobiert, ist das Aufwärtshangeln. Weil die Kraft für längere Züge zu Beginn noch nicht ausreicht, werden die Leisten beim Weiterfassen aber nicht immer abwechselnd mit der rechten oder linken Hand gegriffen, sondern mit beiden Händen gedoppelt. Das macht es einfacher, nach oben zu kommen, und ist gleichzeitig eine gute Möglichkeit, die Basis für schwerere Übungen zu legen. Als Übungsbezeichnung für diese Art des Hangelns hat sich „Dazugreifen" etabliert.

Beim Dazugreifen startest du mit beiden Händen an der gleichen Leiste, ziehst mit einer nach oben und holst die andere nach, bevor du mit ebendieser zur nächsten Leiste weitergreifst, um dann die erste Hand nachzuziehen und dich so nach oben zu arbeiten. Pro Satz solltest du zwischen fünf bis zehn Züge absolvieren und dann drei Minuten Pause einlegen. Bist du in der Lage, dich abzulassen, ohne dabei viel Schwung aufzubauen, kannst du in gleicher Weise auch abwärts hangeln, was noch etwas anspruchsvoller als der Weg nach oben ist. Eine weitere Möglichkeit, die Schwierigkeit anzuheben, ist es, beim Hoch- und Nachgreifen Leisten zu überspringen.

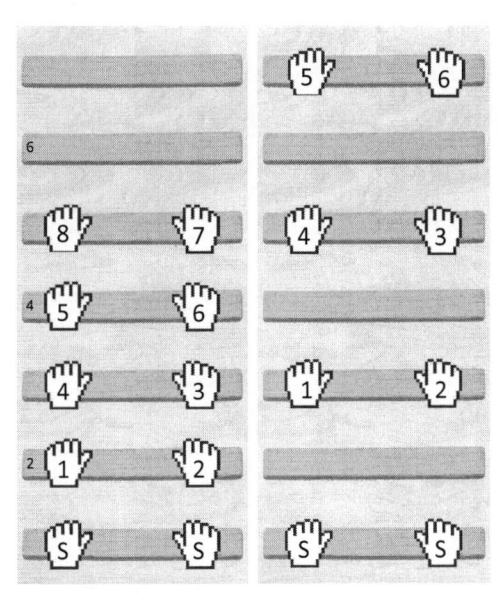

Das Bewegungsschema beim Dazugreifen: links ohne Auslassen einer Leiste, rechts mit Überspringen.

Der physische Aspekt - fit für den nächsten Grad

Übrigens: Wird das Dazugreifen an entsprechend großen Leisten ausgeführt, ist diese Übung durchaus auch für fittere Anfänger geeignet. Voraussetzung ist natürlich, dass du in der Lage bist, dich ohne viel Schwung nach oben zu ziehen und die Bewegungen am leicht angewinkelten Arm bei angezogener Schulter auszuführen. Klappt das nicht, sind Übungen am Campusboard abgesehen vom zuvor beschriebenen Blockieren für deinen Leistungsstand noch zu anspruchsvoll.

Übergreifen				
Anspruch	geeignet für	trainiert	Ziel	Umfang
mittel bis sehr hoch	Fortgeschrittene Trainingsprofis	Arme, Rücken, Schultern, Finger, Rumpf	Maximalkraft (Schnellkraft)	3 bis 5 Sätze

Sobald das Dazugreifen beim Hangeln zu einer leichten Übung wird, macht es Sinn, zum Übergreifen zu wechseln. Dabei werden Leisten nicht mehr gedoppelt, sondern beim Nachholen der Hand über die erste hinaus gegriffen. In der einfachsten Variante hangelt man das Campusboard wie eine Leiter nach oben, anspruchsvoller wird es, wenn du Leisten auslässt.

Eine der bekanntesten Varianten des Übergreifens ist die 1-4-7-Bewegung. Der Name leitet sich dabei von der Abfolge der verwendeten Leisten ab. Von der

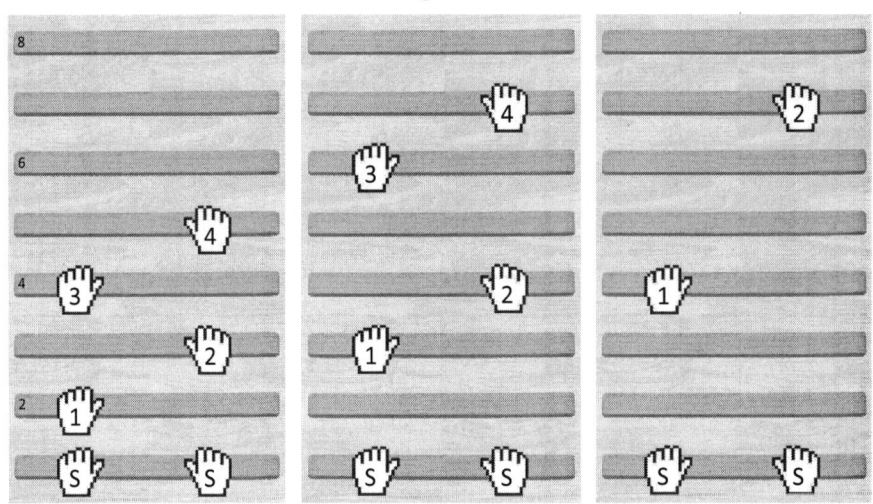

Beim Übergreifen kann nach verschiedenen Bewegungsschemata trainiert werden. Am einfachsten ist die 1-2-3-Variante aus dem linken Bild. Der nächste Schritt wäre das 1-3-4-Schema (Mitte), bei dem bereits eine Leiste ausgelassen wird. Als besonders anspruchsvoll gelten Varianten wie die rechts abgebildete 1-4-7-Bewegung, bei der gleich mehrere Leisten übersprungen werden.

Startleiste geht es hier zur vierten und mit der zweiten Hand direkt zur siebten Leiste. Selbst für überdurchschnittliche Kletterer ist das eine Herausforderung, weil der gesamte Körper beim Zug zur 7 zumindest für einen Augenblick nur an einer Hand hängt. Die Hauptlast tragen dabei die Muskeln des Rückens und des Oberarms.

Generell tritt die Fingerkraft beim Übergreifen etwas in den Hintergrund, weshalb es sinnvoll ist, an Leisten zu trainieren, die dem eigenen Leistungsstand entsprechend als mittelgroß gelten können. Außerdem ist es wichtig, beide Körperhälften gleichmäßig zu trainieren - insbesondere dann, wenn die Bewegungen einem ungleichmäßigen Schema wie 1-3-4 folgen, die dann sowohl mit rechts und mit links startend absolviert werden müssen. Pro Satz wird das gewählte Muster ein bis drei Mal pro Seite wiederholt. Dann folgt eine mindestens drei Minuten lange Pause.

Hangelquadrat				
Anspruch	geeignet für	trainiert	Ziel	Umfang
mittel bis sehr hoch	Fortgeschrittene Trainingsprofis	Arme, Rücken, Schultern, Finger, Rumpf	Maximalkraft Kraftausdauer (Schnellkraft)	3 bis 5 Sätze

Beim Hangelquadrat handelt es sich um eine weitere Übung für fortgeschrittene Campusboarder, die als Nachfolger zum Dazugreifen trainiert werden kann. Weil hier Abwärtsbewegungen fester Bestandteil sind, die mit hohen Belastungsspitzen einhergehen, ist es nicht empfehlenswert, diese Übung zu schnell ins Training aufzunehmen. Wenn du noch nicht in der Lage bist, beim Dazugreifen Leisten zu überspringen oder kontrolliert abwärts zu hangeln, ist das Hangelquadrat nur etwas für dich, wenn das von dir verwendete Campusboard Trittleisten besitzt und du den Oberkörper mit den Füßen entlasten kannst.

Beim Hangelquadrat wird üblicherweise mindestens eine Leiste übersprungen. Soll der Anspruch erhöht werden, kann man natürlich auch zwei, drei oder mehr Leisten auslassen. In der Ausgangsposition befinden sich beide Hände auf gleicher Höhe, bevor erst die eine und dann die andere zur Zielleiste gebracht wird. Im Anschluss geht es in umgekehrter Richtung nach unten. Die Hand, die zuerst nach oben gegriffen hat, wird auf die Ausgangsleiste gelegt, bevor auch die zweite dazu zieht. Folgt eine weitere Wiederholung, wird das Quadrat mit der anderen Hand beginnend ein zweites Mal gehangelt.

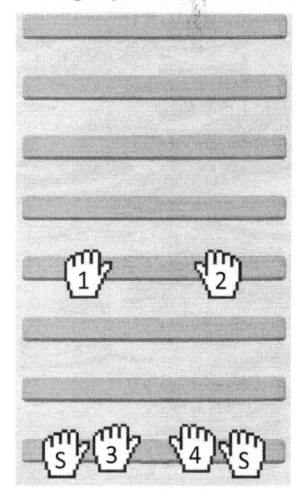

Der physische Aspekt - fit für den nächsten Grad

Absolvierst du das Hangelquadrat ohne Unterstützung der Füße, muss beim Ablassen der gesamte Schwung vom Oberkörper gehalten werden, was sowohl Finger als auch Schultern und Ellenbogen stark belastet. Deshalb ist es besser, die Übung an größeren Leisten und mit geringer Zugweite zu trainieren. Pro Satz werden ein bis drei Quadrate geklettert. Wählt man eine ungerade Zahl, ist es wichtig, den nächsten Satz mit jeweils der anderen Hand zu beginnen und eine gerade Anzahl an Sätzen abzuschließen, um eine gleichmäßige Belastung beider Körperhälften zu gewährleisten. Die Pausenzeiten zwischen den Sätzen sollten bei mindestens drei Minuten liegen.

Einarmige Dynos stehend				
Anspruch	geeignet für	trainiert	Ziel	Umfang
mittel bis sehr hoch	Fortgeschrittene Trainingsprofis	Finger, Arme, Rücken, Schultern, Rumpf	Schnellkraft	3 bis 5 Sätze

Eine typische Übung zum Einstieg ins dynamische Training am Campusboard sind einarmige Dynos. Sie trainieren vor allem die Kontaktkraft der Finger, bereiten aber auch die Zugmuskulatur auf anspruchsvollere dynamische Übungen vor. Falls vor deinem inneren Auge jetzt Bilder entstanden sind, die zeigen, wie du dich verzweifelt an einem Arm die Leisten hochwuchtest, hier ein Wort der Entwarnung: Diese Übung wird nicht frei hängend absolviert, die Füße bleiben auf dem Boden oder - falls vorhanden - werden auf die Trittleisten am Campusboard gestellt. Fehlen diese, solltest du deine Füße möglichst nahe an der Wand platzieren, damit die Hände zwar entlastet werden, du aber nicht frei stehen kannst.

Die Übung beginnst du mit einem Arm an der zweiten oder dritten Leiste des Boards hängend, ziehst den Körper heran und lässt dich dann auf die darunterliegende Leiste fallen. Hast du diese gefangen, geht es möglichst ohne Unterbrechung der Bewegung wieder nach oben. Sobald du langsamer wirst, ist der andere Arm an der

Reihe. Das sollte nach etwa acht bis zwölf Wiederholungen oder zehn Sekunden durchgängigem Auf und Ab der Fall sein. Nachdem beide Arme trainiert wurden, ist ein Satz abgeschlossen und es folgt eine Pause von mindestens drei Minuten.

Weil die Belastungsspitzen bei derartigen Bewegungen hoch sind, macht es Sinn, an den größten Leisten zu beginnen und erst mit zunehmender Trainingserfahrung an kleinere zu wechseln. Zu großer Ehrgeiz ist hier eher kontraproduktiv.

Weiterschnappen				
Anspruch	geeignet für	trainiert	Ziel	Umfang
mittel bis sehr hoch	Fortgeschrittene Trainingsprofis	Finger, Arme, Rücken, Schultern, Rumpf	Schnellkraft	3 bis 5 Sätze

Eine Alternative zum einarmigen Dyno stellt das Weiterschnappen dar. Vorteil ist hier die koordinativ etwas weniger anspruchsvolle Bewegung, während es ebenfalls möglich ist, den Oberkörper mit den Füßen zu entlasten. Da die Übung ebenso frei hängend trainiert werden kann, ist sie aber auch für Boulderer interessant, die sich von oben erklärten einarmigen Dynos nicht mehr gefordert fühlen.

Die Ausführung ist denkbar einfach: Mit beiden Händen an der gleichen Leiste beginnend wird eine Hand immer weiter nach oben gezogen, während die andere auf der Startleiste bleibt. Auf diese Weise werden gleichzeitig die Kontraktionsgeschwindigkeit der Fingermuskulatur der einen und die Blockierkraft der anderen Körperseite trainiert. Ist die Leiste erreicht, die knapp unter der eigenen Maximalreichweite liegt (auch nach dem letzten Weiterschnappen sollten Schulter und Arm nicht komplett gestreckt sein), lässt du dich ab, und wiederholst das Spiel mit der anderen Hand. Wurden beide Seiten trainiert, ist ein Satz abgeschlossen und es folgt eine Pause von etwa drei Minuten.

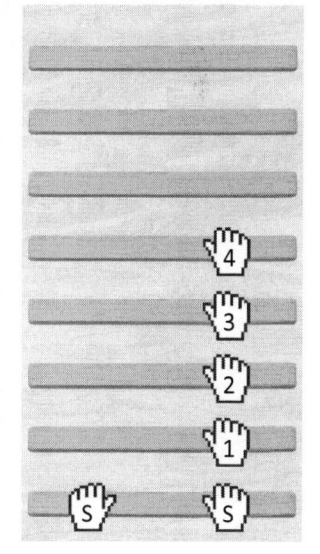

Um den Wechsel vom mit den Füßen entlasteten zum frei hängenden Weiterschnappen zu schaffen, brauchen viele Kletterer etwas Zeit. Damit die Übung trotzdem eine ausreichende Herausforderung darstellt, kannst du beim Training immer kleinere Leisten oder in der Übergangsphase nur noch einen Fuß statt beider zur Entlastung nutzen. Leisten zu überspringen oder abwärts zu schnappen macht für diese Übung hingegen keinen Sinn, weil dadurch die Blockierfähigkeit des Haltearms eine weniger große Rolle spielt.

Der physische Aspekt - fit für den nächsten Grad

Einarmige Dynos hängend				
Anspruch	geeignet für	trainiert	Ziel	Umfang
mittel bis sehr hoch	Fortgeschrittene Trainingsprofis	Finger, Arme, Rücken, Schultern, Rumpf	Schnellkraft	3 bis 5 Sätze

Geht es nicht so sehr um die Blockierfähigkeit, sondern um die Explosivität der Zugmuskulatur, ist das Überspringen von Leisten durchaus eine gute Trainingsmethode. Bei der Übung handelt es sich dann um im Hängen ausgeführte einarmige Dynos. Für diese startest du mit beiden Händen an der gleichen Leiste, hebst die Beine vom Boden und explodierst anschließend mit der Kraft deiner Arm- und Rückenmuskulatur nach oben. Aus der Bewegung heraus greifst du mit einer Hand weiter und versuchst, mindestens zwei Leisten zu überspringen. Die Zielleiste sollte sicher gehalten werden und Arm sowie Schulter in der Endposition nicht komplett gestreckt sein.

Je nach Leistungsstand gibt es nun drei Möglichkeiten: Hast du noch wenig Erfahrung mit dem Training dynamischer Bewegungen, ist es zur Verletzungsprävention sinnvoll, direkt auf den Boden zurückzukehren und die nächste Wiederholung zu starten, ohne wieder abwärts zu hangeln (zu sehen im Bild links unten). Fühlst du dich in dynamischen Bewegungen bereits sicher, kannst du dich durch Abwärtsschnappen an den übersprungenen Leisten wieder in die Ausgangsposition zurückarbeiten (Mitte). Die letzte Möglichkeit wäre, auf den einarmigen Dyno nach oben einen einarmigen Dyno zur Ausgangsleiste folgen zu lassen (rechts). Weil dabei je nach Entfernung sehr hohe Belastungsspitzen auftreten, ist dieses Auf und Ab allerdings nur für erfahrene Campusboard-Gänger geeignet.

Die Wiederholungszahlen bei hängenden einarmigen Dynos sollten bei zwei bis drei pro Seite und Satz liegen. Anschließend folgt eine etwa dreiminütige Pause.

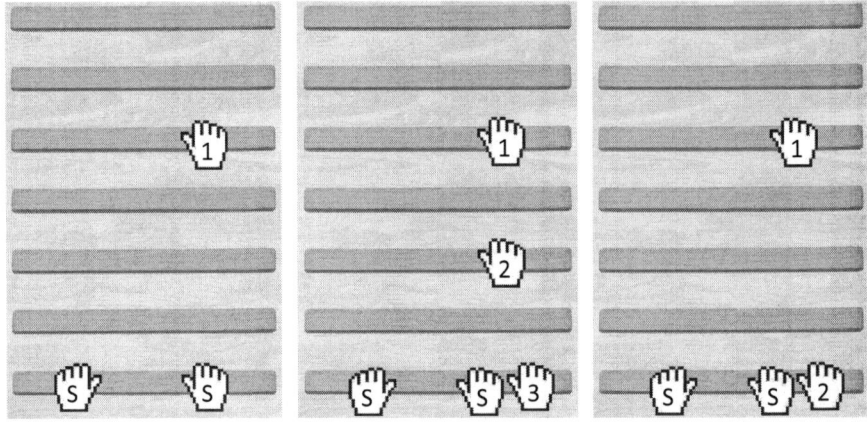

Übungen am Campusboard

Doppeldynos				
Anspruch	geeignet für	trainiert	Ziel	Umfang
hoch bis extrem	Fortgeschrittene Trainingsprofis	Finger, Arme, Rücken, Schultern, Rumpf	Schnellkraft	2 bis 5 Sätze

Doppeldynos gehören zu den schwersten Übungen am Campusboard und sollten von dir erst angegangen werden, wenn du mehrere Jahre Klettererfahrung vorweisen kannst, es kein Problem ist, das Board an kleinen Leisten auf und ab zu hangeln, und du keine Verletzungsbeschwerden an Schultern, Armen und Fingern hast. Trifft all das zu und du baust die Übung zum ersten Mal in dein Training ein, ist es außerdem sinnvoll, den Oberkörper mit den Füßen zu entlasten, um keine sofortige Überlastung zu riskieren. Weil bei der frei hängenden Variante das gesamte Körpergewicht mitsamt Schwung gebremst und beschleunigt werden muss, können Verletzungen ohne Vorwarnung auftreten.

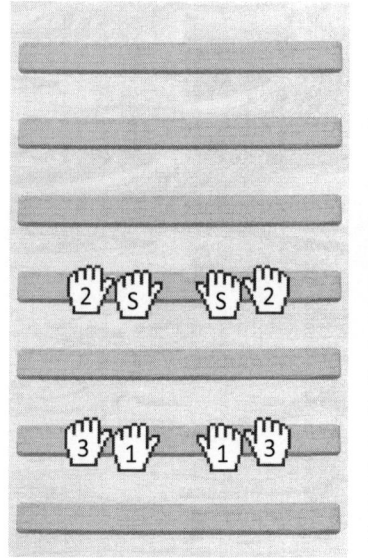

Wie beim einarmigen Dyno beginnst du die Übung auf der zweiten oder dritten Leiste des Boards und legst dort beide Hände ab. Anschließend ziehst du dich mit Schwung in Richtung Wand und lässt dich auf die darunterliegende Leiste fallen. Sobald du den Fall gebremst hast, beginnt die Umkehrbewegung, aus der heraus du wieder nach oben schnappst, um dann ohne Unterbrechung wieder abwärts zu springen. Verschnaufpausen gibt es während eines Satzes nicht. Abgeschlossen ist dieser, sobald dein Tempo nachlässt oder nachdem du zehn Sprünge hinter dich gebracht hast. Dauert das merklich länger als zehn Sekunden, bist du zu langsam unterwegs und solltest zu größeren Leisten wechseln. Die Pausenzeiten zwischen Sätzen liegen auch hier bei etwa drei Minuten.

Generell entscheiden die Leistengröße und der Abstand darüber, ob stärker die Kontaktkraft der Finger, also die Rekrutierungsgeschwindigkeit der Fingerbeuger, oder die Explosivität der Zugmuskulatur des Rumpfes trainiert wird. Wählst du kleinere Leisten und bewegst dich nur zwischen zwei direkt benachbarten, sind eher die Finger gefragt. Überspringst du Leisten, wird die Zugmuskulatur stärker gefordert. Kleine Leisten und weite Sprünge zu kombinieren, ist quasi die Königsdisziplin, die selbstverständlich erst dann von dir in Angriff genommen werden sollte, wenn du sicher bist, dass dein Körper dieser Herausforderung gewachsen ist.

Der physische Aspekt - fit für den nächsten Grad

Dynamischer Handwechsel				
Anspruch	geeignet für	trainiert	Ziel	Umfang
hoch bis extrem	Fortgeschrittene Trainingsprofis	Finger, Arme, Rücken, Schultern, Rumpf	Schnellkraft	2 bis 5 Sätze

Wenn du den koordinativen Anspruch etwas in die Höhe treiben willst, kannst du dich an dynamischen Handwechseln versuchen. Dabei werden die Hände zum Start auf der zweiten und dritten Leiste des Campusboards abgelegt, der Körper an die Wand gezogen und die Handposition augenblicklich getauscht. Das heißt, dass die obere Hand im gleichen Moment auf die untere Leiste wandert, in dem die untere zur oberen Leiste greift. Wie bei allen Schnellkraftübungen kommt es dabei auf ein hohes Tempo an. Die Bewegungen musst du also fließend absolvieren, ohne zwischen den Wechseln Pausen einzulegen. Nach spätestens zehn Handwechseln ist ein Satz abgeschlossen, sofern du das Tempo über diesen Zeitraum aufrechterhalten kannst. Danach nimmst du dir mindestens drei Minuten Zeit, bis du die nächste Runde angehst.

Zum Einstieg ins Training dynamischer Handwechsel solltest du Leistengrößen wählen, die du bequem halten kannst. Außerdem ist es auch hier sinnvoll, den Körper zu Beginn mit den Füßen zu entlasten.

Ergänzungstraining

Ergänzungstraining zählt bei den meisten Hobbykletterern zu den Dingen, über die gesagt wird, man müsste es eigentlich häufiger machen - wenn es überhaupt eine Rolle spielt. Viele begnügen sich damit, Übungen zu trainieren, von denen man sich einen positiven Einfluss auf die Leistung an der Wand verspricht, und verzichten auf solche, die in diesem Zusammenhang scheinbar wenig bringen. Wer dieser Ansicht anhängt, tut sich in doppelter Hinsicht keinen Gefallen. Zum einen haben Übungen, die allgemein als Ausgleichstraining gelten, ebenfalls positive Auswirkungen auf das Kletternkönnen, zum anderen wird auf diesem Weg die körperliche Gesundheit aufs Spiel gesetzt. Auch wenn es gemeinhin heißt, Klettern und Bouldern seien ein Ganzkörpertraining, ist das bei genauerer Betrachtung nicht ganz korrekt. Zwar wird der Körper sehr vielseitig belastet, einige Muskelgruppen wie die Beugemuskulatur der Arme, die Innenrotatoren der Schultern oder der Bauch sind aber stärker gefragt als ihre Gegenspieler. Trainierst du ausschließlich kletterspezifisch, forderst du deinen Körper folglich einseitig. Das kann verschiedene Auswirkungen haben. Ein typisches Ergebnis ist der Kletterrücken, bei dem die Schultern nach vorn kippen und der obere Rücken einrundet. Hervorgerufen wird dieser dadurch, dass die an der Bewegung der Schulter beteiligten Muskeln während des Trainings unterschiedlich belastet werden, aus dem Gleichgewicht geraten und die Schulter nach vorn ziehen. Anfangs mag das eher ein kosmetisches Problem sein, langfristig können aber Gelenkschmerzen folgen, die die Bewegung einschränken und nicht mehr ans Klettern denken lassen. Vernünftig ist es also, sich bereits um derartige Baustellen zu kümmern, bevor Probleme auftreten.

Ergänzungstraining sollte ein- bis zweimal in der Woche auf dem Plan stehen. Genügt die Zeit für separate Einheiten nicht, können einzelne Übungen den Abschluss jeder Klettereinheit bilden. Wichtig ist, dass am Ende einer Woche alle zu Dysbalancen neigenden Muskelpartien mindestens einmal ausgleichend trainiert wurden. Welche Muskeln das genau sind, hängt ein wenig von den eigenen Vorlieben ab. Wer beispielsweise gern im Dach klettert, wird einen stärkeren unteren Rücken haben als jemand, der eher in der Vertikalen unterwegs und deshalb weniger auf hohe Körperspannung angewiesen ist. Wo deine Defizite liegen, wird spätestens dann klar, wenn dir Übungen schwer fallen, die deinem Leistungsstand entsprechend eigentlich kein Problem sein sollten. Dann ist es sinnvoll, diesen Bereichen etwas mehr Aufmerksamkeit zu schenken, indem du die Übung beispielsweise an den Anfang deines Ergänzungstrainings stellst, um sie mit frischen Kraftreserven durchführen zu können. Unabhängig von deinen Stärken und Schwächen sollten immer Übungen zum Aufbau der Stützmuskulatur des Oberkörpers, der Muskeln des Rumpfes sowie der Beine und der Außenrotation der Schultern vertreten sein. Die untere Körperhälfte wird von Kletterern zwar gern stiefmütterlich behandelt, beim Bouldern,

Der physische Aspekt - fit für den nächsten Grad

insbesondere bei Dynos und in Dachrouten, spielt sie aber eine große Rolle. In einem guten Plan ist das Beintraining deshalb ebenfalls fester Bestandteil, wenn auch nicht so zentral wie etwa Ergänzungsübungen für die Gesunderhaltung der Schulter.

Übungen an der Klimmzugstange

Wie bereits im Abschnitt zu den kletterspezifischen Übungen erwähnt, kann die Klimmzugstange vielseitig eingesetzt werden. In diesem Abschnitt folgt nun eine Auswahl an Übungen, die eher ergänzend trainiert werden können. Der Fokus liegt dabei auf der Körperspannung. Einen kleinen Haken hat die Klimmzugstange allerdings: Zwar sind hier auch Arme, Schultern und oberer Rücken gefragt, deren Beanspruchung gleicht aber eher dem Klettern, weil im Hängen trainiert wird. Wenn du also einem Ungleichgewicht in diesen Muskelpartien vorbeugen willst, ist die Klimmzugstange die falsche Wahl.

Beinheben				
Anspruch	geeignet für	trainiert	Ziel	Umfang
niedrig bis mittel	Anfänger Fortgeschrittene Trainingsprofis	Rumpf, Arme	Körperspannung (Front)	3 bis 5 Sätze

Beinheben ist eine der einfachsten Übungen, um mit dem Körperspannungstraining zu beginnen. Im Fokus steht hier die Stärkung der Bauchmuskulatur, was vor allem dann nützlich ist, wenn die Füße in steilen Bouldern den Halt verlieren und wieder an die Wand gesetzt werden müssen. Fortgeschrittene Boulderer sollten in der Lage sein, zumindest einige Wiederholungen durchzuführen und können sich deshalb eher an den ähnlichen, aber anspruchsvolleren Bauchaufzügen oder dem Scheibenwischer versuchen. Die Übung ist allerdings auch als Vorbereitung für die im ersten Klimmzugstangen-Kapitel vorgestellten Pointer sinnvoll, sollten diese noch zu schwer sein.

Beim Beinheben hängst du dich im Obergriff (Handflächen zeigen nach unten) an die Klimmzugstange und beginnst, die gestreckten Beine langsam und kontrolliert nach oben zu ziehen. Der Endpunkt der Bewegung ist erreicht, wenn die Beine im 90-Grad-Winkel vom Oberkörper abstehen. Diese Position wird dann kurz gehalten, bevor du sie wieder absenkst. Über den gesamten Bewegungsradius nutzt du keinen Schwung und solltest dementsprechend auch nicht an der Stange pendeln. Misslingt dir das, dürfte es im Rumpf noch an der notwendigen Kraft fehlen. Dann kannst du damit beginnen, die Beine angewinkelt anzuziehen, was die Übung etwas einfacher macht. Fordert dich Beinheben in den oben beschriebenen Varianten kaum, kannst du die Beine auch weiter nach oben ziehen und zum Beispiel versuchen, die Füße auf Höhe der Hände zu bringen.

In jedem Fall solltest du pro Satz zwischen acht und zwölf Wiederholungen und während des Trainings zwei bis fünf Sätze absolvieren. Die dazwischenliegenden Pausen können zwei bis drei Minuten lang sein.

Schulterblatt-Klimmzüge				
Anspruch	geeignet für	trainiert	Ziel	Umfang
niedrig bis mittel	Anfänger Fortgeschrittene Trainingsprofis	oberer Rücken, Schultern	Verletzungsprävention (Schulter)	2 bis 3 Sätze

Schulterblatt-Klimmzüge sind eine Übung, die gleichzeitig kletterspezifisch ist und trotzdem der Verletzungsprävention dient. Sie gehört außerdem zu den wenigen Isolationsübungen, die ich für sinnvoll erachte, weil sie der Stabilisierung des Schulterblatts und der Schulter dienen und damit helfen können, eine Schwachstelle vieler Kletterer zu beseitigen. Wenn du regelmäßig Schulterblattklimmzüge in dein Training einbaust, wird es dir deutlich leichter fallen, bei dynamischen oder weiten Bewegungen die Schultern angezogen zu halten und damit das Gelenk zu schützen. Gleichzeitig wird es einfacher, wieder in diese Position zurückzukehren, selbst wenn Arm und Schulter nach einem Zug doch einmal komplett gestreckt sind. Da das hin und wieder die größte Schwierigkeit eines Boulders sein kann, können sich die Scapular Pull-ups, wie die Übung im Englischen heißt, auch direkt auf die Kletterleistung auswirken.

Schulterblatt-Klimmzüge sind keine Klimmzüge im eigentlichen Sinn, weil sie sich lediglich auf den untersten Teil der Bewegung konzentrieren und komplett ohne Arbeit der Arme auskommen. Die Bewegung wird ausschließlich durch die Aktivierung der Muskulatur des oberen Rückens ausgeführt. Dafür hängst du dich im Obergriff und mit leicht gebeugten Armen an die Klimmzugstange. Die Schultern sind entgegen der bisherigen Empfehlungen gestreckt, werden aber nicht locker gelassen, sondern unter Spannung gehalten. Aus dieser Position heraus versuchst du, deinen Körper nach oben zu bewegen, indem du die

Der physische Aspekt - fit für den nächsten Grad

Schulterblätter nach unten und zusammenziehst. Dabei kippt der Oberkörper leicht nach hinten und die Brust wird nach vorn herausgedrückt. Das Ende der Bewegung hast du erreicht, sobald du deinen Körper nur noch durch das Beugen der Arme weiter nach oben bringen könntest. Normalerweise ist der gesamte Bewegungsradius deshalb nur einige Zentimeter weit. Anschließend verharrst du einen Augenblick und lässt du dich dann wieder in die Ausgangsposition ab.

Sind dir frei hängende Schulterblatt-Klimmzüge zu schwer, kannst du sie auch am Campusboard absolvieren und dich mit den Füßen entlasten. Das macht Sinn, solange du nicht in der Lage bist, etwa sechs Wiederholungen ohne Unterstützung zu absolvieren. Zu Beginn genügen bereits zwei Sätze mit sechs bis zwölf Klimmzügen, später kann der Umfang auf drei Sätze erweitert werden. Zwischen den Sätzen sind zwei bis drei Minuten Pause empfehlenswert.

Scheibenwischer				
Anspruch	geeignet für	trainiert	Ziel	Umfang
mittel	Anfänger Fortgeschrittene Trainingsprofis	Rumpf, oberer Rücken, Arme	Körperspannung (Front)	3 bis 5 Sätze

Eine weitere Übung, mit der sich Defizite der Bauchmuskulatur abbauen lassen, sind Scheibenwischer. In dein Training integrieren kannst du sie, sobald es dir gelingt, die Füße beim Beinheben zur Stange zu bringen. Beste Voraussetzungen hast du, wenn du dich dabei nicht allein auf deine Beweglichkeit verlässt, sondern den Oberkörper etwas anheben und in Richtung der Horizontalen bringen musstest. Falls nicht, wird das die große, neue Herausforderung, weil Scheibenwischer zu einem guten Teil von der Arbeit des oberen Rückens abhängen, der für das Anheben des Rumpfes verantwortlich ist.

Der ungewöhnliche Name der Übung leitet sich von der durchgeführten Pendelbewegung ab. Beim Scheibenwischer hängst du dich im schulterbreiten Obergriff an die Stange und ziehst die Beine vor dem Körper nach oben, bis die Füße die Stange berühren (1).

Übungen an der Klimmzugstange

Nun beginnst du, die Beine mit einer Rotationsbewegung deines Rumpfes nach rechts oder links abzusenken, bis sie in der Horizontalen in die jeweilige Richtung zeigen (2), führst sie dann wieder zur Stange und kippst zur anderen Seite (3) - so, als würde es sich bei deinen Beinen um Wischerblätter handeln, die eine imaginäre Scheibe reinigen sollen. Die Arme müssen während dieser Bewegung nicht komplett gestreckt sein. Tatsächlich ist es normal, dass du sie etwas beugst.

Nach zwölf Pendelbewegungen ist ein Satz beendet und du solltest eine deutliche Ermüdung der Rumpfmuskulatur spüren. Ist dem nicht so, kannst du den Anspruch der Übung durch Gewichtsmanschetten an den Sprunggelenken erhöhen. Auf eine Pause von etwa zwei bis drei Minuten folgt der nächste Satz.

Bauchaufzüge				
Anspruch	geeignet für	trainiert	Ziel	Umfang
hoch	Anfänger Fortgeschrittene Trainingsprofis	Rumpf, oberer Rücken	Körperspannung	2 bis 3 Sätze

Bauchaufzüge lassen den Anspruch noch einmal steigen und trainieren neben dem oberen Rücken auch die Vorder- und Rückseite des Rumpfes. Die Bewegung ist gewissermaßen die Erweiterung des Beinhebens bis zur Stange, sollte aber erst auf den Plan kommen, wenn Scheibenwischer sicher gelingen. Bei den Bauchaufzügen begibt man sich in die gleiche Ausgangsposition wie bei eben dieser Übung. Anstatt die Beine nun aber nach links oder rechts zu kippen, schiebst du sie an der Stange entlang in Richtung Decke, bis dein Körper gestreckt ist, und lässt dich anschließend wieder so weit ab, dass die Sprunggelenke auf Höhe der Stange zurückkehren. Die Arme bleiben während des gesamten Bewegungsablaufs gestreckt. Nach maximal zwölf Wiederholungen ist ein Satz beendet und es wird für zwei bis drei Minuten pausiert.

Hangwaage				
Anspruch	geeignet für	trainiert	Ziel	Umfang
sehr hoch	Anfänger Fortgeschrittene Trainingsprofis	Rumpf, oberer Rücken	Körperspannung	2 bis 3 Sätze

Die Hangwaage ist die vielleicht anspruchsvollste Körperspannungsübung an der Klimmzugstange. Weil dabei von Kopf bis Fuß Spannung aufgebaut und der Körper von der Muskulatur des oberen Rückens in der Waagerechten gehalten werden muss, kann sie nur von den allerwenigsten Sportlern über längere Zeit sicher eingenommen werden. Glücklicherweise ist das ohnehin nicht das Ziel eines Kletterers, da derartige Kunststücke an der Wand eigentlich nie nötig sind. Vorteile zieht man eher daraus, die Hangwaage in verschiedenen Variationen zu trainieren, die den Anforderungen des Vertikalsports näherkommen. Statt die Spannung in nur einer Position statisch aufrechtzuerhalten, wie es beim Klettern eigentlich nie vorkommt, werden die Spannungsverhältnisse mittels Bewegungen kontinuierlich verändert und die Muskeln dadurch in einer Art trainiert, wie es für athletische Dachboulder eher typisch ist.

Eine der von mir bevorzugten Variationen schließt direkt an die oben beschriebenen Bauchaufzüge an (1). Nachdem du dich in deren Endposition begeben hast - also kopfüber an der Stange hängst und den Körper mit den Füßen voran Richtung Decke streckst (2) - kannst du beginnen, langsam nach vorn zu kippen und dich so in Richtung Boden abzulassen. Der Körper bleibt nach Möglichkeit während der gesamten Bewegung gestreckt. Unten angekommen (4) kehrst du mithilfe eines Bauchaufzugs wieder in die Ausgangsposition zurück und kannst dich erneut ablassen. Die eigentliche Hangwaage wird bei dieser Übung nur für Augenblicke

Übungen an der Klimmzugstange

eingenommen (3), das einfache Ablassen des gestreckten Körpers dürfte aber auch so Herausforderung genug sein. Schaffst du es nicht, diese Bewegung kontrolliert auszuführen, hilft es, ein Bein an den Körper heranzuziehen und nur das andere gestreckt zu halten. Dadurch sinkt die Belastung für die Rumpf- und Rückenmuskulatur. Bei jeder Wiederholung wird dann das angezogene Bein gewechselt. Hast du dich vier bis sechs Mal abgelassen, folgt eine Satzpause von mindestens drei Minuten.

Die zweite Variante kommt der klassischen Hangwaage deutlich näher und fällt ein wenig anspruchsvoller aus, weil du deinen Körper über längere Zeit in der Horizontalen halten musst. Dazu begibst du dich zuerst einmal in die Hangwaage, indem du dich über einen Bauchaufzug nach oben ziehst und den Körper ablässt, dabei aber schon ein Bein anwinkelst. Sobald du die Horizontale erreicht hast, beginnst du abwechselnd die Beine anzuziehen und zu strecken, als würdest du in die Pedale eines Fahrrads treten. Die Übung dauert an, solange du deinen Körper halten kannst, ohne nach unten wegzusacken, was im Normalfall nur einige Sekunden möglich ist. Im Anschluss folgt eine mindestens dreiminütige Pause.

Ist dir diese Übung zu leicht, kann sie erschwert werden, indem du die Beine nicht anziehst, sondern gestreckt hältst und abwechselnd noch oben und unten oder zu den Seiten wegspreizt. Auch so wird eine dynamische Belastung der beteiligten Muskeln sichergestellt.

Der physische Aspekt - fit für den nächsten Grad

Übungen auf dem Boden

Während die Klimmzugstange besonders gut zur Verbesserung der Körperspannung geeignet ist, erlauben es verschiedene am Boden durchgeführte Eigengewichtsübungen, die Stabilität der Schultern zu verbessern, an der Stützmuskulatur des Oberkörpers und der Beinkraft zu arbeiten, aber auch den Rumpf weiter aufzutrainieren. Dadurch lässt sich ein effektives Ergänzungstraining theoretisch auch ganz ohne Geräte umsetzen. Auf den folgenden Seiten möchte ich eine Reihe von Übungen vorstellen, die es Trainierenden aller Leistungsstufen ermöglichen, an ihren physischen Baustellen zu arbeiten. Als besonders wertvoll sehe ich hier die zahlreichen Variationen von Liegestützen an, weil deren Training einen einfachen, aber effektiven Ausgleich zum reinen Klettern und Bouldern darstellt. Ersetzt man sie nicht gerade durch eine ähnliche Stützübung am Schlingentrainer, sollten Liegestütze auf die eine oder andere Art zu jedem Ausgleichstraining gehören.

Plank				
Anspruch	geeignet für	trainiert	Ziel	Umfang
niedrig	Anfänger Fortgeschrittene Trainingsprofis	Rumpf, Stützmuskulatur	Körperspannung	3 bis 5 Sätze

Trotz dieses Lobliedes auf den Klassiker der Eigengewichtsübungen möchte ich die Vorstellung der Bodenübungen mit Planks beginnen, die zu den Standards im Körperspannungstraining gehören und gleichzeitig als Vorbereitung auf Liegestütze dienen können, falls diese noch nicht möglich sind. Beim Plank wird in erster Linie die fürs Bouldern wichtige Rumpfmuskulatur aufgebaut, gleichzeitig fordert die Übung aber auch den an der Wand weniger gefragten Stützapparat.

Planks können auf den Händen oder Unterarmen aufgestützt trainiert werden. Im Bild ist der Unterarmstütz zu sehen.

Planks sind in ihrer Basisvariante unspektakulär. Bei der Ausführung gehst du mit schulterbreiter Handposition in den Stütz, streckst deine Beine und versuchst, deinen Körper möglichst von Kopf bis Fuß auf einer Linie zu halten. Das bedeutet vor allem, dass das Becken weder nach unten wegsacken noch in die Höhe gestreckt werden darf. In dieser Position verharrst du nun für etwa zehn Sekunden, setzt die Knie zum Pausieren für zwei bis drei Sekunden auf und bringst dich anschließend wieder in den Plank. Nach etwa sechs Wiederholungen ist ein Satz beendet und Zeit für eine zwei bis drei Minuten lange Pause.

Seitstütz				
Anspruch	geeignet für	trainiert	Ziel	Umfang
niedrig	Anfänger Fortgeschrittene Trainingsprofis	Rumpf (Seite), Oberschenkel (außen), Stützmuskulatur	Körperspannung	3 bis 5 Sätze

Der Seitstütz ist eine Variante des Planks, die sich auf die seitliche Rumpfmuskulatur, die Stützmuskulatur des Oberkörpers und die für das Abspreizen der Beine verantwortlichen Abduktorenmuskeln konzentriert. In der Durchführung gibt es abgesehen von der veränderten Körperposition keine großen Unterschiede zum normalen Plank. Beim Seitplank legst du dich seitlich auf die Matte, stützt dich auf einer Hand oder dem Unterarm ab und drückst deine Hüfte nach oben, sodass nur noch die Hand (oder der Unterarm) und die Füße Bodenkontakt haben. In dieser Haltung bleibst du für zehn Sekunden, lässt dich ab, legst dann aber keine Pause ein, sondern wechselst zur anderen Seite, bis du mit jeder Seite sechs Wiederholungen absolviert hast.

Auch hier gibt es die Möglichkeit auf dem Unterarm oder der Hand zu stützen.

Der physische Aspekt - fit für den nächsten Grad

Fällt dir der Seitstütz nicht mehr sonderlich schwer, kannst du den Anspruch erhöhen, indem du den freien Arm und/oder das freie Bein nach oben streckst und mit deinem Körper eine Sternfigur formst. So fällt es schwerer, die Hüfte stabil und das Gleichgewicht zu halten. Der Ablauf der Sätze bleibt der gleiche.

Superman-Plank				
Anspruch	geeignet für	trainiert	Ziel	Umfang
niedrig bis mittel	Anfänger Fortgeschrittene Trainingsprofis	Rumpf, Stützmuskulatur	Körperspannung	3 bis 5 Sätze

Der oben beschriebene gewöhnliche Plank sollte selbst für Untrainierte schon nach kurzer Zeit keine übermäßige Herausforderung mehr darstellen - sofern man nicht gerade versucht, immer neue Rekordzeiten im Halten der Position aufzustellen. Für Kletterer ist das wenig sinnvoll, weil es sich um eine statische Belastung handelt, die in unserem Sport, wie bereits erwähnt, selten vorkommt. Besser ist es deshalb, frühzeitig zu Superman-Planks überzugehen. Dabei wird während des Planks abwechselnd ein Arm (1) oder ein Bein (2) vom Boden gehoben, sodass man nur noch an drei Punkten Bodenkontakt hat und weniger stabil steht. Um dann nicht

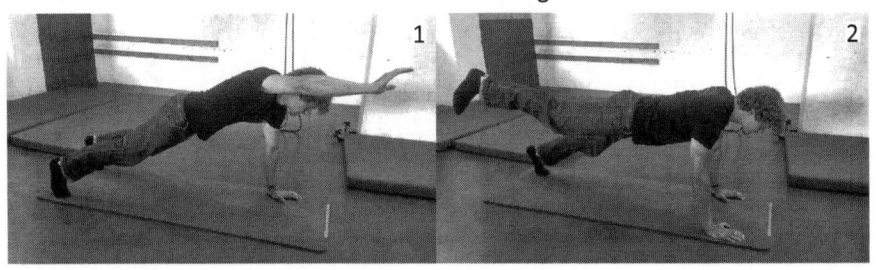

Übungen auf dem Boden

umzukippen, ist bei jeder Bewegung die Verlagerung des Gleichgewichts nötig, was die Spannungsverhältnisse im Körper verändert und die Übung spürbar schwerer macht. Wer es noch eine Stufe kniffliger braucht, versucht gleichzeitig einen Arm und das Bein der anderen Körperhälfte zu heben (3).

Jedes Anheben eines Arms oder Beins gilt als Wiederholung, wobei pro Satz bis zu zwölf Wiederholungen absolviert werden sollten. Die Position muss beim Superman-Plank jedoch nicht so lange gehalten werden wie beim normalen Plank. Es genügt, Arme und Beine jeweils nur zwei bis drei Sekunden in die Luft zu strecken, bevor die andere Seite an der Reihe ist. Ist ein Satz beendet, kannst du dir zwei bis drei Minuten Pause gönnen.

Rückwärtiger Plank				
Anspruch	geeignet für	trainiert	Ziel	Umfang
niedrig bis mittel	Anfänger Fortgeschrittene Trainingsprofis	Rumpf, Stützmuskulatur, Oberschenkelrückseite	Körperspannung	3 bis 5 Sätze

Abwechslung ist eine Notwendigkeit, wenn es um kontinuierlichen Fortschritt geht. Der rückwärtige Plank bietet eine weitere Möglichkeit, diese beim Plank-Training sicherzustellen. Dabei wird quasi ein umgekehrter Liegestütz eingenommen. Du setzt dich also auf den Boden, stützt die Hände ein paar Zentimeter hinter deinem Gesäß auf und schiebst anschließend die Hüfte nach vorn und nach oben, bis nur noch Hände und Füße Bodenkontakt haben. Diese Position hältst du für etwa zehn Sekunden oder beginnst nach Vorbild des Superman-Planks, abwechselnd einen Arm, ein Bein oder beides gemeinsam zu heben. In der statischen Variante (10 Sekunden halten, ohne Arme oder Beine vom Boden zu lösen) genügen wie beim gewöhnlichen Plank sechs Wiederholungen pro Satz, hebst du Arme oder Beine,

Der physische Aspekt - fit für den nächsten Grad

kannst du die Wiederholungszahl auf bis zu zwölf steigern. Wie beim Superman-Plank genügt es dann, die jeweilige Position für zwei bis drei Sekunden zu halten. Die Satzpausen sollten bei beiden Varianten zwischen zwei und drei Minuten liegen.

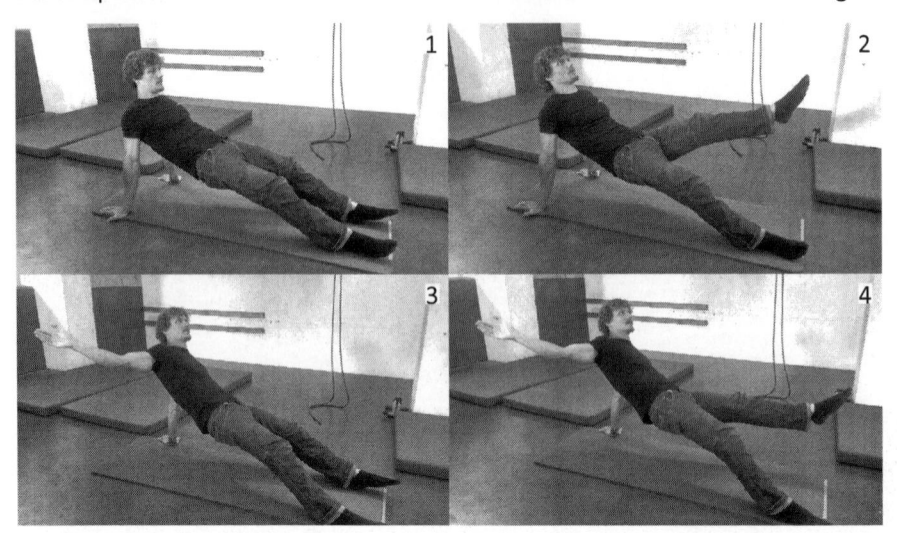

Der rückwärtige Plank in allen Varianten. Bild 1 zeigt die Ausgangsposition, die statisch gehalten oder durch Anheben der Arme und Beine variiert (2,3) werden kann. Am schwersten ist der rückwärtige Superman-Plank auf dem vierten Bild.

Der rückwärtige Plank eignet sich übrigens gut, um Schwächen auf der Körperrückseite auszugleichen, die sich beispielsweise beim Bouldern im Überhang durch fehlende Stabilität in der Körpermitte bemerkbar machen kann. Wer die Übung nicht gewohnt ist, wird die Belastung besonders im Bereich des Gesäßes und der Oberschenkelrückseite spüren, die bei normalen Planks weitestgehend ausgespart werden. Es macht also Sinn, diese gelegentlich durch die rückwärtige Variante zu ersetzen.

Ausfallschritte				
Anspruch	geeignet für	trainiert	Ziel	Umfang
niedrig	Anfänger Fortgeschrittene Trainingsprofis	Beinstrecker, Beinbeuger, Gesäß	Aufbau Beinmuskulatur, Verletzungsprävention (Knie)	3 bis 5 Sätze

Wer glaubt, beim Bouldern käme es nur auf den Oberkörper an, ist auf dem Holzweg. Eine starke Beinmuskulatur macht viele Züge einfacher oder überhaupt erst möglich. Wer schon einmal an einer grifflosen Platte aus einem hoch angestellten Bein aufstehen, einen weiten Sprung absolvieren oder sich über

Übungen auf dem Boden

einen schlechten Hook nach oben ziehen musste, weiß, was ich meine. Darüber hinaus kommt der Muskulatur eine Schutzfunktion bei den kaum zu vermeidenden Stürzen zu. Je mehr Schwung die Muskeln abfangen, desto weniger Kräfte wirken auf das Knie. Deshalb ist Beintraining selbst für Boulderneulinge empfehlenswert, denen athletische Züge noch selten begegnen. Für den Start ist der Ausfallschritt eine gute Wahl.

Für diese Übung stehst du aufrecht und machst einen weiten Schritt nach vorn. Dann beginnst du, das vordere Bein zu beugen und deinen Körper so Richtung Boden abzulassen, bis das Knie des hinteren Beines fast aufsetzt. Achte darauf, dass sich das vordere Knie an diesem Punkt nicht oder nur wenig über die Zehenspitzen hinausschiebt. Sollte das doch der Fall sein, hilft es, einen größeren Schritt zu machen. Halte die tiefe Position kurz, bevor du dich wieder nach oben drückst. Sind die Beine gestreckt, gibt es zwei Möglichkeiten: Entweder du trainierst über die nächsten Wiederholungen das gleiche Bein oder du gehst in die Ausgangsstellung zurück, machst mit dem anderen Bein einen großen Schritt nach vorn und trainierst links und rechts abwechselnd. In jedem Fall solltest du am Ende des Satzes pro Seite sechs bis zwölf Wiederholungen absolviert haben. Die empfohlenen Pausenzeiten zwischen zwei Sätzen liegen bei zwei bis drei Minuten.

Der physische Aspekt - fit für den nächsten Grad

Bulgarische Ausfallschritte				
Anspruch	geeignet für	trainiert	Ziel	Umfang
niedrig bis mittel	Anfänger Fortgeschrittene Trainingsprofis	Beinstrecker, Beinbeuger, Gesäß	Aufbau Beinmuskulatur, Verletzungsprävention (Knie)	3 bis 5 Sätze

Der bulgarische Ausfallschritt ist eine anspruchsvollere Variante des normalen Ausfallschritts, die du in Angriff nehmen solltest, sobald letztere keine echte Herausforderung mehr darstellen. Der Unterschied zur leichteren Version ist, dass das hintere Bein nicht auf den Boden gestellt, sondern erhöht abgelegt wird. Möglich ist das beispielsweise am Mattenrand oder auf einer Couch. „Abgelegt" deshalb, weil der Fuß nicht auf den Zehenspitzen steht, sondern auf dem Fußrücken liegt. Das schränkt die Arbeitsfähigkeit des hinteren Beines ein und sorgt gleich in doppelter Hinsicht für eine stärkere Belastung des vorderen. Zum einen muss das Arbeitsbein ein größeres Gewicht bewältigen, zum anderen fällt es schwerer, diese Position stabil zu halten.

Anders als bei normalen Ausfallschritten macht es bei dieser Abwandlung wenig Sinn, die Beine alternierend zu trainieren. Weil es einen Moment braucht, um eine stabile Position zu finden, würde der Wechsel nach jeder Wiederholung zu viel Zeit kosten. Besser ist es deshalb, bei bulgarischen Ausfallschritten immer erst das eine und dann das andere Bein zu trainieren. An den Wiederholungszahlen und Pausenzeiten ändert sich im Vergleich zu den oben beschriebenen normalen Ausfallschritten nichts.

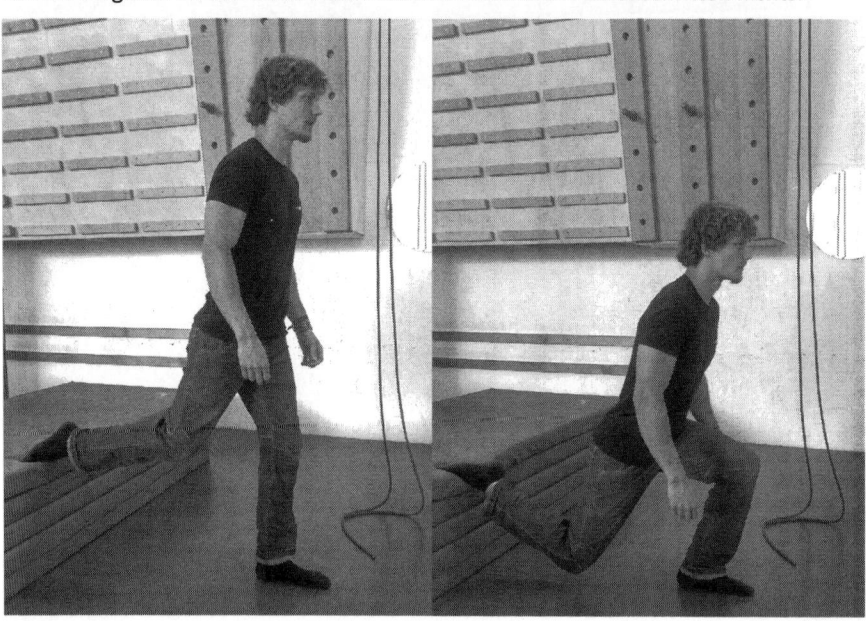

Übungen auf dem Boden

Hockstrecksprünge				
Anspruch	geeignet für	trainiert	Ziel	Umfang
niedrig bis mittel	Anfänger Fortgeschrittene Trainingsprofis	Beinstrecker, Beinbeuger, Gesäß	Aufbau Beinmuskulatur, Explosivität, Verletzungs- prävention (Knie)	3 bis 5 Sätze

Wie gut die Beine ihren Job beim Bouldern machen, hängt nicht nur von ihrer Maximalkraft ab, gelegentlich braucht es auch eine gewisse Explosivität, damit der Schwung für Dynos nicht allein aus dem Oberkörper aufgebaut werden muss. Hast du das Gefühl, in diesem Punkt Nachholbedarf zu haben, sind Hockstrecksprünge die Übung der Wahl. Dabei handelt es sich um eine explosiv ausgeführte Kniebeuge, bei der du zuerst in die Hocke gehst (2), anschließend mit aller Kraft abspringst und den Körper streckst (3). Um die Belastung bei der Landung abzufangen, beugst du die Knie schon vor der Rückkehr auf den Boden ein und baust den Schwung ab, indem du direkt wieder in die Hocke gehst (4). Ziel ist es, mehrere Sprünge nacheinander zu absolvieren, ohne dabei an Tempo zu verlieren. Nach spätestens zehn Wiederholungen kannst du dir eine etwa drei Minuten lange Pause nehmen. Sollte dich diese Wiederholungszahl nicht fordern, steigern leichte Zusatzgewichte wie eine Gewichtsweste oder eine in der Hand gehaltene Hantelscheibe den Anspruch (nicht fallen lassen!).

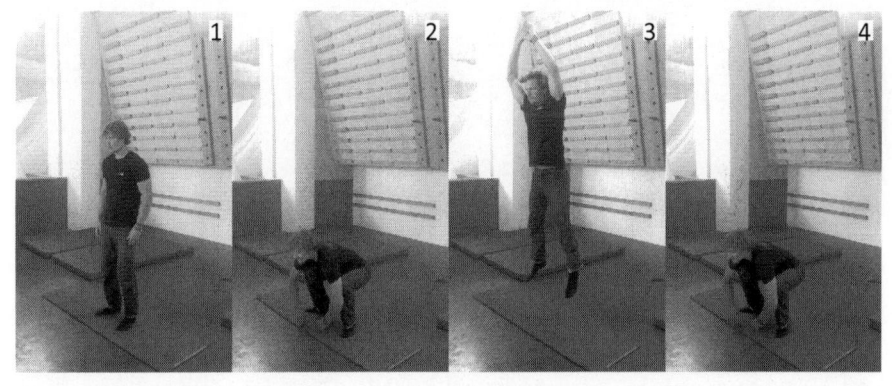

Etwas Würze lässt sich dem Explosivitätstraining verschaffen, wenn du die Hockstrecksprünge gelegentlich mit Froschsprüngen abwechselst. Dabei springst du nicht nach oben, sondern aus der Hocke mit geschlossenen Beinen nach vorn. Motivierend wird das, wenn du kleine Wettkämpfe mit deinen Trainingspartnern abhältst. Ihr könntet euch beispielsweise darin messen, wer innerhalb von fünf Sprüngen am weitesten kommt, wer eine vorgegebene Strecke mit den wenigsten Sprüngen oder in der kürzesten Zeit hinter sich bringt. Wiederholungszahlen und Pausenzeiten spielen dann keine so große Rolle. Wichtiger ist, bei diesen Herausforderungen alles zu geben.

Der physische Aspekt - fit für den nächsten Grad

Liegestütz				
Anspruch	geeignet für	trainiert	Ziel	Umfang
niedrig bis mittel	Anfänger Fortgeschrittene Trainingsprofis	Brust, Arme, Schultern, Rumpf	Aufbau Stützmuskulatur, Körperspannung, Verletzungsprävention (Schulter)	3 bis 5 Sätze

Liegestütze sind ein Klassiker des Ergänzungstrainings beim Klettern und helfen, Dysbalancen im Oberkörper abzubauen oder zu vermeiden. In der Grundversion sind sie eine relativ einfache Übung, die jeder Kletterer zumindest am Boden problemlos beherrschen sollte. Als sauber gilt ein Liegestütz, wenn der Körper während der Bewegungsausführung gestreckt bleibt, ohne dass das Gesäß in die Höhe geschoben wird, die Hüfte bei der Aufwärtsbewegung nach unten wegsackt oder der Kopf Richtung Boden hängt. Die Handposition kann grundsätzlich variiert werden, wobei eine engere Handstellung die Arme stärker fordert, während die Brust mehr Arbeit verrichten muss, je weiter die Hände auseinanderrücken.

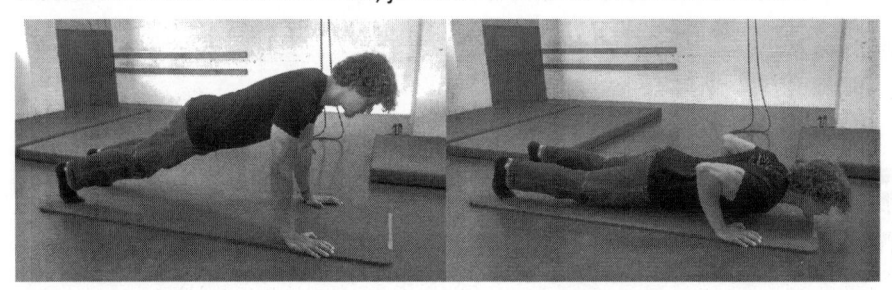

Boulderern bietet der Liegestütz gleich mehrere Vorteile. Neben den Schultern werden der Armstrecker und die Brustmuskulatur trainiert, die bei Ausstiegsproblemen gefragt sind. Außerdem ist für eine korrekte Ausführung Körperspannung nötig, die während eines gesamten Satzes aufrechterhalten bleiben muss. Dieser besteht aus sechs bis zwölf Wiederholungen, auf die eine zwei- bis dreiminütige Satzunterbrechung folgt.

Stellen einfache Liegestütze kein großes Problem dar, können die Füße erhöht platziert werden, um die Übung schwerer zu machen. Du kannst aber auch zu im Verlauf dieses Kapitels vorgestellten Abwandlungen übergehen. Es geht natürlich auch umgekehrt, denn nicht jeder ist von Anfang an in der Lage, die Bewegung sauber auszuführen. Um den Einstieg trotzdem zu schaffen, wird oftmals der sogenannte Damenliegestütz als Alternative empfohlen, bei dem man den Liegestütz kniend ausführt. Weil sich dabei vor allem die Belastung der für die Körperspannung wichtigen Rumpfmuskeln verringert, der Schultergürtel aber kaum entlastet wird,

Übungen auf dem Boden

halte ich das für den falschen Ansatz. Kletternde Männer und Frauen sind meiner Meinung nach besser beraten, die Hände erhöht aufzusetzen, indem sie die Bewegung auf einen Stuhl oder an die Wand gestützt ausführen. So ist ebenfalls weniger Kraft nötig, es werden aber alle beteiligten Muskeln gleichmäßig trainiert, sodass der Liegestütz später nicht an einer zu schwachen Körpermitte scheitert, obwohl Schultern und Arme längst fit genug sind. Gleichzeitig ist es auf diesem Weg einfach, den Anspruch Stück für Stück zu erhöhen, indem man die Hände mit wachsender Kraft immer tiefer platziert.

Spiderman-Liegestütz				
Anspruch	geeignet für	trainiert	Ziel	Umfang
mittel	Anfänger Fortgeschrittene Trainingsprofis	Brust, Arme, Schultern, Rumpf	Aufbau Stützmuskulatur, Körperspannung, Verletzungsprävention (Schulter)	3 bis 5 Sätze

Beim Spiderman-Liegestütz handelt es sich um eine Abwandlung des Klassikers, die den Fokus stärker auf die Körpermitte legt. Um das zu erreichen, wird während des Ablassens aus der Startposition ein Bein vom Boden gehoben und Richtung Ellenbogen gezogen. Drückst du dich nach oben, streckst du es und setzt es zurück auf den Boden. Diese Bewegung erinnert an den bekannten Comic-Helden, der eine Wand hochklettert, was zum Namen der Übung geführt hat.

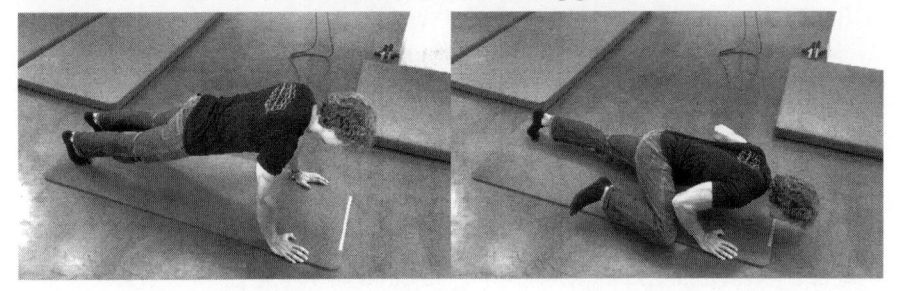

Die Änderung am Bewegungsablauf bewirkt, dass die Körperhälfte des Standbeins stärker arbeiten muss, um ein Absacken der Hüfte zu verhindern, während auf der Seite mit dem angezogenen Bein die Bauchmuskulatur und der Hüftbeuger unter zusätzliche Spannung gesetzt werden. Auch die Belastung des Schultergürtels verändert sich, da das Gleichgewicht jedes Mal ein wenig verlagert werden muss. Weil die Übung die Körperhälften so mit jeder Wiederholung unterschiedlich beansprucht, ist es wichtig, in jedem Satz eine gerade Anzahl an Wiederholungen zu absolvieren. Pro Serie sollten es zwischen sechs und zwölf sein. Als anschließende Erholungszeit sind zwei bis drei Minuten üblich.

Der physische Aspekt - fit für den nächsten Grad

Schulter-Liegestütz				
Anspruch	geeignet für	trainiert	Ziel	Umfang
mittel	Anfänger Fortgeschrittene Trainingsprofis	Arme, Schultern, Brust	Aufbau Stützmuskulatur, Verletzungs-prävention (Schulter)	2 bis 3 Sätze

Während der Spiderman-Liegestütz den Rumpf attackiert, kannst du dem Schultergürtel mit Schulter-Liegestützen besondere Aufmerksamkeit zukommen lassen. Dabei handelt es sich gewissermaßen um eine Vorübung zum Handstandliegestütz, die auch deshalb so wertvoll für das Ergänzungstraining ist, weil die Schulter in einem Winkel trainiert wird, der bei normalen Liegestützen oder beim Klettern nicht vorkommt.

Der Schulter-Liegestütz bricht mit der Regel, dass beim Liegestütz das Gesäß nicht in die Höhe geschoben werden darf. Bei dieser Variante ist der Po absichtlich der höchste Punkt des Körpers, da die Hände mit nur etwa einem Meter Abstand von den Füßen auf den Boden aufgesetzt werden. Wer bereits einmal Yoga praktiziert hat, wird diese Haltung als „Hund" kennen. Während bei letzterem großer Wert auf die vollständige Streckung der Beine gelegt wird, spielt das beim Schulter-Liegestütz keine Rolle. Wichtiger ist, dass so viel Körpergewicht wie möglich auf den Schultern und Armen lastet und mit deren Kraft bewegt werden muss.

Hast du die Grundposition eingenommen, beginnst du, dich durch das Beugen der Arme Richtung Boden abzulassen. Anders als beim normalen Liegestütz führst du die Bewegung mit dem Kopf voran aus und stoppst, sobald sich die Stirn kurz über dem Boden befindet, um dich anschließend wieder in die Ausgangsposition zu drücken. Weil in diesem Bewegungswinkel ein Großteil der Arbeit von der Schulter verrichtet werden muss, ist diese Form des Liegestützes vor allem dort zu spüren, während die Brust fast vollständig ausgespart wird. Abgeschlossen ist ein Satz, nachdem du zwischen sechs und zwölf Schulterliegestütze hinter dich gebracht hast. Darauf folgt eine etwa zwei bis drei Minuten lange Pause.

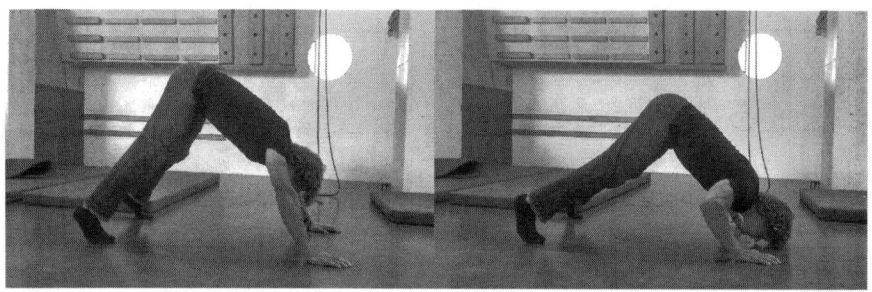

Übungen auf dem Boden

Wandläufer

Anspruch	geeignet für	trainiert	Ziel	Umfang
mittel	Anfänger, Fortgeschrittene, Trainingsprofis	Schultern, Arme, Rumpf	Verletzungsprävention (Schulter), Aufbau Stützmuskulatur	2 bis 3 Sätze

Beim Wandläufer handelt es sich um eine weitere Vorübung zum Handstand, bei der die Stützmuskulatur, der Schultergürtel und die Rumpfmuskulatur trainiert werden. Anders als bei den meisten Bodenübungen wird hier als zusätzliches Trainingsgerät eine Wand benötigt, an der du mit den Füßen voran nach oben laufen kannst. Die Übung beginnst du, indem du dich rücklings vor diese stellst, nach vorn beugst und die Hände etwa einen Meter weiter vorn auf dem Boden platzierst. Nun stellst du die Füße gegen die Wand und fängst an, Schritt für Schritt hinaufzulaufen, bis sie etwa Hüfthöhe erreichen. Ab diesem Punkt gehst du gleichzeitig mit den Händen in Richtung Wand, um in einen unterstützten Handstand zu kommen. Hast du diesen erreicht, läufst du in umgekehrter Richtung wieder in die Ausgangsposition zurück, was eine Wiederholung abschließt. Pro Satz solltest du zwischen vier und acht Wiederholungen absolvieren und anschließend eine zwei bis drei Minuten lange Pause einlegen.

Der physische Aspekt - fit für den nächsten Grad

Ausfallschritte mit Sprung				
Anspruch	geeignet für	trainiert	Ziel	Umfang
mittel bis hoch	Anfänger Fortgeschrittene Trainingsprofis	Beinstrecker, Beinbeuger, Gesäß	Aufbau Beinmuskulatur, Explosivität, Verletzungsprävention (Knie)	2 bis 3 Sätze

Die Ausfallschritte mit Sprung sind die dritte und letzte Variante der Ausfallschritte, die ich an dieser Stelle vorstellen möchte. Der Name verrät schon, dass es sich um eine etwas dynamischere Variante der Übung handelt, die die Explosivität der beteiligten Muskulatur genauso wie das Gleichgewicht fördert. Gestartet wird hier bereits im tiefen Ausfallschritt (1), aus dem du dich so schnell nach oben drückst (2), dass beide Beine abheben (3). Während der Flugphase wechselst du die Beinstellung - das Standbein wandert nach hinten, das stabilisierende nach vorn (4) -, gehst in die Knie und fängst den Schwung dadurch ab. Am Ende befindest du dich wieder in der Ausgangsposition, aus der der nächste Sprung eingeleitet werden kann (5).

Wichtig ist, in der Abwärtsbewegung nicht mit dem hinteren Knie auf den Boden zu kommen, was dank des Schwungs reichlich unangenehm wäre. Deshalb kann es eine gute Idee sein, die Ausfallschritte mit Sprung bei den ersten Versuchen auf der Bouldermatte zu testen. Traust du dir den fliegenden Beinwechsel anfangs noch nicht zu, kannst du auch erst einmal nur abspringen und in der Startposition landen, um ein Gefühl für die Bewegung zu bekommen.

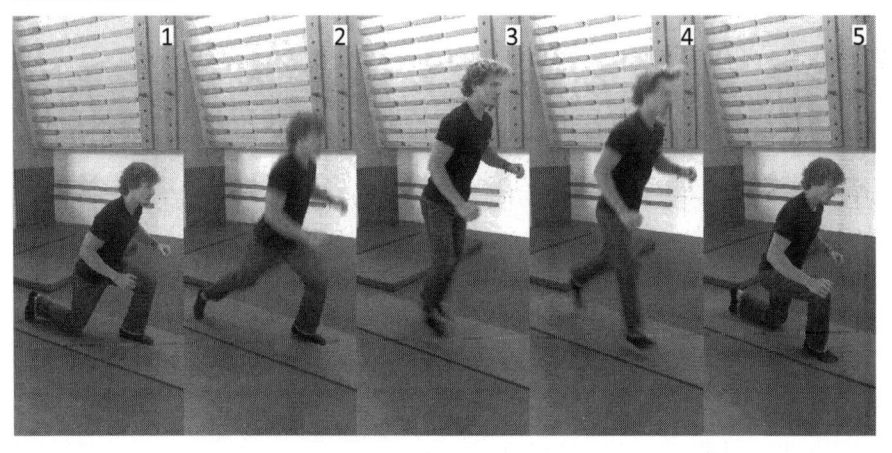

Übungen auf dem Boden

Handläufer				
Anspruch	geeignet für	trainiert	Ziel	Umfang
mittel bis sehr hoch	Anfänger Fortgeschrittene Trainingsprofis	Rumpf, Schultern, Arme	Körperspannung, Verletzungsprävention (Schulter), Aufbau Stützmuskulatur	2 bis 3 Sätze

Der Handläufer gehört zu den anspruchsvolleren Körperspannungsübungen, macht es aber leicht, die Schwierigkeit an die eigene Fitness anzupassen. Die Durchführung ist einfach. Du startest, indem du dich mit gestreckten Beinen nach vorn beugst und die Hände in der Nähe deiner Füße auf den Boden aufsetzt. Nun läufst du auf den Handflächen nach vorn, ohne die Füße nachzuholen. Die Bewegung endet erst, wenn dein Körper nahezu gestreckt ist und du das Gefühl bekommst, die Spannung in der Körpermitte gerade noch kontrolliert halten zu können. Dann geht es in umgekehrter Richtung zurück. Achte dabei darauf, dass die Hand, die den ersten Schritt zurück macht, bei jeder Wiederholung wechselt, um ein gleichmäßiges Training beider Körperseiten zu gewährleisten.

Wichtig ist beim Handläufer wie bei allen anderen Körperspannungsübungen am Boden auch, dass du dein Becken in der Endposition nicht Richtung Boden kippen lässt. Der untere Rücken wird durch aktive Anspannung der Bauch- und Rückenmuskulatur gerade gehalten. Wie schwer das ist, hängt davon ab, wie weit du tatsächlich mit den Händen nach vorn läufst. Sobald sie über Kopfhöhe hinaus sind, steigt die Anstrengung spürbar an. Deshalb macht es Sinn, dich ab diesem Punkt in kleinen Schritten vorzuarbeiten und erst einmal auszuloten, wie weit du gehen kannst.

Der physische Aspekt - fit für den nächsten Grad

Als Wiederholung zählt, einmal auf den Händen nach vorn und zurück gelaufen zu sein. Pro Satz sind fünf bis zehn Wiederholungen üblich, die Pausenzeiten zwischen den Serien liegen bei zwei bis drei Minuten.

Dive Bomber-Liegestütz				
Anspruch	geeignet für	trainiert	Ziel	Umfang
hoch	Anfänger Fortgeschrittene Trainingsprofis	Brust, Arme, Schultern	Aufbau Stützmuskulatur, Verletzungsprävention (Schulter)	2 bis 3 Sätze

Wenn es um eine vielseitige Belastung des Schultergürtels und der Brustmuskulatur geht, sind Dive Bomber-Liegestütze kaum zu übertreffen, weshalb ich diese Übung immer wieder gern in mein Training integriere. Um sie in einem sinnvollen Umfang trainieren zu können, sollten dir weder normale noch Schulter-Liegestütze Schwierigkeiten bereiten. Beide Bewegungen bilden die Basis für diese Übung und werden in leicht abgewandelter Form kombiniert. Vorsicht walten lassen solltest du, wenn deine Lendenwirbelsäule Probleme macht. Weil es Teil der Bewegung ist, ins Hohlkreuz zu gehen, kann das gegen ein Training von Dive Bombern sprechen.

Der Dive Bomber startet in der gleichen Ausgangsposition wie die Schulterliegestütze. Hände und Füße stehen im schulterbreiten Stand etwa einen Meter entfernt voneinander auf dem Boden, das Gesäß bildet den höchsten Punkt (1). Zu Beginn lässt du dich ab, bis die Stirn fast auf dem Boden aufliegt (2). Anstatt dich nun aber wieder nach oben zu drücken, schiebst du deinen Körper parallel zum Boden weiter nach vorn, bis er gestreckt ist. Stell dir dabei vor, du würdest mit der Nase einen Ball über den Boden rollen. Am Ende dieser Bewegungsphase gleicht deine Haltung beinahe einem tiefen Liegestütz, die Hände befinden sich allerdings nicht auf Brusthöhe, sondern auf Höhe des Oberbauchs (3). Jetzt beginnst du, dich aus

Übungen auf dem Boden

den Armen nach oben zu drücken. Die Hüfte bleibt dabei in der Nähe des Bodens, was zum bereits erwähnten Hohlkreuz führt (4). Damit ist aber erst der halbe Dive Bomber geschafft. Um eine Wiederholung abzuschließen, musst du die gesamte Bewegung nun in umgekehrter Reihenfolge absolvieren. Du lässt dich also erneut ab, schiebst deinen Oberkörper am Boden entlang in Richtung der Füße (5) und drückst dich am Ende aus einem Schulterliegestütz nach oben (6). Abgeschlossen ist ein Satz nach sechs bis zwölf Wiederholungen. Im Anschluss kannst du deinen Armen, Schultern und der Brust zwei bis drei Minuten Zeit zur Erholung geben.

Merkst du mitten in der Wiederholung (1), dass du die Rückwärtsbewegung nicht mehr vollständig ausführen kannst, ist es übrigens auch möglich, die Hüfte am Ende der Bewegung anzuheben (2) und so in die Ausgangsposition zurückzukehren (3). Diese Variante ist etwas weniger belastend für die Schultern und macht es deshalb einfacher, den Satz zu komplettieren, gleichzeitig wird aber der Trainingsreiz verringert.

Einbeinige Kniebeugen				
Anspruch	geeignet für	trainiert	Ziel	Umfang
hoch bis sehr hoch	Anfänger Fortgeschrittene Trainingsprofis	Beinstrecker, Beinbeuger, Gesäß, Rumpf	Aufbau Beinmuskulatur, Verletzungs- prävention (Knie)	2 bis 3 Sätze

Einbeinige Kniebeugen sind die Königsdisziplin der Eigengewichtsübungen für die Beine. Neben einer kräftigen Oberschenkel- ist hier auch eine gute Rumpfmuskulatur gefragt, die hilft, das Gleichgewicht zu halten. Selbst für Sportler, die an sich kein Problem damit haben, Kniebeugen mit größerem Zusatzgewicht zu trainieren, kann diese Übung deshalb eine beachtliche Herausforderung darstellen.

Typischerweise beginnt man die einbeinige Kniebeuge damit, beide Hände nach vorn zu strecken, sich aufrecht stehend auf einem Bein auszubalancieren, das andere zu heben und ebenfalls auszustrecken. Dann leitet man die Abwärtsbewegung mit der Hüfte ein, beugt das Knie des Standbeins und lässt sich ab, ohne dass die Ferse des aufgestellten Fußes den Boden verlassen würde. Die Bewegung endet, wenn das Gesäß den Unterschenkel berührt oder sich etwa auf Höhe des Sprunggelenks befindet. Anschließend geht es mit der Kraft des gleichen Beins wieder nach oben.

Der physische Aspekt - fit für den nächsten Grad

Den Wenigsten wird das auf Anhieb gelingen. Deshalb ist es gängige Praxis, das Training der einbeinigen Kniebeuge mit Unterstützung zu beginnen. Um das Gleichgewicht leichter halten zu können und aus der tiefen Kniebeuge wieder nach oben zu kommen, kannst du dir beispielsweise von einem Trainingspartner helfen lassen, der die ausgestreckten Hände hält und dich nötigenfalls vor dem Umkippen bewahrt. Genauso gut kann ein Schlingentrainer oder eine Stuhllehne als Stütze dienen. Als weitere Alternative bietet sich das Training am Rand der Matte des Boulderbereichs an. Dabei stellst du dich mit einigen Zentimetern Abstand rücklings zur Matte, lässt dich in die Kniebeuge ab, bis das Gesäß die Matte berührt, ohne dich tatsächlich hinzusetzen, und versuchst anschließend wieder aufzustehen. Bei dieser Variante wird zwar nicht der gesamte Bewegungsradius trainiert, dafür bewältigst du die Kniebeuge komplett aus eigener Kraft. Den Übergang zur vollen Bewegung erzielst du schließlich, indem du immer wieder einige Zentimeter vorrückst, bis nur noch dein Rücken den Mattenrand berührt. Der vorletzte Schritt ist es dann, sich bis auf den Boden abzulassen und von diesem einbeinig wieder aufzustehen, bis du tatsächlich in der Lage bist, die Abwärtsbewegung rechtzeitig zu stoppen, um eine volle einbeinige Kniebeuge ohne Hilfe auszuführen.

Eine weitere Möglichkeit für den Einstieg in das Training der einbeinigen Kniebeuge ist auf den Bildern links zu sehen. Dabei wird das freie Bein nach hinten angewinkelt und kann so bei Bedarf als Stütze genutzt werden. In dieser Variante ist es leichter, das Gleichgewicht zu halten, aber nicht mehr möglich, in die volle Beuge zu gehen.

Übungen auf dem Boden

Weil die Belastung bei dieser Übung in allen Variationen durchaus beachtlich ist, genügt es, pro Satz und Bein zwischen fünf und zehn Wiederholungen zu machen. Dann folgt eine Satzpause von zwei bis drei Minuten.

Parallel-Liegestütz				
Anspruch	geeignet für	trainiert	Ziel	Umfang
hoch bis sehr hoch	Anfänger Fortgeschrittene Trainingsprofis	Brust, Arme, Schultern, Rumpf	Aufbau Stützmuskulatur, Körperspannung, Verletzungs- prävention (Schulter)	2 bis 3 Sätze

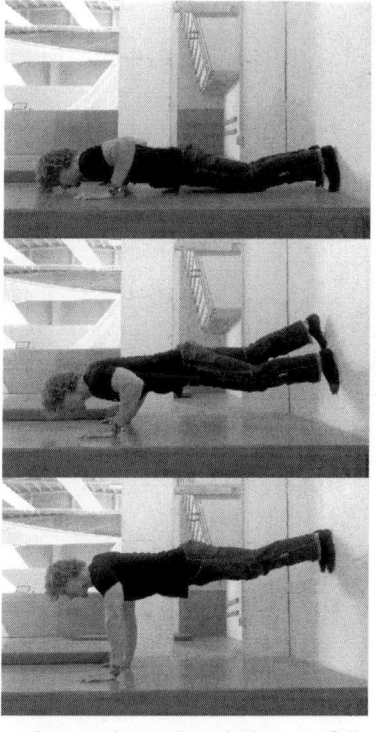

Fitte Sportler, die meinen, ein Liegestütz könne sie nicht mehr fordern, haben sich vermutlich noch nie am Parallel-Liegestütz versucht. Diese Variante erfordert mehr Körperspannung und mehr Kraft im Schultergürtel als jede andere mir bekannte Abwandlung des Klassikers. Dabei wirkt die Übung auf den ersten Blick nicht übermäßig spektakulär. Die wenigen Unterschiede zum normalen Liegestütz sind, dass im Liegen gestartet wird, die Beine gegen eine Wand gestellt werden und der Trainierende während des Auf und Ab an dieser entlang läuft, damit der Körper permanent parallel zum Boden bleibt. Ein Selbstversuch wird dir allerdings zeigen, dass dies die Muskulatur vor eine völlig neue Aufgabe stellt. Brust und Schultergürtel müssen den Körper in Richtung Wand drücken, damit die Füße nicht abrutschen, während die Rumpfmuskulatur die notwendige Stabilität aufbauen muss, um beim Laufen an der Wand ein Einbrechen in der Hüfte zu vermeiden - eine Beanspruchung, die anders und vor allem höher ausfällt als beim Klassiker. Für den Einstieg empfiehlt es sich deshalb, die Füße gegen eine raue Wand (etwa eine beschichtete Kletterwand) zu stellen und Schuhe zu tragen, was das Risiko, abzurutschen vermindert.

Nach sechs bis zwölf Wiederholungen gibt es eine Satzpause von zwei bis drei Minuten.

Der physische Aspekt - fit für den nächsten Grad

Handstand				
Anspruch	geeignet für	trainiert	Ziel	Umfang
hoch bis sehr hoch	Anfänger Fortgeschrittene Trainingsprofis	Schultern, Arme, Rumpf	Verletzungsprävention (Schulter), Aufbau Stützmuskulatur	2 bis 3 Sätze

Unter den Übungen, die den Schultergürtel und die Stützmuskulatur des Oberkörpers fordern, ist der Handstand eine der schwierigsten. Trotzdem - oder gerade deswegen - lohnt sich das Training, sobald man ein gewisses körperliches Niveau erreicht hat. Der Handstand, beziehungsweise das In-den-Handstand-gehen ist gewissermaßen die Gegenbewegung zum Klettern schlechthin und deshalb perfekt für den Ausgleich geeignet. Zudem müssen die Muskeln der Unterarme und die Rumpfmuskulatur den eigentlichen Handstand stabilisieren, was direkte Vorteile für das Bouldern bringt.

Am beeindruckendsten ist es, wenn der Handstand frei, also ohne Unterstützung eines Partners oder einer Wand, absolviert wird, für das Ergänzungstraining ist das aber nicht nötig. Meine Empfehlung wäre deshalb, eine Wand als Stütze zu Hilfe zu nehmen. Hast du noch keine Erfahrung mit der Übung, positionierst du deine Hände schulterbreit mit etwa 30 bis 40 Zentimeter Abstand zur Wand, stößt dich mit den Beinen nach oben, streckst den Körper und fängst überschüssigen Schwung mit den Füßen an der Wand ab. Nun kannst du für einige Sekunden versuchen, die Position zu halten und die Füße von der Wand zu lösen, um frei zu stehen, bevor du dich wieder ablässt.

Gelingt dir das, kannst du mit der Verbesserung der Aufwärtsbewegung beginnen. Dafür nimmst du die Grundhaltung der Schulter-Liegestütze ein und versuchst, so viel Gewicht wie möglich auf die Hände zu bringen. Ziel ist es, in dieser Position die Füße vom Boden abzuheben und den Unterkörper ohne Einsatz von Schwung an die Wand und damit in den Handstand zu bringen. Hast du einen Trainingspartner, kann dieser dir die Aufwärtsbewegung erleichtern, indem er deinen Bauch und Rücken mit den Händen stützt.

Unabhängig davon, ob du die erste oder zweite Variante trainierst, zählt jeder Handstand als Wiederholung, von denen pro Satz nicht mehr als fünf absolviert werden müssen. Dann folgt eine Pause von zwei bis drei Minuten.

Besonders fitte Athleten, denen der Handstand leicht fällt, können sich zusätzlich an Handstandliegestützen versuchen. Dabei lässt du dich mit den Armen aus dem Handstand ab, bis dein Kopf fast den Boden berührt, und drückst dich anschließend wieder nach oben, was eine besonders große Herausforderung für die Schultern und die Arme darstellt, da diese das gesamte Körpergewicht bewegen müssen. Mehr als fünf Wiederholungen pro Satz sind hier ebenfalls unnötig.

Übungen am Schlingentrainer

Schlingentrainer haben im Zuge der Neuentdeckung von Eigengewichtsübungen in der Fitnesswelt (beispielsweise durch die Calisthenics-Bewegung) in den vergangenen Jahren an Popularität gewonnen. Im Grunde handelt es sich um eine Weiterentwicklung der aus dem Turnen bekannten Ringe, die so konzipiert wurde, dass die Schlingen leicht höhenverstellbar und quasi überall einsetzbar sind, wo es eine Befestigungsmöglichkeit gibt. Das können Klimmzugstangen, Geländer oder sogar Türen sein.

Weil das Training am Schlingentrainer von Natur aus eine wackelige Sache ist, stellen selbst einfache Übungen wie Liegestütze eine ungewohnte Herausforderung für die stabilisierende Muskulatur des Oberkörpers und des Rumpfes dar. Deshalb erfreuen sich Schlingentrainer auch bei Kletterern großer Beliebtheit und gehören mittlerweile zur Ausstattung des Trainingsbereichs nahezu jeder Boulder- und Kletterhalle. Sollte ein entsprechendes Gerät in deiner Heimathalle fehlen, kannst du dir den Schlingentrainer aber auch selbst für wenig Geld kaufen. Bei Discountern sind die Geräte in brauchbarer Qualität bereits für knapp 10 Euro zu haben. Diese vergleichsweise geringe Investition lohnt sich, weil die auch als TRX oder Jungle Gym vermarkteten Geräte gerade beim Aufbau stabiler Schultern glänzen und damit einen Beitrag zu einer verletzungsfreien Kletterkarriere leisten. Grundsätzlich ist das Training am Schlingentrainer aus diesem Grund auch für Anfänger empfehlenswert. Einige der im Folgenden vorgestellten Übungen sind allerdings so anspruchsvoll, dass man sich langsam herantasten sollte. Die Instabilität des Geräts, die es so effizient macht, erhöht leider auch das Risiko, sich bei mangelnder Achtsamkeit oder übertriebenem Ehrgeiz zu verletzen.

Reverse Crunch				
Anspruch	geeignet für	trainiert	Ziel	Umfang
niedrig	Anfänger Fortgeschrittene Trainingsprofis	Rumpf (Front), Schultern, Arme	Körperspannung	3 bis 5 Sätze

Eine Übung, die hinsichtlich der Verletzungsgefahr unproblematisch ist, sind Reverse Crunches. Wie bei der eigentlich jedem bekannten Variante auf dem Boden wird hier die Bauchmuskulatur in die Mangel genommen. Weil man sich aber nicht hinlegt, sondern auf den Händen stützt, muss zusätzlich die Stützmuskulatur des Oberkörpers inklusive der Schultern arbeiten. Für Kletterer ist der Reverse Crunch deshalb die bessere Wahl.

Zu Beginn steckst du deine Füße in die Schlaufen des Schlingentrainers und gehst anschließend in die Liegestützposition. Ohne die Arme zu bewegen, ziehst du nun die Beine an den Körper heran, so weit es dir möglich ist. Am Endpunkt der

Der physische Aspekt - fit für den nächsten Grad

Bewegung angekommen, hältst du die Position für einen Augenblick, bevor du die Beine wieder streckst. Schwung sollte weder beim Heranziehen noch beim Strecken eine Rolle spielen. Wichtig ist außerdem, dass du die Schultern während des gesamten Satzes anspannst und den Oberkörper nicht nach unten absacken lässt. Gelingt dir das, ist ein Durchgang nach sechs bis zwölf Wiederholungen beendet. Es folgt eine Pause von zwei bis drei Minuten.

Um verschiedene Anteile der Bauchmuskulatur zu trainieren und den Anspruch zu erhöhen, kannst du die Beine alternativ auch seitlich anziehen. Die Knie werden dann nicht zur Brust, sondern abwechseln in Richtung des linken oder rechten Ellenbogens gezogen.

Hüftheben				
Anspruch	geeignet für	trainiert	Ziel	Umfang
niedrig	Anfänger Fortgeschrittene Trainingsprofis	Rumpf, Gesäß, Beinbeuger, Schultern, Arme	Körperspannung	3 bis 5 Sätze

Während Reverse Crunches die fordere Körperhälfte trainieren, zielt Hüftheben eher auf die Rückseite ab. Diese ist besonders beim Klettern im Dach gefragt, was die Übung für Boulderer interessant macht, die sich in diesem Bereich verbessern wollen oder Dächer normalerweise meiden und deshalb Kraftdefizite entwickelt haben.

Auf dem Boden sitzend schiebst du beim Hüftheben die Füße in die Schlaufen des Schlingentrainers, streckst die Beine und drückst dich anschließend mit den Händen in den L-Sitz nach oben. Diese Haltung ist die Ausgangsposition für die Übung. Nun beginnst du, deine Beine nach vorn zu schieben und dabei die Hüfte zu heben, bis der Körper gestreckt und nahezu parallel zum Boden ist. Geht es nicht mehr weiter, verharrst du für ein bis zwei Sekunden in dieser Haltung und lässt dich dann langsam und kontrolliert in den L-Sitz zurück. Pro Satz solltest du zwischen sechs und zwölf Wiederholungen absolvieren und anschließend eine Pause von zwei bis drei Minuten einlegen.

Übungen am Schlingentrainer

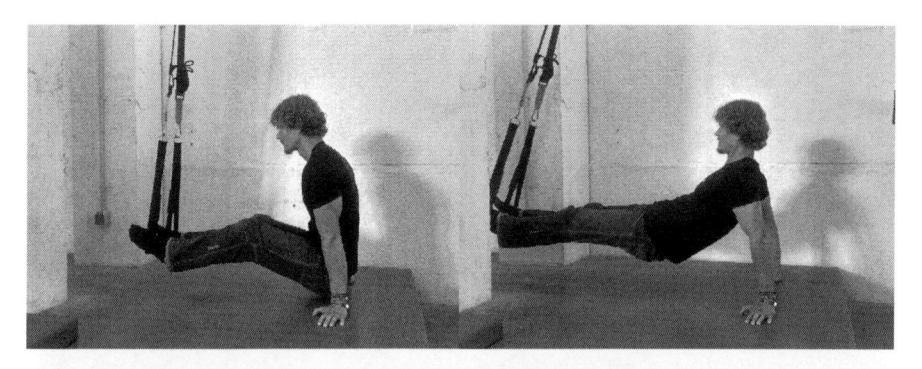

Beinbeugen				
Anspruch	geeignet für	trainiert	Ziel	Umfang
niedrig bis mittel	Anfänger Fortgeschrittene Trainingsprofis	Gesäß, Beinbeuger, Waden, Rumpf	Aufbau Beinmuskulatur, Körperspannung, Verletzungs- prävention (Knie)	3 bis 5 Sätze

Um die beim Bouldern wichtigen Heelhooks dauerhaft ohne Probleme setzen zu können, braucht es starke Knie. Ein Mittel, um deren Fitness sicherzustellen, ist Beinbeugen am Schlingentrainer. Die Übung trainiert vor allem den Beinbeuger, das Gesäß und die Waden, der Rumpf ist aber ebenfalls gefragt, wenn auch weniger als bei den beiden zuvor vorgestellten Übungen. Hookschwache Boulderer können das Beinbeugen nutzen, um ihre Leistungen zu verbessern, alle anderen profitieren von der stabilisierenden Wirkung.

Für das Beinbeugen legst du dich mit gestreckten Beinen rücklings auf den Boden und steckst deine Füße in die Schlaufen des Schlingentrainers. Dann drückst du den Körper so nach oben, dass nur noch Arme, Schultern und Kopf aufliegen. Nun ziehst du die Unterschenkel an, hältst die Position kurz und streckst sie anschließend wieder. Das Gesäß bleibt während der gesamtem Bewegung in der Luft und auf einer Linie mit Schultern und Knien. Nach sechs bis zwölf Wiederholungen ist der Satz beendet und es folgt eine zwei- bis dreiminütige Pause.

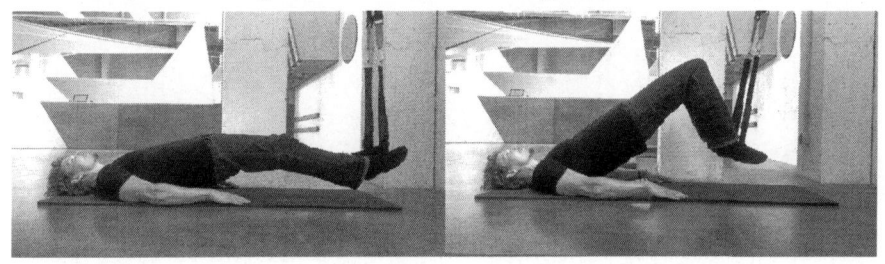

Der physische Aspekt - fit für den nächsten Grad

Ist dir diese Übung zu leicht, kannst du den Anspruch erhöhen, indem du die Schlaufen verlängerst, bis sie nur noch knapp über dem Boden hängen. Außerdem ist es möglich, Beinbeugen einbeinig zu trainieren. Dann wird das zu trainierende Bein in beide Schlaufen des Schlingentrainers gesteckt und angezogen, während du das andere während des gesamten Satzes gestreckt hältst. Wichtig ist natürlich, beide Beine gleichmäßig zu trainieren und nach einem Satz mit dem einen zum anderen zu wechseln und die gleiche Wiederholungszahl zu absolvieren.

Liegestütz				
Anspruch	geeignet für	trainiert	Ziel	Umfang
niedrig bis mittel	Anfänger Fortgeschrittene Trainingsprofis	Brust, Arme, Schultern, Rumpf	Aufbau Stützmuskulatur, Körperspannung, Verletzungsprävention (Schulter)	3 bis 5 Sätze

Liegestütze im Schlingentrainer unterscheiden sich kaum vom Training am Boden, sieht man davon ab, dass die Aufgabe die stabilisierenden Muskeln im Schultergürtel und in der Körpermitte dank der beweglichen Griffe deutlich stärker fordert. Der Schlingentrainer kann so neue Trainingsreize setzen und bietet gleichzeitig die Möglichkeit, den Klassiker auf zwei Varianten zu trainieren, um mehr Abwechslung in den Trainingsplan zu bringen.

Beim Schlingentrainer ändert sich an den Vorgaben zu guter Technik nichts (Kopf nicht hängen lassen, Hüfte sackt nicht durch, Gesäß wird nicht nach oben geschoben), du hast allerdings die Möglichkeit, entweder die Hände oder die Füße in die Griffschlaufen zu legen. Bei der erstgenannten Variante muss die Stützmuskulatur stärker arbeiten, was die Schultern zusätzlich fordert. Liegen die Füße in den Schlaufen, übernimmt die Rumpfmuskulatur diesen Job. Grundsätzlich ist diese Ausführung aber auch für den Oberkörper schwerer, weil durch die erhöht positionierten Beine das Gewicht in Richtung Kopf verlagert wird. Umgekehrt kannst du dir die Übung etwas erleichtern, wenn du die Schlaufen mit den Händen hältst und den Körper nicht parallel zum Boden positionierst, sondern mit den Füßen weiter nach vorn läufst, um das Gewicht in Richtung der Beine zu verlagern. Die Schlingentrainer-Liegestütze werden so zur guten Alternative zu Wandliegestützen.

Übungen am Schlingentrainer

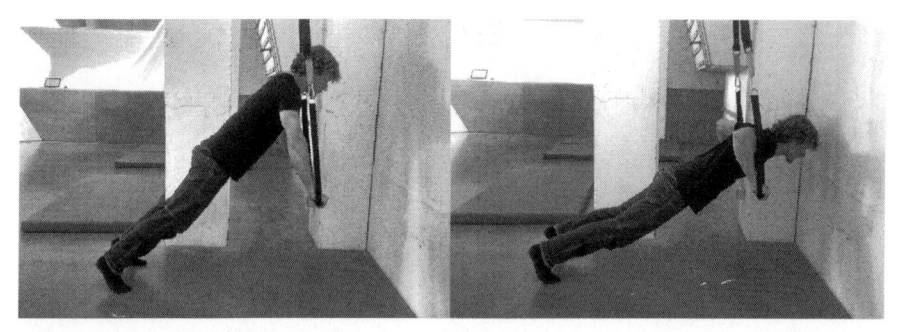

Die oben zu sehende Variante der Schlingentrainer-Liegestütze kommt eher Einsteigern entgegen, weil mehr Last von den Füßen getragen wird als bei der unten abgebildeten Ausführung mit den Füßen in den Schlaufen.

Entscheidest du dich, die Hände in die Schlaufen zu legen, kannst du außerdem die Handstellung verändern. Am einfachsten ist es, die Liegestütze mit in Richtung Füße zeigenden Handflächen (Obergriff) auszuführen. Um die Stabilisatoren der Schulter zusätzlich zu fordern, kannst du die Hände aber auch um 180 Grad drehen, sodass die Handflächen zum Kopf zeigen (Untergriff). Ein Zwischenweg wäre, die Hände während der Abwärtsbewegung vom Obergriff in den Untergriff und aufwärts entgegengesetzt zu rotieren, wie es in der unten stehenden Bildserie dargestellt ist.

Wie bei den anderen Übungen gilt auch hier: Ein Satz ist nach etwa sechs bis zwölf Wiederholungen beendet, auf die eine zwei- bis dreiminütige Pause folgt.

Der physische Aspekt - fit für den nächsten Grad

Rudern				
Anspruch	geeignet für	trainiert	Ziel	Umfang
niedrig bis mittel	Anfänger Fortgeschrittene Trainingsprofis	Arme, Schultern, oberer Rücken, Rumpf	Ausgleich oberer Rücken, Körperspannung, Verletzungs- prävention (Schulter)	3 bis 5 Sätze

Rudern gehört zwar zu den Zugübungen, unterscheidet sich im Bewegungsablauf aber so stark von den typischen Kletterbewegungen, dass hier Muskeln des oberen Rückens angesprochen werden, die beim reinen Klettern zur Abschwächung neigen. Die Übung wirkt damit stabilisierend auf den Schultergürtel und sollte regelmäßiger Bestandteil des Ergänzungstrainings sein. Die beste Alternative mit Blick auf die Belastung des oberen Rückens sind die auf der nächsten Seite vorgestellten TYI, ansonsten kann Rudern aber kaum sinnvoll ersetzt werden.

Beim Rudern hängst du dich rücklings mit gestreckten Beinen in den Schlingentrainer. Je tiefer du deinen Oberkörper dabei positionierst, desto anspruchsvoller wird die Übung. Nun bringst du die Schultern unter Spannung, indem du sie leicht nach hinten ziehst, und beginnst, dich mit den Armen nach oben zu ziehen. Die Hände wandern in Richtung Brust, bis sie sich etwa auf ihrer Höhe befinden. An diesem Punkt werden die Schultern noch einmal nach hinten und die Schulterblätter aktiv zusammengezogen, so weit es möglich ist. Es folgt ein kurzes Verharren in der Endposition, bevor du dich langsam wieder ablässt. Die Handstellung kann zwischen dem neutralen Griff (Handflächen zeigen zum Körper) und dem Obergriff (Handflächen zeigen Richtung Füße) variiert werden, was jeweils eine etwas andere Belastung der beteiligten Muskulatur mit sich bringt.

Pro Satz werden sechs bis zwölf Wiederholungen durchgeführt, auf die zwei bis drei Minuten Pause folgen.

Übungen am Schlingentrainer

TYI				
Anspruch	geeignet für	trainiert	Ziel	Umfang
niedrig bis mittel	Anfänger Fortgeschrittene Trainingsprofis	Schultern, oberer Rücken	Ausgleich oberer Rücken, Verletzungsprävention (Schulter)	2 bis 3 Sätze

TYI sind die zweite wichtige Übung zur Vorbeugung und Bekämpfung von Dysbalancen der Zugmuskulatur und sollten ebenfalls regelmäßig Einzug ins Ergänzungstraining halten. Das gilt insbesondere dann, wenn deine Schultern durch das Bouldern bereits nach vorn zu wandern beginnen und du den typischen Kletterrücken entwickelst. TYI belasten vor allem einige kleinere Muskeln, weshalb nur wenig Widerstand notwendig ist. Auf das Training am Schlingentrainer übersetzt heißt das, eine leichte Schräglage des Körpers genügt. Andernfalls wird es dir nicht möglich sein, die Bewegung korrekt auszuführen. In einer mehr als 45 Grad großen Neigung zu starten, dürfte selbst für Profis eine harte Nuss darstellen.

In der Ausgangsposition hängst du dich wie beim Rudern rücklings in die Schlaufen, die Handrücken zeigen nach außen, der Rumpf ist angespannt und versteift den Körper. Nun beginnst du dich nach vorn zu ziehen, ohne die Arme zu beugen, bis die Hände auf einer Linie mit den Schultern liegen und dein Körper ein T formt. Die Position wird kurz gehalten, bevor du dich wieder ablässt. In der zweiten Wiederholung ziehst du dich erneut nach vorn, hebst die Arme aber so über den Kopf, dass ein Y entsteht. Am Endpunkt folgt eine weitere kurze Pause, bevor du in die Startposition zurückkehrst und die dritte Wiederholung startest. Bei dieser werden die Arme bei der Vorwärtsbewegung gerade nach oben gestreckt, sodass du am Ende eine I-Position einnimmst, bevor es zurück in die Ausgangsstellung geht. Im Anschluss beginnst du wieder von vorn und gehst in der nächsten Wiederholung in die T-Position. Nach sechs bis zwölf Wiederholungen ist der Satz beendet. Es folgt eine Pause von zwei bis drei Minuten.

Die Bildserie zeigt die Ausgangs- (1) und die jeweiligen Endhaltungen, das T (2), Y (3) und I (4).

Der physische Aspekt - fit für den nächsten Grad

Wichtig ist, die Armposition während der Übungsausführung nicht zu verändern. Die Handrücken zeigen also stets nach außen und die Arme werden nur minimal gebeugt. Außerdem bleiben die Schultern die gesamte Zeit unter Spannung und in leicht zurückgezogener Position. Achte des Weiteren darauf, keine Ausweichbewegung mit der Hüfte zu machen. Hängt man zu steil im Schlingentrainer und kann die Bewegung nicht (mehr) allein aus dem oberen Rücken heraus bewältigen, neigt man dazu, die Hüfte nach vorn zu schieben. Besser ist es in dieser Situation allerdings, die Füße ein paar Zentimeter zurückzusetzen und so den Oberkörper zu entlasten.

Dips				
Anspruch	geeignet für	trainiert	Ziel	Umfang
mittel	Anfänger Fortgeschrittene Trainingsprofis	Brust, Arme, Schultern, Rumpf	Aufbau Stützmuskulatur, Verletzungsprävention (Schulter)	3 bis 5 Sätze

Werden Liegestütze in allen Variationen zu leicht, können Dips - auch als Beugestütze bekannt - ins Training aufgenommen werden. Bevor man diese am Schlingentrainer ausführt, sollte man sie allerdings einige Mal am Parallelbarren (alternativ zwischen zwei Stühlen) ausprobiert haben. Bei Dips spielt die Körperspannung eine weniger große Rolle, dafür muss die Stützmuskulatur des Oberkörpers sowie der Schultergürtel das gesamte Körpergewicht bewegen, was eine beachtliche Herausforderung darstellt. In den Schlaufen oder Ringen kommt auch hier die Notwendigkeit zur Stabilisierung erschwerend hinzu. Wer damit Probleme hat und schon den reinen Stütz kaum kontrolliert halten kann, sollte vorerst Abstand von Schlingentrainer-Dips nehmen und weiter am Barren trainieren.

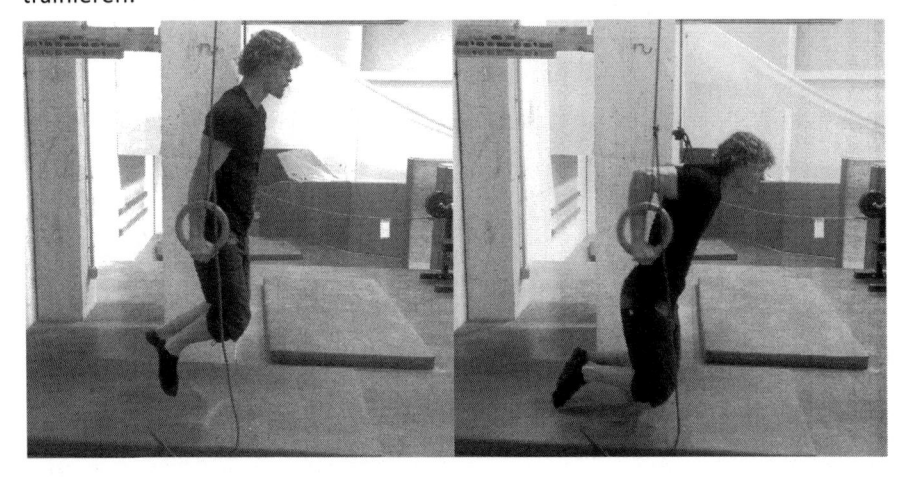

Übungen am Schlingentrainer

Die korrekte Ausführung von Dips ist nicht übermäßig schwierig, sofern einige wenige Details beachtet werden. Grundsätzlich geht es darum, den Körper durch das Beugen der Arme aus dem Stütz abzulassen und anschließend wieder nach oben zu drücken. Wichtig ist, diese Bewegung über das Ellenbogengelenk auszuführen. Dieses befindet sich bei korrekter Haltung während der gesamten Wiederholung senkrecht über der Hand und nah am Körper. Spreizt du die Arme zu weit ab, werden die Schultern stärker belastet - allerdings auf unerwünschte Art. Diese sollten ihre Position ebenfalls nur minimal verlagern, was erreicht wird, indem du die Schulterblätter zusammenziehst, die Schulter nach hinten bringst und die Spannung während des Auf und Ab aktiv hältst. Der Oberkörper darf am tiefsten Punkt der Bewegung leicht nach vorn kippen, ein Pendeln sollte aber vermieden werden. Wann dieser erreicht ist, hängt von deiner persönlichen Schulterbeweglichkeit ab. Grundsätzlich kannst du dich so weit ablassen, wie es schmerzfrei möglich ist. Wenn der Ellenbogen stärker als 90 Grad gebeugt wird, ist auch das kein Problem. Die Brust bis auf die Höhe der Hände herunterzubringen, ist jedoch nicht nötig.

Die empfehlenswerte Zahl der Wiederholungen bei Dips liegt zwischen sechs und zwölf pro Satz, die Satzpause bei zwei bis drei Minuten.

Butterfly				
Anspruch	geeignet für	trainiert	Ziel	Umfang
mittel bis hoch	Anfänger Fortgeschrittene Trainingsprofis	Brust, Schultern, Rumpf, Arme	Aufbau Stützmuskulatur, Körperspannung Verletzungs- prävention (Schulter)	3 bis 5 Sätze

Eine weitere Alternative zu Liegestützen ist die Butterfly-Übung. Diese konzentriert sich stärker auf die Kräftigung der Brust und der Schultern, während der Armstrecker nur passive Stabilisierungsarbeit leistet. Die gleiche Rolle kommt der Rumpfmuskulatur zu, weshalb eine gute Körperspannung bei der Ausführung wichtig ist. Bricht diese ein, sackt die Hüfte durch, was zu Problemen in der Lendenwirbelsäule führen kann. Um kein Risiko einzugehen, achte deshalb während des gesamten Satzes darauf, den Bauch, das Gesäß und die Muskulatur im Bereich des unteren Rückens angespannt zu halten.

Ausgangsposition des Butterfly ist der Liegestütz mit den Händen in den Schlaufen des Schlingentrainers. Aus dieser beginnst du, die Arme zur Seite wegzustrecken und dich dadurch abzulassen. Dabei gehst du so weit nach unten, dass Hände und Brust etwa auf der gleichen Höhe liegen, hältst kurz inne und drückst dich dann wieder nach oben. Weil die Arme währenddessen nur ein wenig gebeugt werden, erinnert die Bewegung an einen Flügelschlag, weshalb die Übung im Deutschen den Namen „fliegende Bewegung" erhalten hat.

Der physische Aspekt - fit für den nächsten Grad

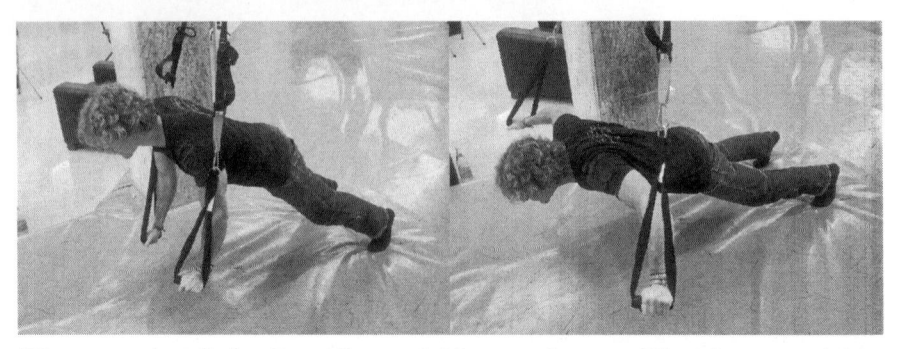

Wie anspruchsvoll der Butterfly am Schlingentrainer ausfällt, hängt von deiner Fußposition ab. Stehst du eher aufrecht und bringst dadurch viel Gewicht auf die Füße, ist es leichter. Willst du dich etwas mehr fordern, musst du lediglich mit den Füßen nach hinten laufen, was den Oberkörper näher zum Boden bringt und die Entlastung durch die Beine verringert. Führst du den Butterfly zum ersten Mal aus, genügt eine Körperneigung von 45 Grad aus. Erst wenn die Bewegung sitzt, macht es Sinn, tiefer zu gehen.

Die Wiederholungszahl pro Satz liegt auch hier zwischen sechs und zwölf, die Pausenzeit bei zwei bis drei Minuten.

Superman				
Anspruch	geeignet für	trainiert	Ziel	Umfang
mittel bis extrem	Anfänger Fortgeschrittene Trainingsprofis	Rumpf, Rücken, Schultern, Arme	Körperspannung	2 bis 3 Sätze

Der Superman im Schlingentrainer gehört zu den härtesten Körperspannungsübungen und sollte nur von Personen angegangen werden, die bereits über eine gute Grundfitness verfügen. Das gilt insbesondere, wenn man eine Körperposition jenseits der 45 Grad einnimmt und sich am tiefsten Punkt der Bewegung beinahe parallel zum Boden befindet. Um dann keine Verletzung durch ein Einbrechen im Schultergürtel oder in der Hüfte zu riskieren, ist es entscheidend, permanent ausreichend Spannung in diesen Bereichen aufbauen zu können. Im Gegenzug ist der Superman äußerst effizient, weil der Körper buchstäblich von den Fingern bis in die Zehenspitzen trainiert wird.

Zu Beginn der Übung stellst du dich nah an den Ankerpunkt des Schlingentrainers, beugst dich nach vorn und nimmst die Griffe in die Hand. Die Arme sind leicht angewinkelt. Nun lässt du deinen Körper langsam vorwärts kippen, als würdest du in den Liegestütz gehen wollen, streckst die

Arme aber gleichzeitig Richtung Kopf nach vorn. Der tiefste Punkt ist erreicht, wenn Arme, Schultern und Rücken nahezu eine Linie ergeben oder spürbar wird, dass du die Spannung kaum noch halten kannst. Dann geht es auf umgekehrtem Weg in die Ausgangsposition zurück.

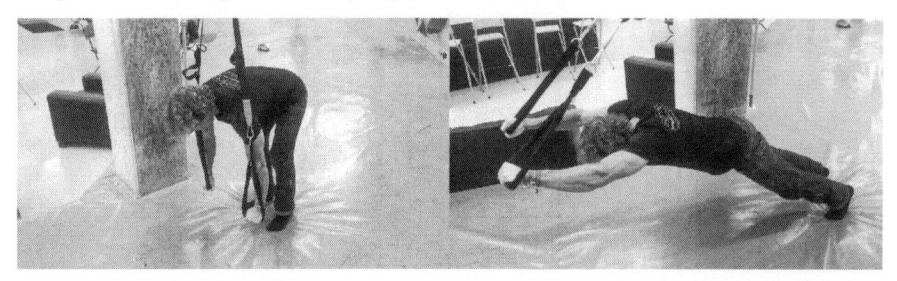

Pro Satz werden sechs bis zwölf Wiederholungen absolviert, wobei die Pausen zwischen Sätzen auch hier bei zwei bis drei Minuten liegen sollten. Übungsneulinge machen jedoch keinen Fehler, wenn sie sich etwas mehr Zeit nehmen. Es ist besser, genügend Kraft für einen weiteren sauberen Satz zu sammeln, als sich durch mangelnde Kontrolle zu verletzen.

Um das Risiko weiter zu minimieren, solltest du die Füße mit mindestens schulterbreitem Abstand aufstellen, um stabil zu stehen und ein seitliches Wegkippen während der Bewegung zu vermeiden. Außerdem kann es sinnvoll sein, die Arme gerade am Anfang nicht komplett nach vorn zu strecken, um erst einmal ein Gefühl für die Bewegung zu bekommen. Hast du einen Trainingspartner, bitte diesen, deinen unteren Rücken im Auge zu behalten und dich zu warnen, sobald du ins Hohlkreuz zu gehen drohst. Beginnt die Hüfte sich minimal abzusenken, ist es Zeit, die Vorwärtsbewegung zu stoppen und in die Ausgangsposition zurückzukehren.

Beweglichkeitstraining - mehr als nur dehnen

Ein Faktor, der ohne Frage Einfluss auf die Leistung beim Bouldern hat, in diesem Buch bisher aber weitestgehend ausgespart wurde, ist die Beweglichkeit. Obwohl es unbestritten ist, dass manche Boulder ohne entsprechende Fähigkeiten kaum zu schaffen sind, möchte ich dieses Thema nur vergleichsweise kurz aufgreifen. Grund dafür ist, dass ich zum einen nie ein großer Fan des ausgiebigen Dehnens war und zum anderen, dass es gute Gründe gibt, Dehnprogramme mit Blick auf ihren praktischen Nutzen skeptisch zu sehen. Ich persönlich habe das, was gemeinhin als Beweglichkeitstraining betrachtet wird, nahezu vollständig aus meinem Boulderalltag verbannt. Der Grund dafür ist einfach: Die meisten typischen Dehnübungen verbessern die passive Beweglichkeit, an der Wand zählt aber vor allem, wie groß mein aktiver Bewegungsspielraum ausfällt.

Der physische Aspekt - fit für den nächsten Grad

Was damit gemeint ist und wo der Unterschied liegt, wird klar, wenn man sich die Definitionen passiver und aktiver Beweglichkeit anschaut. Erstere beschreibt die Fähigkeit, Gelenke mit Hilfe externer Kräfte in einem gewissen Radius zu bewegen. Der Klassiker in diesem Fall ist das Training eines Spagats, bei dem die Beine vom Gewicht des eigenen Körpers oder sogar durch den von einem Partner ausgeübten Druck gespreizt werden. Im Gegensatz dazu handelt es sich bei der aktiven Beweglichkeit um die Fähigkeit, eine Gelenkposition allein durch die eigene Muskelkraft einzunehmen und zu halten. Ein gutes Beispiel dafür ist das frontale Anheben des gestreckten Beins aus dem Stand. Der höchste Punkt, der in diesem Fall erreicht werden kann, ohne dass man beispielsweise mit einem Arm am Bein zieht oder Schwung holt, ist die Grenze der aktiven Beweglichkeit für diese Bewegung. Beim Bouldern habe ich selten die Gelegenheit, mit dem Arm nachzuhelfen, um mein Bein auf einen hohen Tritt zu bekommen, oder mich von einem Partner in die Wand drücken zu lassen, wenn sich die Hüfte nicht weit genug öffnet, um einen essenziellen Hook zu legen. Es bringt mir also wenig, grundsätzlich in der Lage zu sein, eine Position einzunehmen, wenn ich sie in der Praxis dann aber nicht aus eigener Kraft erreichen kann. Ständig passiv zu dehnen, ohne an der aktiven Beweglichkeit zu arbeiten, ist also wenig sinnvoll.

Wenn ein hoher Bewegungsspielraum dennoch ein Muss ist, stellt sich nun die Frage, wie man diesen effektiv erreichen kann. Die Antwort in Kurzform: Indem man sich immer wieder an den Grenzen der eigenen Mobilität bewegt. Mit der Beweglichkeit verhält es sich wie mit allen körperlichen Fertigkeiten. Was man nicht regelmäßig nutzt, wird vom Organismus in seinem Hang zum effizienten Haushalten als unnötig betrachtet und abgebaut. Gut beobachten lässt sich das etwa, wenn ein Körperteil verletzungsbedingt für ein paar Wochen stillgelegt werden muss. Kommt der Gips ab, sind nicht nur die Muskeln darunter sichtlich geschrumpft, auch der Bewegungsradius der betroffenen Gelenke bleibt für eine Weile eingeschränkt und muss unter Umständen im Rahmen einer Reha wieder aufgebaut werden. In weniger auffälliger Form geschieht das auch in unserem Alltag. Wer generell wenig körperliche Aktivität an den Tag legt, verengt seinen Bewegungsspielraum mit der Zeit. Dieser Prozess ist allerdings umkehrbar, indem die Muskeln und Gelenke wieder in einem größeren Radius bewegt werden und dem Körper zu verstehen gegeben wird, dass wieder etwas mehr Flexibilität gefragt ist.

Nun könnte man einwenden, Stretching sei doch eine gute Möglichkeit, einen entsprechenden Reiz zu setzen und hätte damit grundsätzlich recht. Auch bei der passiven Dehnung wird das häufigste Hindernis für eine größere Mobilität der Gelenke abgebaut. Dabei handelt es sich um einen Dehnreflex genannten Schutzmechanismus, der verhindern soll, dass Gelenke und Muskeln bei ungewohnten Bewegungen verletzt werden. Verantwortlich für diesen Reflex sind in die Muskulatur eingebettete Rezeptoren, die den Dehnzustand des umgebenden Gewebes überprüfen. Diese als Muskelspindeln bezeichneten Sinnesorgane stellen

Beweglichkeitstraining - mehr als nur dehnen

fest, wenn der Muskel stark in die Länge gezogen wird, und senden dann ein Signal, das eine Kontraktion der Muskelfasern zur Folge hat und eine weitere Dehnung verhindert. Problematisch ist, dass dieser Reflex nicht von der tatsächlichen Flexibilität des Muskels abhängt, sondern von der gewohnten Beanspruchung. Folglich setzt der Schutzmechanismus bei Menschen, die das vorhandene Potenzial längere Zeit nicht mehr ausgenutzt haben, immer früher ein. Begegnet man dem durch gesteigerte Aktivität mit einem breiten Spektrum an Bewegungen, bei denen der Dehnreflex ausgelöst wird, sorgt das für eine Desensibilisierung. Der Körper lernt, dass von der Dehnung kein Risiko ausgeht, und lässt mit der Zeit eine immer größere Streckung der Muskeln zu. Ob der Abbau des Reflexes im Rahmen eines Stretchingprogramms oder einer aktiven Mobilisierung geschieht, spielt erst einmal keine Rolle.

Was jedoch gegen das reine Dehnen spricht, ist der Umstand, dass der Dehnreflex dank des Stretchings zwar erst später einsetzt, dem Körper aber die Erfahrung fehlt, um die Gelenke in dem neuen, vergrößerten Bewegungsspielraum zu kontrollieren. Das wird problematisch, wenn der Unterschied zwischen der passiven und der aktiven Beweglichkeit durch das Stretching immer weiter zunimmt. Der Schutzmechanismus hat dann zwar kein Problem damit, einen Muskel in die Länge ziehen zu lassen, Informationen zur korrekten Ansteuerung des Gegenspielers fehlen aber. Folge ist die zunehmende Instabilität der Gelenke in den Maximalpositionen und ein daraus resultierendes erhöhtes Verletzungsrisiko. Verhindern lässt sich das, indem man vor allem auf eine aktive Verbesserung der Mobilität setzt. Weil der hier dazugewonnene Bewegungsradius vollständig aus eigener Kraft erworben wird, lernt das Zentralnervensystem diesen in der Gesamtheit zu stabilisieren. Gleichzeitig ist ein derartiges Beweglichkeitstraining ein Garant dafür, dass die höhere Gelenkigkeit sich nicht nur auf der Matte, sondern auch an der Wand abrufen lässt.

Ein weiterer positiver Punkt ist die größere Wirksamkeit gegen muskuläre Dysbalancen. Auch diese können die Flexibilität einschränken, wenn es einem der beteiligten Muskeln nicht mehr gelingt, den Zug seines Gegenspielers zu kontern. Beim klassischen Dehnen würde man nun versuchen, die Probleme durch die Lockerung des stärkeren Parts zu verringern, ohne dabei jedoch die Schwäche des anderen Muskels auszugleichen, was diesen Ansatz wenig effizient macht. Setzt man im Gegenzug auf aktive Mobilisierung, muss der abgeschwächte Arbeitsmuskel gegen seinen Antagonisten ankämpfen und wird so gekräftigt, was auf Dauer die Dysbalance beseitigt.

Wie die Mobilisierung im Alltag konkret aussehen sollte und ob sie überhaupt nötig ist, ist eine sehr persönliche Angelegenheit. Genau wie bei anderen Aspekten des Trainings gilt auch hier, dass ein auf Schwächen abgestimmtes Programm den größten Nutzen bietet. Daraus folgt natürlich, dass die Mobilisierung erst dann

Der physische Aspekt - fit für den nächsten Grad

wirklich nötig wird, wenn sich die mangelnde Flexibilität zum Hemmschuh der eigenen Kletterleistung entwickelt. Um zu erkennen, wann dieser Punkt erreicht ist, braucht es ein gesundes Maß an Selbstreflexion. Wenn du dich beispielsweise immer wieder an den Armen nach oben ziehen musst, um einen Tritt zu erreichen, den ähnlich große Trainingspartner locker aus dem Stand antreten, ist das ein Indiz für eine zu steife Hüfte. Weil das Hochziehen kraftraubend ist, deinen Kletterstil also weniger effizient macht, wäre es sinnvoll, die Hüftbeweglichkeit zu verbessern. Um das zu erreichen, musst du deine Beine lediglich regelmäßig in sämtlichen Richtungen im dir maximal möglichen Radius bewegen - etwa während der Erwärmung, beim Abwärmen nach dem Bouldertraining oder als kurze Lockerung im normalen Alltag. Dabei kann es sinnvoll sein, die Bewegungsübungen in Wiederholungen und Sätze zu staffeln, wie es beim Krafttraining üblich ist. Dadurch kann die beteiligte Muskulatur in einer ähnlichen Form angesprochen und aufgebaut werden.

Außerdem bietet es sich an, genau die Bewegung, mit der du Schwierigkeiten hast, in verschiedenen Variationen direkt an der Boulderwand zu trainieren. Um meine Probleme mit dem hohen oder weiten Antreten in den Griff zu bekommen, habe ich beispielsweise folgende Übung entwickelt: Ich stelle mich frontal vor die Wand, strecke meine Arme nach vorn und gehe so nah heran, dass ich meine Unterarme aufrecht stehend auflegen kann. Nun beginne ich rechts, links und vor mir fiktive Tritte anzutreten, die an der Grenze meiner Beweglichkeit liegen. Dabei konzentriere ich mich darauf, den Körper möglichst wenig zu drehen, um den Fokus der Bewegung auf die Hüfte zu legen. Außerdem ist Schwung komplett tabu. Jede Position halte ich zwei bis drei Sekunden, ohne den Fuß entlastend gegen die Wand zu legen. Startet die Übung mit dem linken Bein, ist in der nächsten Wiederholung das rechte an der Reihe und macht die gleiche Bewegung spiegelverkehrt auf der anderen Seite. Nach etwa zehn Wiederholungen gibt es eine Pause. Das Prinzip funktioniert natürlich nicht nur für die Hüfte, sondern kann für verschiedene Baustellen verwendet werden. Mit etwas Kreativität sollte es dir deshalb leicht fallen, eigene Übungen zu entwickeln.

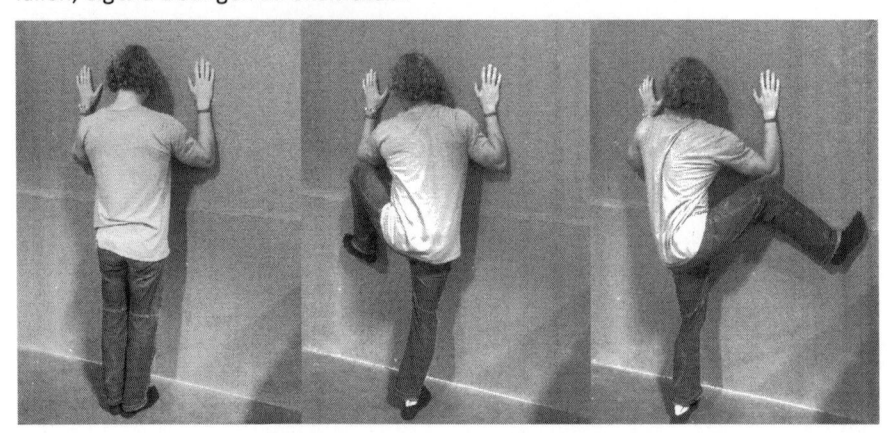

Abschließend sei gesagt, dass mein Plädoyer für die aktive Mobilisierung keineswegs bedeutet, dass das klassische Dehnen im Kletter- und Bouldertraining keinen Platz hätte. Stretching ist auch für uns wirksam und kann helfen, Defizite abzubauen - den Klettertag mit einem halbstündigen Rundum-Dehn-Programm abzuschließen und sich dabei buchstäblich wie eine Brezel zu verbiegen, ist aber weder nötig noch zwingend förderlich. Im Gegenteil: Oft geben sich gerade diejenigen solchen Einheiten hin, die ohnehin über eine hohe passive Beweglichkeit verfügen und besser beraten wären, ihre Muskulatur zu kräftigen.

Ein Training, das beides vereint und damit eigentlich allen Beweglichkeitstypen Vorteile verspricht, ist übrigens Yoga. Wenn du die Gelegenheit hast und dem nicht abgeneigt bist, kann ich dir den Besuch eines solchen Kurses durchaus empfehlen. Mittlerweile gehören diese zum festen Programm vieler Kletterhallen und machen es für deren Besucher leicht, einen Ausgleich zum Training an der Wand zu finden. Das kann nicht nur körperlich Vorteile bringen. Die zum Yoga gehörenden Atem- und Entspannungstechniken erweisen sich auch als nützlich, wenn die Nerven beim Klettern die notwendige Ruhe missen lassen. Im besten Fall schlägst du mit dem Besuch eines Yoga-Kurses also gleich mehrere Fliegen mit einer Klappe.

Der Faktor Ernährung

Wann immer es im Sport um die optimale Leistungsfähigkeit geht, führt am Thema Ernährung kein Weg vorbei. Klettern und Bouldern sind davon nicht ausgenommen. Das liegt zum einen daran, dass unsere Ernährung mitbestimmt, wie es um unsere Leistungsbereitschaft bestellt ist, zum anderen spielt sie aber auch für die Entwicklung des Körpergewichts eine nur allzu gut bekannte Rolle. Hier finden viele Freizeitboulderer eine der Stellschrauben, die es erlaubt, einen besonders schnellen Leistungsschub zu erhalten. Zwar ist der Sport unabhängig von der Körperfülle für nahezu jeden geeignet, legt man Wert darauf, in anspruchsvollere Schwierigkeitsgrade vorzudringen, wird ein zu hohes Gewicht aber schnell zu einem limitierenden Faktor. Das dürfte niemanden überraschen. Ob 100 oder 70 Kilo mit vier Fingern an der Wand gehalten oder nach einem dynamischen Zug von einem Arm gefangen werden müssen, macht einen gewaltigen Unterschied - auch mit Blick auf die Verletzungsanfälligkeit besonders belasteter Strukturen in den Fingern, Handgelenken, Ellenbogen und Schultern.

Um das Beste aus dem vorhandenen Potenzial des Körpers herauszuholen, braucht es beim Bouldern folglich ein günstiges Verhältnis zwischen Kraft und Gewicht. Je näher beispielsweise die maximale Belastbarkeit der Finger beim Halten kleiner Griffe an das eigene Körpergewicht heranreicht, desto besser stehen die Chancen, fordernderen Kletterproblemen aus physischer Sicht gewachsen zu sein. Dabei gibt es immer zwei Möglichkeiten zur Verbesserung: Entweder man baut beim Training die notwendige Kraft auf oder verringert das Gewicht und

Der physische Aspekt - fit für den nächsten Grad

optimiert das Verhältnis auf diesem Weg. Natürlich kann auch beides kombiniert werden. Letzteres ist insbesondere dann effektiv, wenn man ohnehin mit ein paar überschüssigen Pölsterchen zu kämpfen hat, wie es bei mittlerweile mehr als der Hälfte der deutschen Bevölkerung der Fall ist. Ob du dich selbst dazu zählst und aus den folgenden Ratschlägen etwas für dich herausziehen kannst, hängt natürlich von deinem Empfinden und deinen Voraussetzungen ab. Für mich persönlich habe ich vor einigen Jahren feststellen müssen, dass ich bei einem Höchstgewicht von 82 Kilogramm und einer Körpergröße von 1,76 Meter Schwierigkeiten bekam, meine physischen Möglichkeiten weiterzuentwickeln. Die immer kleineren Griffe und zunehmend athletischen Züge in den mittleren Schwierigkeitsgraden der Fontainebleau-Skala brachten meine Finger, Ellenbogen und Schultern an ihre Grenzen. Das resultierte in kleineren Verletzungen, einem nahezu zweijährigen Leistungsplateau und schließlich in der Erkenntnis, dass ich trotz der Zufriedenheit mit meinem Spiegelbild ein paar Pfunde loswerden sollte.

Grundsätzlich ist das Thema richtige Ernährungsweise mittlerweile ein Minenfeld. Über kaum etwas anderes wird so viel geredet und geschrieben wie über die Vor- und Nachteile bestimmter Lebensmittel oder ganzer Trends, sei es Low Carb, High Carb, Veganismus, Paleo oder Rohkost. Zum Teil haben sich Lager von Unterstützern herausgebildet, die in der Manier von Ideologen ihre Gegenseite und interessierte Beobachter mit Informationen überschütten, um die Überlegenheit des eigenen Essverhaltens zu belegen. Dass sich mit Ernährungsratschlägen auch eine Menge Geld verdienen lässt, hat nicht unbedingt dazu geführt, dass die dabei ins Feld geführten Argumente immer auch objektiv abgesichert sind. Aus diesem Streit möchte ich mich heraushalten und werde deshalb an dieser Stelle keinem der Lager das Wort reden, sondern versuchen, dir ein paar grundlegende Informationen zu vermitteln, die helfen können, eine für das Bouldern sinnvolle Statur zu erreichen oder zu halten, ohne dass du dich dem einen oder anderen Ernährungsdogma unterwerfen müsstest.

Zuerst einmal solltest du dir bewusst sein, dass es kein Lebensmittel gibt, das als alleiniger Verantwortlicher für Übergewicht ausgemacht werden kann. Vielmehr sind es unsere Verhaltensweisen, die entscheiden, wie sich unser Körperumfang entwickelt. Wenn es um das Gewicht geht, lässt sich der Mensch mit einem Auto vergleichen, das seinen Tank beliebig vergrößern kann. Nehmen wir Energie auf, die unser Motor nicht direkt verbraucht, landet sie in unserem an Bauch und Hüften befindlichen Speicher. Wie groß der Bedarf ist, hängt von den persönlichen Gegebenheiten wie dem Aktivitätslevel, dem Hormonhaushalt und der Muskelmasse ab. Worin wir uns nicht unterscheiden, ist der simple Fakt, dass ein permanenter Überschuss an zugeführter Energie zu Übergewicht führt. Die Lösung für dieses Problem ist dementsprechend einfach: Es geht nicht zwingend darum, bestimmte Lebensmittel zu meiden, sondern eine zu unseren Zielen passende Energiebilanz zu erreichen. Soll Fett von den Hüften verschwinden,

Der Faktor Ernährung

muss die Aufnahme unter dem Verbrauch liegen, willst du dein Gewicht halten, müssen Nahrungsmittelkonsum und Bedarf längerfristig ausgeglichen bleiben. Ob die Kalorien von Schokoriegeln, Abnehmshakes oder einem Salatteller geliefert werden, ist zweitrangig. Das zeigen beispielsweise Untersuchungen zur Wirksamkeit von Low Carb- und Low Fat-Diäten. Obwohl die Ansätze völlig gegensätzlich sind und gänzlich verschiedene Lebensmittel empfohlen werden, fallen beide am Ende ähnlich effizient aus.

Trotzdem machen bestimmte Ernährungsweisen die Gewichtskontrolle einfacher - vor allem, wenn es um den langfristigen Erfolg geht. Entscheidend ist, ein Ernährungskonzept zu wählen, das du selbst auch auf Dauer durchhalten kannst. Für die wenigsten Menschen dürfte das bei Diäten der Fall sein, die auf das komplette Verbot bestimmter Lebensmittel bauen oder eine radikale Ernährungsumstellung zur Grundlage machen. Mir geht es da nicht anders. Ich wollte beispielsweise weder dauerhaft auf Pasta („zu viele Kohlenhydrate") noch auf Käse („zu viel Fett") oder Süßes („zu viel von allem") verzichten, obwohl das eine oder das andere nach Ansicht der seit Jahren hoch im Kurs stehenden Low Carb- oder High-Carb-Ernährungsphilosophien der richtige Weg zum Erfolg sein soll. Deshalb habe ich bei meiner Ernährungsumstellung nicht so sehr darauf geachtet, welche Makronährstoffe (Fett, Kohlenhydrate, Protein) in einem Lebensmittel enthalten sind und entsprechend aussortiert, sondern die Kaloriendichte der einzelnen Produkte in den Mittelpunkt gestellt. Entscheidend war also statt des Kohlenhydrat- oder Fettgehalts, wie viel Energie im Verhältnis zur Masse im Produkt steckt. Dinge, die auch in größeren Mengen einen vergleichsweise geringen Kaloriengehalt haben, landeten dann bevorzugt auf dem Teller. Das hat es mir erlaubt, ähnlich große oder sogar größere Portionen zu essen wie zuvor, ohne den Körper mit zu viel Energie zu versorgen. Hungern stand folglich nie auf der Tagesordnung.

Die Wahl der Zutaten fiel dank dieser Vorgabe ganz automatisch häufiger als zuvor auf Obst und Gemüse, weil sie zu den Lebensmitteln mit dem günstigsten Energie-Masse-Verhältnis zählen. Bananen bringen es beispielsweise auf 90 Kilokalorien pro 100 Gramm, während der durchschnittliche Schokoriegel in gleicher Menge bei etwa 500 Kilokalorien rangiert. Noch besser stehen Karotten mit 39 Kilokalorien da. Bei Feldsalat (18 Kilokalorien) und Gurken (12 Kilokalorien) geht es sogar noch tiefer. Setzt man diese Lebensmittel auf den Speiseplan, ist es quasi obsolet, die verzehrte Menge zu begrenzen. Stattdessen wird es schwer, genug zu essen, um den Kalorienbedarf überhaupt zu decken.

Klar ist, dass Salat allein nicht glücklich macht. Und weil mangelnde Befriedigung nach dem Essen der wichtigste Grund ist, zu hochkalorischen Produkten wie Süßigkeiten zu greifen, darf es auch an energiereichen Lebensmitteln nicht fehlen. Beachten sollte man bei deren Auswahl jedoch, dass es große Unterschiede gibt, wenn es um die Sättigungszeit geht. Willst du möglichst lange satt bleiben,

Der physische Aspekt - fit für den nächsten Grad

sind komplexe Kohlenhydrate eine gute Wahl. Diese haben in etwa den gleichen Energiegehalt wie Einfach- oder Zweifachzucker, müssen bei der Verdauung aber erst einmal aufgespalten werden, bleiben so länger im Verdauungstrakt und sorgen dementsprechend dafür, dass ein erneutes Hungergefühl nach der Mahlzeit länger auf sich warten lässt. Am besten schneiden in diesem Punkt Produkte ab, die kaum verarbeitet wurden. Ein helles Brötchen ist vom Körper zum Beispiel schneller aufbereitet als ein auf Haferflocken basierendes Müsli. Noch zügiger laufen die Verdauungsprozesse bei Süßigkeiten ab, die mit natürlichen Nahrungsmitteln nur noch wenig gemein haben. Der Geschmack stammt hier von besagten Ein- und Zweifachzuckern, die dem Körper nahezu ohne Verzögerung zur Verfügung stehen. Folglich lässt sich das Hungergefühl mit Bonbons oder Schokolade allenfalls für kurze Zeit bekämpfen. Nun könnte man einwenden, dass auch Fruchtzucker zu dieser Kategorie zählt, ebenso schnell aufgenommen werden kann und Obst folglich ähnlich schlecht als Hungerstiller geeignet ist. Das mag theoretisch stimmen. In der Praxis ändert es aber nichts am Umstand, dass Bananen und Co. die bessere Wahl bleiben. Weil sie die geringere Energiedichte besitzen und deshalb in größeren Mengen verzehrt werden können, sättigen sie länger. Bedenkt man, dass sie außerdem Vitamin- und Ballaststofflieferanten sind, macht das die Entscheidung leicht.

Am Ende braucht es bei der Ernährung oft nur einige wenige Änderungen. Wenn die Schokolade durch Obst und das Frühstücksbrötchen durch ein selbstgemischtes Fruchtmüsli ersetzt wird oder zum Abendbrot statt der zweiten Schnitte Salat auf dem Teller landet, macht das bereits einen großen Unterschied bei den verzehrten Kalorien. Sinnvoll ist außerdem, darauf zu achten, was an Getränken aufgetafelt wird. Klar sollte sein, dass Limonaden sich im Schnitt bei 40 Kilokalorien auf 100 Milliliter einpendeln, also pro 1,5-Liter-Flasche allein 600 Kilokalorien zusammenkommen - ein beachtlicher Wert, wenn man bedenkt, dass ein Kilogramm Körperfett etwa 7000 Kilokalorien speichert. Das Einsparpotenzial fällt entsprechend groß aus, wenn du alternativ zu Fruchtschorlen oder Wasser greifst.

Um eine noch bessere Kontrolle zu haben, solltest du gleichzeitig so häufig wie möglich Gerichte mit frischen Zutaten selbst kochen. Dadurch liegt es in deiner Hand, welche Lebensmittel in welcher Menge auf dem Ofen landen. Bei Fertigkost kommt es häufig vor, dass Zusatzstoffe die Kalorienzahl unnötig in die Höhe treiben. Der Zeitaufwand ist dabei geringer, als man glauben mag. Hast du einmal ein paar Rezepte gefunden, die dir zusagen, geht die Zubereitung schnell von der Hand. Das Gleiche gilt für die Auswahl an Lebensmitteln. Während du in der Anfangszeit beim Einkauf immer mal wieder einen Blick auf die Kalorientabelle werfen wirst, etabliert sich schon nach ein paar Tagen eine typische Lebensmittelauswahl. Alles auf den Kopf zu stellen, brauchst und solltest du natürlich nicht. Wenn es ohne Süßigkeiten nicht geht, können diese durchaus

Der Faktor Ernährung

ihren Platz auf dem Ernährungsplan haben, sofern du sie bewusst isst und den Kalorienhaushalt anderweitig ausgleichst. Dauerhafter Verzicht ist in den meisten Fällen keine Option, führt zu Frust, Heißhunger und damit schnell zu Misserfolg.

Bei all dem darfst du natürlich nicht aus den Augen verlieren, dass auch ein geringes Gewicht allein noch keinen guten Boulderer macht. Bezogen aufs Kalorieneinsparen gilt die Formel „viel hilft viel" ebenso wenig wie für die anderen in diesem Buch vorgestellten Themen. Ein allzu restriktiver Umgang mit der Ernährung nimmt dir die nötige Energie, um gute Leistungen abzuliefern, und ist ungesund. Dauerhafte Probleme zu riskieren, um für kurze Zeit einen Grad schwerer klettern zu können, widerspricht jeder guten Sportphilosophie. Diese stellt immer die Gesundheit in den Vordergrund. Daran solltest du dein persönliches Programm in jedem Aspekt ausrichten. Willst du lange auf hohem Niveau Sport betreiben, kommt Leistung erst an zweiter Stelle.

Impressum

Herausgegeben von:

Ralf Winkler
Veilchenstraße 30
99092 Erfurt

Online-Kontakt:
http://www.grundkurs-bouldern.de

Cover-Foto:
Lars Poser

Printed in Poland
by Amazon Fulfillment
Poland Sp. z o.o., Wrocław